백점 아들 육식동물 아버바

백점 아들 육식동물 아빠

1판 1쇄 인쇄 2018년 4월 20일
1판 1쇄 발행 2018년 4월 30일

저 자 최준영
펴낸곳 조윤커뮤니케이션
펴낸이 최몽순
편집디자인 redkoplus
인쇄·제본 한영문화사
주소 서울시 종로구 삼봉로 81 두산위브 파빌리온 304
전화 02-730-8841 **팩스** 02-730-8814
출판등록 제300-2005-208
등록일자 2001년 4월 13일

ISBN 978-89-91216-93-8 03190

*책값은 뒤표지에 있습니다.

최준영 지음

백점 아들 육식동물 아버지

외대부고 수석입학, 토플- ACT 국내 최연소
첫 만점 최정혁 아버지의 참회록

JOYOON
Communications

추천의 글

진솔한 '육식동물 아빠'의 자기고백서

내가 이 책의 추천사를 쓰게 된 것은 우연한 기회 덕분이었다. 고향 친구의 지인인 필자와 점심 식사를 함께 하고 차를 마신 게 계기가 되어 그의 책 추천사를 쓰는 영광을 얻었다.

국내 대기업에서 유능한 임직원으로 일하다가 은퇴 후 비즈니스 코치의 길을 걷고 있는 필자. 그리고 신문사 기자 출신으로 암癌 투병이라는 삶의 전환점을 돌아 행복한 삶이라는 목표를 위해 마음건강 컨텐츠를 만들고 라이프 코치로서의 삶을 살고 있는 나. 서로 마음으로 통하는 게 많아서 그런지 우리 이야기는 끝없이 이어졌다.

내가 이 책의 스토리에 빠져든 이유는 또 하나 있다. 이 책에 나오는 최준영, 최정혁 부자의 이야기가 남의 일 같지 않기 때문이다. 대한민국의 많은 부모들이 자식들의 성공을 위해 노심초사한다. 그 중에서 부모의 뜻대로 성공적인 삶을 사는 자식들이 얼마나 될지는 모르겠지만, 부모들은 특히 엄마들은 자식의 진학(대학입시)과 좋은 직장 취업을 자신의 삶에서 가장 큰 목표로 삼고 있다. 하지만 그것이 자식들의 진정한 행복과 성공적인 삶을 망치고 있다는 사실을 쉽게 깨닫지 못한다.

이 책의 필자 최준영씨도 그런 부모였다. '대치동 엄마'가 아닌 '아빠 매니저'라는 점만 다를 뿐, 영재 아들을 위해 자신이 가진 능력을 아낌없이 투자했고, 아들 최정혁 군은 승승장구했다. 생후 21개월 만에 책을 읽고, 수학 천재 기질을 보이고, 청음과 절대 음감이라는 음악적 자질을 보였던 아들. 해외 지사로 발령난 아빠를 따라 간 영국, 미국에서 수학 영재의 길을 걷더니 국내 최연소 토플 만점, 한국인 최초 미국 수능시험 ACT 만점이라는 기록으로 화제의 인물이 됐다. 그런 이유로 정혁군과 부모의 교육 방식이 국내 언론에 자세히 소개되기도 했다. 정혁 군은 미국 아이비리그 대학도 갈 수 있었지만, 자신의 의지로 미국 수학 영재 대학으로 유명한 캘리포니아주의 하비 머드 칼리지Harvey Mudd college를 선택, 수학 천재의 삶을 살아가기로 선택했다.

그 과정에 아버지의 스파르타식 관리가 개입된 것은 당연했다. 아들의 소극적인 성격조차 뜯어고치려 했던 아버지는 독일 파견 근무로 인해 아들과 떨어져 지내는 동안에도 원격으로 아들의 일거수일투족을 관리했다. 이메일로 아들에게 과제를 주고, 일과를 감시하는(?) 일에 보람을 느꼈다. 미국 유학생활 중에도 아들은 아버지로부터 벗어나지 못했다.

철저하게 관리당한 천재 아들은 스스로 결정하고 어려운 일을 헤쳐 나가야 하는 현실 앞에서 당황했다. 몸만 독립했을 뿐 정신적으로 독립하지 못했던 것이다. 대학원 진학을 포기하고 귀국한 아들의 모습에 아빠는 충격을 받았다. 가족들과 눈도 못 맞추고, 극심한 대인 기피증과 우울증, 틱 장애 증상을 보이는 아들. 아들을 영재로 키웠다는 자부심을 갖고 있었고, 그 아들이 수학 분야에서 이름난 교수나 학자가 될 것이라고 믿어 의심치 않았던 아빠로서는 도저히 받아들일 수 없는 모습이었다.

그에게 더 충격적인 것은 심리상담 결과, 아들이 그렇게 된 게 바로 자신 때문이라는 것이었다. 이 책은 그 충격에서 벗어나 뒤늦게 아들과 소통하고, 아들이 진짜 원하는 삶을 살아갈 수 있는 길을 열어준 자칭 '육식동물 아빠'의 참회록이다.

최준영씨가 존경스러운 이유는 영재 아들이 자기 탓에 망가졌다는 현실을 겸허하게 인정했다는 점이다. 아들이 진정으로 원하는 삶을 살도록 자신의 욕구를 내려놓는 것 또한 대단하다.

아들에게 사과하면서 따뜻하게 안아주고, 연상의 여자 친구를 허락하고, 인디 밴드 활동을 적극 지지했다. 아들은 "살아오면서 이처럼 행복했던 적은 없다"고 한다.

내가 운영하고 있는 심리상담 센터에는 마음건강 문제로 10~20대 젊은이들이 많이 찾아온다. 스스로 찾아오는 이도 있고 부모의 손에 이끌려 상담을 받는 중고생들도 적지 않다. 그들의 마음이 왜 아픈지, 왜 힘든지 원인을 찾다보면 결국 상급학교에 진학하고, 좋은 대학을 나와 좋은 직장에 취직하는 자식들의 모습을 보고 싶어 하는 부모의 욕심 탓인 경우가 많다. 그들을 보면서 대학교 2학년, 중학교 3학년 아이를 둔 아빠인 나도 반성할 때가 많았다.

아이들은 자신의 문제를 해결하기 위해 적극적으로 나서는데, 많은 부모들이 자신들의 과잉보호를, 자식들과의 소통 부족을, 자식에 대한 몰이해를 인정하지 않는다. 부모들이 변하지 않는 한 그 아이들의 마음의 병은 낫기 어렵다.

한 신문에 '청년들의 마음의 병'을 다룬 기사가 실린 적이 있다. 청년 우울증이 증가하고 자살충동을 느끼는 비율이 높아지고 있다는 것이다. 나홀로 조기유학으로 인한 적응 장애, 직장 왕따, 은둔형 외톨이, 진단명 없는 분노 장애, 인간관계 단절 등의 현상이 나타난다고 한다.

서울대 최인철 교수는 우리 시대의 청년들이 마음의 병을 앓는 이유를 '고도 경제 성장 시대를 살아온 교육 수준 높은 부모 세대의 압박'에서 찾았다. 이 책의 필자 최준영씨가 그 대표적인 부모 세대의 모습으로 살아 왔고, 지금도 대한민국의 많은 부모들이, 특히 엄마들이 자식들의 삶에 자기 인생을 걸고 있다. 그 끝이 반드시 행복이 아님을 빨리 깨달았으면 좋겠다.

이 책은 "아들아, 그동안 왜 발버둥치지 않았니? 못하겠다고, 왜 몸부림 한 번 치지 않았어?"라며 참회의 눈물을 쏟은 필자의 솔직한 자기고백서다. 어쩌면 부끄러울 수도 있는 가족사를 가감 없이 털어놓은 필자의 용기에 고개가 숙여진다. 이 시대의 부모들이 꼭 한 번 읽기를 강추한다.

2018년 4월 홍헌표

전 조선일보 기자/ 베스트셀러 '나는 암이 고맙다' 저자

현 힐러넷 대표(라이프 코치)

인사의 글

아들의 인생 2막을 응원하며

지금껏 살아온 길지 않은 인생에서 힘겹게 캐낸 삶의 비밀이 있다. 그것은 사람은 누구나 귀한 존재이며 누구나 존중 받을 권리가 있다는 것을 알면서도 내 삶에 적용하여 실천하기는 매우 어렵다는 것이다. 또한 사람은 무한한 가능성을 가지고 태어난다는 사실이다.

나도 이제 50대 후반에 접어들었다. 이 나이쯤 되면 누구나 인생의 희로애락을 한 번쯤은 다 겪었을 터이다. 사람마다 이야기는 다르겠지만 그 안에 적어도 책 한 권 정도의 기막힌 삶의 이야기 하나쯤은 갖게 될 것이다.

그래서 지금 내가 쓰게 된 이이야기도 어쩌면 다른 사람의 숨겨진 이야기에 비하면 턱없이 보잘 것 없을 것이다. 그럼에도 용기를 내어 기억을 더듬어 가며 나의 이야기를 정리한 데에는 분명한 이유가 있다. 모든 사람에게 공평하게 주어지는 인생에서 우리가 겪게 되는 인생의 오류들을 짚어보고 성찰을 통해 중간 점검을 해보기 위해서다. 또한 동시대를 함께 걷고 있는 동반자들과 삶에 대한 지혜의 편린들을 공유하고 싶기 때문이다.

여기 보잘것없는 한 사람이 좌충우돌하면서 열심히 살았던 아름답고도 가슴 아픈 삶의 얘기들을 공개한다. 부족하고 부끄러운 글이다.

30년 전, 한 가정의 가장이 된다는 것이 무슨 의미인지 잘 알지도 못한 채, 넉넉지 못한 빈손으로 한줌의 용기와 배짱을 가지고 결혼이라는 인생의 여정을 선택하였다. 그리고 어언 한 세대가 흘렀다.

영화 '국제시장'을 보면 어린 주인공은 흥남 부두의 피난길에서 아버지로부터 운명 같은 말 한마디를 건네 듣게 된다. 그 한마디 말이 주인공의 삶에 족쇄가 되어 가장이라는 정체성과 책임감을 부여잡고 평생을 살아간다. 나 또한 인생 여정의 4막 중에서 2막을 숨가쁘게 살아왔다. 순간순간 어린 나를 남겨두고 먼저 세상을 떠나신 부모님을 떠올리며 나는 대체 어떻게 살아가야 하는지 묻곤 했다. 때론 그리움과 외로움에 사무쳐 보이지 않게 뒤돌아 울기도 했다. 그러나 사랑스런 아들과 딸의 성장은 내 삶에 위로가 되었고, 세상을 놀라게 하는 기쁜 소식의 주인공이 되었을 때에는 세상을 향해 크게 자랑하고 싶었던 가슴 벅찬 순간도 많았다. 어른들께서 살아계셨다면 함께 기뻐하고 즐거워하셨을 그런 시간들이었다.

그리고 이제 한 세대의 세월이 흘렀다. 여기에 결혼이라는 사회적인 시스템으로 새롭게 인생 2막을 시작하는 사랑하는 '100점 아들'이 있다. 30년 전, 나에게 아무도 가르쳐주지 않았던 가장으로서의 정체성과 역할을 조언하며 아들이 새롭게 달려갈 길을 축복하는 시간 앞에, 나는 서있다.

30년 전 내가 결혼할 때는 부모님께서 이미 세상을 떠나신 상태라 부모님의 축복을 받지 못하는 쓸쓸한 결혼식을 올렸다. 반면 오늘의 아들은 내가 비록 물려줄 물질적 재산은 없지만 아직까지 우리 부부가 건강하게 살아서 두 사람의 새 출발을 축복해 줄 수 있다는 것이 더할 나위 없는 큰 기쁨이라 생각한다.

나는 영재성을 지닌 아들의 인생 매니저를 자청하며 살았다. 열정적이었지만 크나큰 시행착오를 경험했던 터라 부족했던 나 자신을 반성하고 아들의 행복한 미래를 축복하고자 선뜻 펜을 들었다. 아들 정혁이는 최근 직장도 없이 결혼하였지만 지금까지 살아온 인생에서 지금이 가장 행복한 시기라고 말한다. 자신이 좋아하는 음악활동을 하면서 평안을 얻은 가운데 기쁨의 나날을 보내고 있다. 아들의 인생이 아직 끝난 것이 아니고 설레는 긴장감으로 새로운 출발선에 서 있기에 오히려 희망적이다.

그 행복한 마음이 뿜어내는 살아 있는 에너지는 아직 폭발하지 않은 아들의 의욕적인 도전에 강력한 힘의 원천이 될 것임을 나는 확신한다. 편안하고 아름다운 동반자를 아내로 맞이한 아들과, 지혜로운 우리 며느리는 앞으로 멋진 인생을 살아갈 것으로 기대한다. 이것이 내가 이 책을 쓰게 된 동기이다.

'100점 아들, 육식동물 아빠'는 1부와 2부로 나누어, 낡고 오래된 기억의 앨범 속에서 이야기를 꺼내 엮어 보았다.

1부에서는 백 점짜리 아들과 치열한 경쟁 사회 속에서 만들어진 육식동물 아빠와의 아름답고도 한편 가슴 아픈 동행을 기록하였다. 아빠가 초식동물에서 육식동물로 진화한 배경을 시작으로 아들의 학습매니저가 되어 경험했던 얘기들을 연대기식으로 적어 보았다. 기쁨, 성공, 희망 등 행복했던 순간들과 함께 불안, 아픔, 실망 등 그늘진 얘기들도 들춰보았다.

2부에서는 육식동물 아빠가 치열한 경쟁사회에서 어떻게 변신하며 살아왔는지, 변화의 과정과 그 과정에서 우려낸 삶의 진수들을 회상의 형식으로 풀어보았다. 아울러 대기업 생활에서 경험했던 잊지 못할 소중한 순간들을 반추해보았다. 그리고 직장 은퇴 이후 나의 삶을 조망해 보았다.

비록 미흡한 글이지만 독자들과 공유하고 싶은 분명한 교훈을 담았다. 그것은 사람은 스스로 성장할 수 있는 힘을 지니고 있다는 것이다. 우리들의 자녀들도 대부분 그렇다고 단언할 수 있다. 소박한 소망이지만 이 시대를 사는 중년 세대는 물론 학생 주부 직장인 교육자 등 많은 분들이 공감하는 도서가 되길 바래본다.

힘든 생활에도 불구하고 묵묵히 내조하며 즐거운 가정을 꾸려준 아내와, 자신의 인생을 맘껏 즐기며 책임을 다하는 사회 구성원으로 성장해준 딸 제인에게 미안함과 감사함을 전한다.

끝으로 편집을 맡아 준 유현주님께 감사를 드리며, 또한 어느 날 우연히 점심을 먹으며 어렵게 꺼낸 나의 숨은 이야기를 듣고 용기를 주었던 조윤커뮤니케이션 최몽순 대표께 고마움을 전하고 싶다. 그의 격려가 없었다면 나는 이 아름다운 추억 여행을 감히 엄두도 못 냈을 터이다. 그리고 나의 이야기는 기억 속에서 조용히 사라졌을 것이다.

2018년 봄 정혁 아빠 최준영

CONTENTS

2부

육식동물 아빠의 분투기

에필로그

프롤로그

육식동물 아빠, 초식동물 아들

미국 명문대학을 우수한 성적으로 마친 아들은 까닭 없이 우울한 나날을 보냈다. 가까스로 졸업식에 참석하고 귀국한 아들은 며칠 동안을 자기 방에서 잠만 잤다. 밤늦게까지 컴퓨터 앞에 앉아 무엇을 하는지 꿈쩍도 하지 않았다. 밥 먹으러 나오는 시간을 제외하고는 한동안 밤낮없이 방에만 틀어박혀 황폐한 나날을 보냈다.

나는 출근으로 낮 동안의 아들이 어떤 모습인지는 알 수 없지만 늦은 시간 퇴근하면 무기력한 아들의 모습을 어김없이 보아야 했다. 마음속에서는 불같은 분노가 치밀어 올랐지만 가까스로 짓누르는 날들이 허다했다. 어쩌다 말을 걸어도 아들은 시선을 피한 채 묻는 말에만 겨우 답을 했다. 그 답 또한 선명하지 않았다. 더듬거나, 말끝을 흐리거나….

그 모습을 지켜보는 것 자체가 아버지로서 정말 고역이었다. 아내 또한 고통스럽기는 마찬가지였다. 아내는 아들의 아침밥을 준비해 놓고 늦은 출근을 한다. 그러나 아들은 정성껏 준비해 둔 아침을 도통 먹지 않았다. 언제 자는 지, 언제 먹는 지, 아들은 한 집에 살고 있지만 보이지 않는 존재가 되어 가고 있었다.

불과 몇 년 전까지만 해도 아들은 한국을 빛낼 영재라고 찬사를 받았다. 아들은 명문 특목고에 수석입학을 한데 이어서 토플 및 미국대학입학시험인 ACT와 SAT 등 응시하는 시험마다 모두 만점을 받은 이른바 '엄친아'였다. 글로벌 리더를 꿈꾸면서 미국 유학길에 올랐다. 장학금을 받고 진정으로 원하는 대학에 입학해서, 기뻐했으며 만족해했다. 당연히 멋지게 성공하여 금의환향할 것으로 기대를 모았다. 그러나 대학원 진학은 고사하고 잔뜩 풀이 죽어서 귀국해 무기력한 상태로 모두를 망연자실하게 만들었다.

기대가 크니 실망도 컸다. 아내와 나는 가슴 속이 시커멓게 타 들어갔다. 당장 정해진 진로가 없어 군대를 가야 했지만, 아들의 상태로 보아 병원진료가 무엇보다 급해 보였다. 아내는 지인으로부터 믿을만한 신경정신과를 소개받아 아들의 상태를 상담했다.

놀랍게도 진단결과 아들은 우울증이었다. 이로 인한 언어 장애의 일종인 틱 현상이 발생했으며, 전반적으로 자신감이 떨어진 무기력증 상태였다. 사람들과 눈도 마주치지 못하는 대인기피 현상까지 생긴 것이다.

지능검사 결과 아들의 잠재지능지수는 150+의 높은 수치를 보였다. 반면 사회 적응지수를 알 수 있는 정신적인 맷집은 거의 '0'에 가까웠다. 이 두 가지 수치의 극단적인 상충이 내적으로 많은 갈등과 대인기피 현상을 유발하게 된다는 진단이었다. 그리고 당시의 정신 상태로는 군에 입대하는 것은 불가능하다고 판정했다. 꾸준한 정신과 치료와 상담을 요하고 약물치료를 병행해야 한다는 것이었다.

다시 한 번 하늘이 무너지는 느낌이었다. 그제야 그런 판정을 받은 아들이 조금씩 눈에 들어 왔다. 아들의 아픔이 고스란히 나의 아픔으로 전해져 왔다. 아버지의 마음과 아들의 인생 매니저를 자처했던 지난날에 대한 책임감이 절실하게 느껴지기 시작한 것이다. 아들의 입장에 서보니 가슴이 먹먹해지고 마음 한 구석이 심하게 저려왔다. 아들에게는 시간이 필요했다. 정기적으로 상담을 받고 치료를 받을 수 있는 병원을 다시 소개 받았다.

도대체 아들이 이렇게까지 된 원인은 어디에 있었을까? 나는 모든 것을 아들의 나약한 의지와 소극적인 태도 때문이라고 단정 지었다. 아들의 성장과정에서 내가 가장 염려했던 것은 아들의 소심한 성격이었다. 그 성격을 고쳐주려고 강하게 집착했지만, 결과적으로는 뜻대로 되지 않았다. 나 또한 인생매니저로서 한계에 부딪히고 말았다. 아빠의 그 진심 어린 조언을 따르지 않았던 아들에게 다시 한 번 섭섭함이 일었으나, 평정심을 되찾고 아들의 치료과정을 지켜봐야 했다.

그러던 어느 날, 병원에서는 가족이 함께하는 진료시간을 마련하여 가족의 참여를 요청했다. 그림도 그리고 좋아하는 사진과 인형들도 고르고 정해진 설문에 답하기도 하는 등 다양한 프로그램에 참여 했다. 그리고 최종적으로 담당전문의와 개별 상담도 했다. 상담 결과는 바쁜 일상으로 상담 받은 사실 조차 잠시 잊고 있을 때 쯤 나왔다. 우리 가족은 다시 병원에 모여 상담결과를 주의 깊게 들었다. 담당 의사는 함께 모인 우리 가족을 바라보며 미소를 띠면서 이렇게 이야기 하는 것이었다.

"환자와의 수차례에 걸친 상담과 가족 성향을 조사 분석한 결과 아드님 우울증 발병의 근본적인 원인은 아버님과 아드님과의 관계에 있음을 발견했습니다. 저희 분석결과에 의하면 아버님은 밀림이나 정글과 같은 치열한 경쟁구도의 사회에서 살아남은 강인한 육식동물의 성향을 갖고 계시며, 아드님은 푸른 초원에서 아무런 스트레스 없이 평화롭게 살아가는 온순한 초식동물의 기질과 성향을 가지고 있는 것으로 나타났습니다. 그런데 이 극단적인 성향의 두 동물이 만나 오랜 시간을 같이 생활해오면서 초식동물의 성향을 가진 아드님이 아버님의 성향에 눌려 정신적으로 위축되어 있는 상태입니다.

그리고 결정적으로 아드님이 홀로서기를 자처하며 미국 유학 생활을 떠난 것도 자신만의 조용한 안식처를 찾아 떠난 것이었는데, 아버님은 아들을 너무나도 끔찍이 사랑하고 보호해줘야 한다는 부모 된 사명감과, 우수한 형질을 가진 아들을 완벽하게 만들어 보겠다는 욕심으로 미국에 있는 아들을 끊임없이 정신적으로 억누르는 관리를 해 오신 것으로 판단됩니다. 아드님은 처음 미국에서 자유롭게 공부를 하고 싶었으나 홀로 서는데 어려움이 있었고, 시행착오를 겪을 때마다 스스로 일어날 수 있었음에도 불구하고 아버님으로부터 이메일이나 전화로 원격적인 컨트롤을 당하면서 미국에서조차 아버님의 그림자에 눌려 지낼 수밖에 없었다는 것이 분석결과입니다.

아드님은 성적이 떨어지거나 늦게 일어나 학교 수업을 빠지게 되는 경우가 발생할 때마다 아버님의 얼굴이 떠올랐으며, 그 아버님의 모습이 정신적인 부담으로 자리 잡아 점차 대외 활동이 위축되며, 급기야는 대인기피증세가 생겼고 우울증으로 이어진 것으로 판단이 됩니다. 따라서 앞으로 아드님의 치료기간 동안 아버님께서는 아들에게 가능한 한 부담을 주는 대화를 자제해주시고 아드님이 원하는 대로 후원하고 응원해주는 모습을 보여주시기 바랍니다.“

정신과 전문의의 진단결과를 듣는 내내 나는 그 내용을 수용할 수 없었다. 믿을 수 없었기에 고개를 가로저었다. 누가 뭐래도 나는 아들을 사랑했고, 아들의 진정한 성공과 미래의 행복을 위해 많은 시간을 들이며 아들과 동행했기 때문이었다.

아버지로서 내가 해 준 말은 아들에게 정말 살이 되고 피가 되는 좋은 감동의 이야기들이었으며, 그동안 주고받은 수많은 편지와 이메일들은 우리 부자가 살아 온 흔적을 고스란히 대변해 주는 것이었다. 그것은 부모님 없이 홀로 이 세상에 남겨져 치열하게 살아오면서 겪은 수많은 경험과 실패들을 통해 우려낸 삶의 진수와 같은 귀한 조언들이었다. 그러나 그 조언들이 아들에게는 정신적으로 부담이 되었다는 의사의 말을 잠시나마 인정하고 싶지 않았다. 그런데 안타깝게도 그것이 전문가의 솔직한 소견이라니….

그날 전문가의 입을 통해 나온 상담결과는 판사의 절대적인 판결문과도 같은 것이었다. 그 상담 결과는 나에게 엄청나게 큰 충격으로 다가왔다. 옆에 있던 아내에게도 충격적이기는 마찬가지였다. 옆에서 미안한 듯 물끄러미 바라보는 아들은 눈을 끔뻑거리고 숨죽이듯이 침묵을 지켰다. 아들의 모습을 바라보니 그제야 아들의 입장에서는 그럴 수도 있었겠지 라는 생각이 들었다.

'아들아, 그동안 왜 발버둥치지 않았니? 못하겠다고, 왜 몸부림 한 번 치지 않았어?'

참았던 눈물이 왈칵 쏟아졌다.

지난 20여년 아들과 함께 한 삶을 돌이켜보았다. 그동안 나는 아빠로서 아들에게 마음에서 우러나오는 칭찬에 인색했고, 높은 성과를 제대로 인정 해주지 않았다. 처음 아들이 영재성을 보였을 때, 그리고 아들이 미국에서 큰 시험에서 만점을 받으며 주위를 놀라게 했을 때 머리를 쓰다듬어 준 것이 처음이자 마지막이었다.

그 이후부터 나는 칭찬에 의도적으로 인색한 모습을 유지했다. 과도한 칭찬과 인정은 자칫 아들을 정신적으로 해이해지게 만들고 방심하게 되는 기회를 제공한다는 오판을 했기 때문이다. 어찌 보면 나의 이런 모습은 어릴 적 내가 보아 온 나의 아버지의 가부장적이고 권위적인 모습을 나도 모르게 그대로 답습하고 있었는지도 모른다.

아들은 그동안 큰 시험에서 좋은 성적을 거두면서 처음엔 그

것이 그렇게 대단한 것인지 느끼지 못했다. 자신은 단지 시험자체를 게임 하듯이 즐겼을 뿐이었기 때문이다. 그런데 주어진 시험에서 100점을 받으면 주위 사람들이 좋아하는 모습을 보면서 자신도 덩달아 행복해지는 것을 느꼈을 것이다. 아마도 그것이 시작이었을 것이다. 시간이 지나면서 어쩌다 시험을 망치거나 그 높은 자리에서 떨어지면 자기를 기대하며 바라보는 사람들이 실망을 하면 어떡하나 하는 걱정이 앞섰던 것이다. 아들은 상담 과정에서 자신의 숨겨둔 이야기를 토로했다.

돌이켜 보면, 아들을 그렇게 정신적으로 힘겹게 만들고 말을 더듬게 한 원인은 아버지의 잘못된 교육방법에서 비롯되었다. 아들이 그동안 칭찬에 그렇게 목말라 했다는 사실을 깨닫자 너무나 미안했다. 따뜻하게 한 번 안아 주지 못한 게 너무도 가슴 아팠다. 죄인 된 아버지의 심정이었다. 그 자리에서 아들을 부둥켜안으며 피눈물을 쏟아냈다. 그리고 늦었지만 고백한다.

'정혁아!! 미안하다! 용서해라!'

'그럼에도 아빠는 널 사랑한다!'

1부

백정 아들과의 특별한 동행

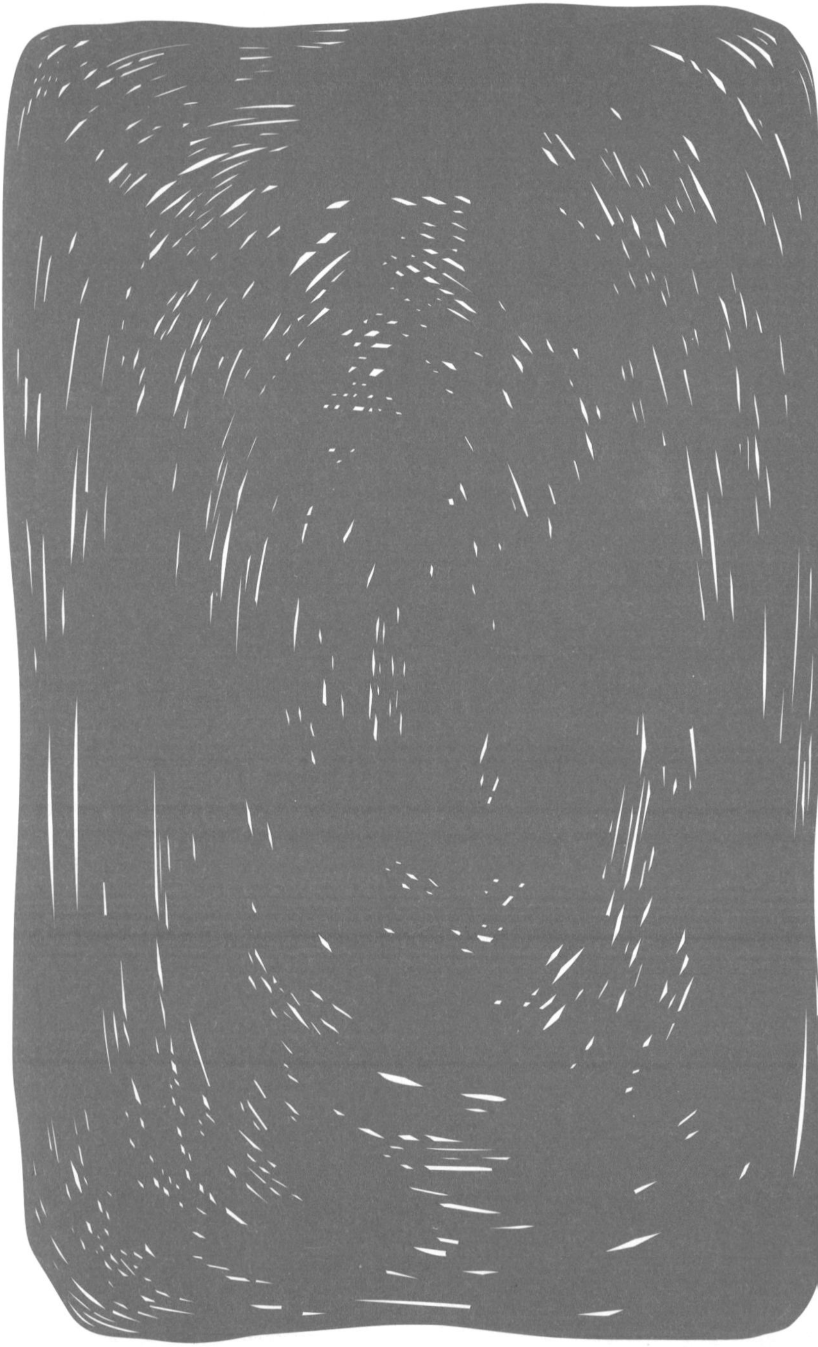

001

초식에서 육식동물로 진화

돌이켜보면 나의 어릴 적 모습은 지극히 내성적인 초식동물 유형의 인간이었다. 사람들 앞에 나서는 것을 무척이나 부끄러워했고, 나의 의견을 발표하는 자리에 서기만 하면 가슴이 벌렁벌렁 거리는 소위 무대공포증이 있는 소심한 어린이였다.

아름다운 고장 강원도 강릉에서 태어난 나는 중·고등학교에서 국어와 한문과목으로 교편을 잡으시던 아버지가 춘천으로 전근을 가시면서 온 가족이 이사를 하였기 때문에 춘천에서 초·중·고 학교생활을 하였다. 어려서 남들보다 영특하다는 소리를 듣고 자란 나는 우리 집안의 대들보로 각광을 받으며 온실 속의 화초처럼 곱게 자랐다.

초등학교에 입학하면서 부모님의 기대에 부응하기 위하여 열심히 공부한 나는 우수한 성적도 거두었다. 반에서는 반장과 회장직을 도맡으며 승승장구하다가 6학년이 되면서 전교 어린이 회장 선거에도 출마했다. 사실 돌이켜보면 이런 직책은 나의 성격과 맞지 않았다. 게다가 전교 어린이 회장이 된다는 것은 내 마음이 원하던 일이 아니었다.

하지만 부모님과 담임선생님의 적극적인 지원이 크게 작용하여 내키지 않는 마음으로 전교 어린이 회장선거에 출마 하였다. 후보의 정견 발표도 당시 고등학교에서 국어를 가르치시던 부친께서 직접 써 주신 명문의 원고를, 매우 긴장하면서 발표를 했던 기억이 있다. 내키지 않는 나의 마음과는 상관없이 나는 압도적인 표차로 전교어린이 회장에 당선되었다. 천성이 내성적이어서 성격상 남을 통솔하고 리드한다는 것이 많이 불편하던 학창시절이었다.

중학교를 거쳐 고등학교에 진학하면서 나는 남들 앞에 서는 리더의 자리에 서지 않아도 되는 자유를 누리게 되었다. 강원도 각처에서 기라성 같은 인재들이 몰려들면서 자연히 학교의 리더는 앞에서 활동하기 좋아하는 친구들이 차지했고, 나는 뒤에서 조용히 돕는 숨은 일꾼으로 만족했다.

어머니는 대한민국 어머니의 전형적인 성품을 지닌 온화한 분이셨다. 반면 아버지는 남들처럼 전통적인 유교의 영향을 받은 가장의 면모를 지녔으며, 엄한 가장의 모습을 유지하고 계셨다. 너무나 멋지고 크신 어른이지만 또한, 너무나 엄해서 편하게 다가가 사춘기시절의 고민을 이야기 한다는 것은 감히 꿈도 꾸지 못했었다. 게다가 아버지의 사랑을 받는다는 것은 사치스러운 일이라 생각하며 보수적인 최씨 집안을 이어 나갈 장남이자 집안의 대들보로서의 무게감만 커지고 있던 학창시절이었다.

고등학교 시절, 시험기간 중 벼락치기로 공부를 조금만 하여도 금세 전교 석차가 급상승했던 경험을 하였다. 그런 탓에 꾸준히 하는 공부에 대한 매력을 잃어버리게 되었다. 그리고 나는 당시 존경하였지만 가까이 할 수 없던 아버지를 따라 문학도로서의 꿈을 꾸게 되면서 글쓰기 흉내를 내기도 하였다. 자연스럽게 학과 공부는 점점 멀어지게 되었다. 결국 3학년이 되어 한때 경쟁도 되지 않던 친구들의 성적이 훨씬 앞서 있는 걸 발견했다. 정신을 차리고 다시 책을 잡고 공부에 매진하였으나 그땐 이미 늦은 때였다.

대학진학 시도 첫 해는 보기 좋게 낙방했다. 당시 집안의 기대를 온몸에 모았던 나는 처음으로 부모님께 실망감을 안겨드렸다. 어머니는 말할 것도 없고 그토록 엄하시던 아버지의 눈에서 눈물을 보게 되었다. 냉철할 것 같았던 아버지께서 나의 첫 실패에 눈물을 보이신 것이었다. 충격이었다. 자존심이 무너져 뒤늦은 후회를 안고 후기 대학진학도 포기하고 재수의 길을 선택했다.

그로부터 1년 후, 다시 도전한 대학에서 충격적인 고배를 마셨다. 다시 한 번 부모님께 실망을 안겨드리며 궁여지책으로 서울 소재 후기 대학으로 진로를 결정해야 했다. 당시 부모님이 원하던 것을 알면서도 기대에 부응하지 못했던 나의 삶이 부끄러웠다.

그 불효를 성공으로 보답하겠다고 결심하며 시작한 대학 생활! 나의 꿈을 채 펼치기도 전에 아버지께서는 1년 전에 위암말기 판정을 받으신 후 암 투병을 하시다가 세상을 떠나셨다. 내가 보이지 않게 의지하며 존경했던 내 마음의 가장 큰 하늘이 무너졌다. 우리 집안에 찾아 온 첫 번째 위기였다. 그리고 곧 이어서 어머니마저 같은 병을 앓게 되면서 아버지를 따라 세상을 떠나셨다. 하늘이 미웠다. 받아들이기 싫은 나의 운명이었다. 졸지에 천애고아가 된 나는 무엇을 어떻게 할 지 몰랐다.

그 때까지 나는 어른이 된다는 것은 부모님이 일일이 다 가르쳐 주는 것이라 막연하게 믿고 있었는지도 모른다. 남들처럼 대학을 마치고 군대에 가고 부모님이 이끄는 대로 결혼도 하고 아이를 낳으면, 사랑스런 아이는 어떻게 양육하는지도 가르쳐주는 것이 부모의 역할이라고 믿고 기다리고 있었던 것 같다. 모든 것은 부모님께서 준비해주시고 가르쳐주시고 물려받는 것이라 생각한 이른 바 온실 속의 화초가 바로 나였던 것이다.

부모님께서 돌아가시면서 모든 것이 홀로서기였다. 아무도 나를 도와주지 않는다고 생각했기 때문이었다. 나는 홀로 서야 했다. 마치 그것은 밀림 속에서 어린 사자 레오가 채 강해지기도 전에 자신을 영원히 보호해 줄 것 같았던 엄마 아빠를 잃은 처지와 같았으리라.

홀로 세상을 살아가기 위해서는 스스로 강해져야 했고, 변화해야 했다. 지금까지 내가 지녔던 온순하고 내성적인 성격으로는 이 각박하고 냉엄한, 그리고 경쟁이 꿈틀거리는 정글 같은 사회 속에서 결코 살아남을 수 없을 것이라고 생각했다. 그러면서 서서히 달라지기 시작했던 것 같다. 내가 아닌 철저히 다른 모습으로 변해야 했다. 그러나 나는 그 변화라는 도전 속에서 본래의 나의 정체성은 잃어버리지 말자고 다짐하고 또 다짐하면서 살아왔다.

나는 아무리 어려워도 세상을 낙천적으로 살기를 원했다. 내가 가진 가장 큰 장점은 세상을 바라보는 긍정적 시각이었다. 힘들게 대학 생활을 하면서도 나는 매사에 낙천적이고 진취적으로 변화되고 있었다. 사람들을 보면 늘 웃는 얼굴로 대했고, 끊임없이 변화해가는 가운데 나는 내 안의 숨은 끼를 우연한 기회에 발견했다. 그런 좋은 끼와 노력으로 인해 나는 점차 강하고 경쟁력 있는 정글 속의 육식동물로 변화되고 다듬어져 갔다.

그런 삶 가운데 나는 내 인생의 여정에서 귀한 운명 같은 여자를 만나 결혼을 했고, 내가 원했던 직장도 들어갈 수 있었다. 모든 것이 순조롭게 펼쳐졌다. 나는 부모님을 일찍 여윈 삶에 대한 고통의 무게와 시련들을 묵묵히 감당해나갔다. 그리고 신의 선물과도 같은 귀한 보석을 하나 갖게 된다.

그것은 결혼 후 1년 만에 얻게 된 귀한 내 아들이었다.

002

위대한 탄생

1989년 10월 21일 토요일 아침,

당시 H상선의 늦깎이 신입사원이던 나는 그날 회사의 〈한마음 대행진〉 행사를 준비하고 있었다. 아내가 갑자기 해산의 기미를 보이자 예약되어 있던 총신대 입구 역 근처의 한 산부인과로 곧바로 달려갔다. 신입사원으로서 회사의 중요한 행사를 진행해야 할 상황이었지만, 아내의 해산을 이유로 긴급 휴가원을 신청하였다. 신입사원으로서 회사 행사의 중요한 역할을 과감히 포기한 채….

아내가 병원에 입원한 지 무려 8시간 만에 귀한 한 생명이 이 세상에 태어난다. 고고의 성을 울리며…. 밖에서 대기하던 아버지는 간절한 기도를 한다.

'건강한 산모와 아이를 허락하소서.'

분만실을 나오는 예쁘장한 간호사가 자신의 일인 양 기쁜 목소리로 소식을 알린다.

"아버님, 고추입니다!"

은근히 첫 아들을 바랐던 나는 내심 쾌재를 부른다. 그리고 이내 감사의 기도를 드린다.

"아~~ 하나님!! 감사합니다. 잘 키우겠습니다."

최씨 집안은 난리가 났다. 경사가 난 것이다. 농장지경弄璋之慶! 귀한 가문에 아들을 얻은 기쁨인 것이다. 장손에게서 첫 아들이 났으니 최씨 장손 집안의 며느리로서 아내의 입지가 든든히 세워졌음은 물론이고, 온 집안 식구들이 즐거워 야단법석이 났다. 아들의 외갓집도 즐거워하는 건 마찬가지였다.

대체 고추가 뭔 지….

기분이 하늘을 날 것 같았던 나는 박봉을 털어 최씨 집안의 귀한 아들 탄생 신고식을 여기저기 톡톡히 치렀다. 그래도 그 돈이 전혀 아깝지 않았다. 아들의 탄생은 천금을 얻은 기분이었고 천하를 통째로 얻은 그런 느낌이었기 때문이다. 그 때는 분명히 그랬다. 아들의 탄생으로 누리게 된 첫 번째 기쁨이었다.

아직 준비되지 않은 아빠로서 나는 그렇게 기쁘고 흥분되었지만, 한편으로 가슴 한편이 시리게 저려옴을 느낄 수 있었다. 그 이유는 최씨 가문을 이어나갈 귀한 아들이 이 세상에 나왔지만, 그 기쁜 경사를 진정으로 함께 기뻐해줄 아들의 친할아버지와 할머니가 이미 이 세상을 떠나고 없었기 때문이었다.

내가 대학을 다니던 시절인 나이 20대 초반에 이미 두 분 모두 세상을 떠나셨다. 아버지는 1979년 위암말기 판정을 받고 그로부터 1년을 투병을 하시다가 53세의 일기로 고통 중에 세상을 떠나셨다. 한 마디 유언도 남기시지 못한 채….

어머니는 1985년 1월 수술 중 의료 사고로 무의식상태로 1년을 투병하시다 먼저 고인이 되신 아버지를 따라 하늘나라로 떠나가셨다. 어머니 역시 한마디 유언도 없이 무의식 상태로….

아무것도 가진 것 없이 빈손으로 결혼을 하여 한 가정을 이루고 사랑을 하고 그 사랑의 열매인 첫 아들을 낳았을 때 제일 먼저 생각나는 분들이 있었으니, 무엇보다 나의 부모님이었다. 그런데 그 분들은 더 이상 이 세상 분들이 아니었다. 그리고 하늘에 계신 그 분들께 마음속으로 기도를 드렸다.

'제가 비록 부족한 아빠지만 선물로 얻은 이 아들을 잘 키워보겠습니다. 하늘나라에서 늘 지켜봐 주시고 어떠한 어려움이라도 잘 이겨낼 수 있게 도와주세요.'

003

독서하는 21개월 아이

태어나면서 주위사람들에게 탄생의 큰 기쁨을 선사한 아들은 분만 과정이 그리 순탄하지 않았다. 아들은 아내의 통증이 시작되면서 병원을 찾은 지 8시간 만에 갖은 고생을 하며 이 세상에 나왔기 때문이다. 신생아가 산모의 자궁을 밀고 나오지 못하여 산모가 심한 고생을 하였다. 그 이유에 대해 당시 집도를 맡았던 담당의사가 걱정스럽게 말했다.

신생아의 머리가 정상아보다 1.5배가 커서 산모가 힘든 것이라고 하였다. 산모는 몇 시간을 밀어내기 씨름을 하다가 결국 실패하였다. 병원 측에서는 자연 분만을 포기하고 분만겸자分娩鉗子라는 기구를 사용하여 아이를 엄마의 자궁에서 꺼내자고 제안을 하였다. 곁에서 고통스러워하는 산모를 걱정하던 나는 급한 나머지 그렇게 하기로 동의했다.

겸자를 통해 어렵사리 세상에 나온 아들은 워낙 머리가 커서 나오는 과정에서 머리와 왼쪽 눈 윗부분을 다쳤다. 신생아의 머리 뒤에 지름 5센티미터 정도의 구멍이 나 있었고, 왼쪽 눈과 눈썹 사이에 빨간 핏줄로 된 붉은 반점이 생겨 있었다.

걱정을 하던 우리 부부에게 산부인과 주치의는 아이의 머리가 너무 커서 나오는 과정에 불가피하게 생기게 된 것이며, 작은 분화구처럼 푹 파인 연개골은 자라면서 덮어지고 단단해질 것이니 걱정하지 말라고 하였다. 눈가에 생긴 붉은 반점은 아이가 어느 정도 성장한 후에 레이저로 없애는 시술을 받아야 할 것인데 큰 시술이 아니니 걱정하지 말라고 안심시켜 주었다. 그러나 부모로서 아들이 커가면서 신경을 쓰게 될 것 같아 마음 한편에 걱정이 되었다. 아들은 감사하게도 생각보다 건강하게 성장하였다.

타고난 큰 머리는 늘 고생이었다. 머리가 커서 아이가 제 머리를 스스로 가누지 못해 힘들어했고, 1년이 지나면서 첫 돌 잔치에서도 아들의 큰 머리가 역시 문제가 되었다. 돌 사진을 찍을 때에는 아들 머리에 꼭 맞는 모자를 찾을 수 없어서 모자를 머리에 얹고 끈으로 묶어주었더니, 여간 불편한 게 아닌지 손으로 잡아채서 사진을 찍는데 고생한 기억이 있다.

신혼 초 우리 부부는 아무것도 가진 것 없이 빈손으로 시작하여, 부득이하게 맞벌이를 선택하였다. 맞벌이를 하다 보니 아들을 돌봐 줄 사람을 구하는 것이 문제였다. 부모님은 이미 이 세상 분들이 아니었고 외갓집도 할아버지와 할머니는 일을 하고 있었기 때문이었다. 그렇다고 아이를 다른 사람의 손에 맡기는 것은 누구도 원치 않았다. 이 문제를 놓고 한 동안 고민하다가 궁여지책으로 당시 강원도 원주에 살고 계신 아들의 외증조할머니에게 아들의 양육을 맡기게 되었다.

아들은 어려서부터 외증조할머니의 손에서 자라게 되었다. 외증조할머니는 외손주를 자신의 아들처럼 키우셨다. 집안의 어른들이 가지고 있는 특유의 성실함과 정성으로 아들을 돌보아 주셨다. 첫 돌이 지나 아들이 말을 하기 시작하면서 우리 부부가 출근한 후, 텅 빈 집에서 아들에게 숫자를 가르치고 그림과 글씨가 섞여 있는 한글 익히기 카드놀이도 하고, ABC 등 알파벳을 가르치기 시작한 모양이다.

다행히 아들은 외증조할머니와 각종 놀이를 즐기기 시작했고, 끊임없이 "이거 뭐야?" 라며 질문을 던졌다. 그러면 외증조할머니는 전혀 지친 기색 없이 일일이 답해 주었다. 궁금한 것을 깨우쳐가는 재미를 알아 가는 가운데 아들이 생후 21개월이 지난 1991년 7월 중순경에 기적 같은 일이 벌어졌다.

내가 회사에서 퇴근하여 집에 돌아왔는데 먼저 퇴근해 저녁 준비를 하던 아내가 신기한 일이 벌어졌다고 말하며 흥분해있었다.

"정혁 아빠!! 이리 좀 와보세요. 정혁이가 책을 읽어요!"

"뭔 소리야? 장난 치치마. 이제 말을 겨우 하는 애가 무슨 책을 읽는다고 그래??"

"아니에요! 나도 애가 책 읽는 것을 보고 깜짝 놀랐는걸요!"

믿어지지 않았지만 호기심이 발동하여 아들을 불러 당시 어린이 한글 읽기 교재였던 '곰돌이'란 책을 펴 놓고 아들이 읽기를 기다렸다. 귀를 의심할 정도로 또박 또박 한 글자씩 책을 읽어 내려가는 아들을 본 순간 나는 소스라치게 놀랐다.

"뭐 이런 괴물이 다 있어?"

여기서 그치지 않고 신통방통 장기자랑 하듯이 펼쳐지는 아들의 영재 재롱잔치는 계속되었다. 알파벳을 펼쳐놓고 묻는 글자마다 다 맞추었다. 게다가 숫자들은 이미 그의 입에서 놀아나고 있었다. 이렇게 뛰어난 재능을 보이는 아들의 아빠는 이내 고민에 빠지게 된다.

'이 아이를 어떻게 키워야 하나?'

그 이후 우린 아들을 마치 잘 훈련된 곡마단의 동물처럼 여기저기에 진기명기 선보이듯이 아들의 영재놀이를 보여주기 시작했다.

그 해 8월 여름, 여름휴가에 우리 가족과 누님 부부와 함께 강원도의 유명 휴양지인 하조대로 피서를 갔다. 당시 그곳은 매형이 다니던 회사에서 직원들을 위한 하계 휴양소로 지정하여 복지 시설을 제공하던 곳이었는데, 그 곳에는 회사의 많은 가족들이 여름휴가를 즐기고 있었다.

피서를 온 가족들이 저녁 식사를 마친 뒤, 여름 바다를 즐기면서 장기자랑을 하고 있었다. 우리 집은 대표선수로 두 살도 채 안 된 아들을 내세워 글을 읽히고 숫자와 영어 알파벳을 기가 막히게 맞춰가는 장기를 선보였다. 그날 밤 참석한 많은 사람들이 부러움과 함께 보내준 뜨거운 박수를 아직 선명하게 기억하고 있다.

그 후 책 읽기를 좋아하는 아들을 위해 아내는 여기저기서 남아도는 책들을 얻어다가 아들의 놀이기구로 만들어 주었다. 아들의 집중력은 대단하였다. 한 번 책을 잡으면 끝을 볼 때까지 책을 놓지 않았다. 더욱 신기했던 것은 아들은 어려서부터 숫자에 남다른 관심을 보였다. 한글읽기와 같은 시기에 숫자 익히기를 시작하면서 눈에 보이는 모든 숫자들을 머릿속에 기억하고 개념까지 파악하는 놀라운 재주를 보이기 시작했다.

한 번은 아내가 동네 동사무소에 민원서류를 발급받으러 간 적이 있었다. 그 날 아들과 함께 동사무소에 방문을 해서 서류신청을 하는데 동사무소 직원이 세대주인 나의 주민등록번호를 물어보았다고 한다. 아내가 내 주민등록번호를 알려주기 위해 수첩을 뒤지고 있을 때 아들이 대뜸 13자리의 숫자를 뱉어내길래, "혁아, 장난 치지마!!" 하면서 아들을 나무랐다고 한다. 하지만 일을 보던 동사무소 직원이 놀라며 "어! 맞는데요 어머님!" 그러더라는 것이었다.

아들은 언제인지 모르지만 아버지의 주민등록번호를 머릿속에 기억하고, 시기적절하게 자신이 똑똑히 기억하고 있음을 입증했다. 그 날 밤 아내로부터 낮에 있었던 이 이야기를 듣고 많이 놀랐다. 아들의 타고난 재능이 무엇일까? 그리고 스스로에게 다시 묻는다.

'이 아이를 도대체 어떻게 키워야 하나?'

평범하게 자라온 아버지의 고민이 서서히 심각해지기 시작했다. 아들의 어린 시절 숫자에 대한 개념이해와 숫자 사랑은 남달랐다. 숫자에 대한 개념이 잡히기 시작하면서 아이는 모든 놀이를 숫자로 풀어갔다. 한글을 습득하기 시작하면서 아내는 아들에게 일기를 쓰도록 했는데 아들의 일기장을 들여다보면 자신의 느낌을 숫자로 표현한다든지 숫자를 상용화하는 신기한 모습을 자주 발견했다.

독서와 숫자 외에 아들의 또 다른 관심은 음악에 있었다. 1990년대 초 인기가 높았던 〈여명의 눈동자〉라는 드라마가 있었다. 이 드라마가 1991년 10월7일부터 시작하여 1992년 2월 6일까지 방송이 되었으니까 아들이 두 돌을 갓 넘긴 시기쯤이었다. 이 드라마는 연기자들의 명품연기도 빛났지만 OST도 매우 유명했다. 당시 주제음악은 메인 테마가 인기를 끌면서 OST음반도 수십 만 장 넘게 팔렸다고 한다.

어느 날 아들을 태우고 운전을 하는데 그 때 라디오에서 귀에 익은 음악이 흘러나왔다. 그 음악이 흘러나오자 두 돌배기 아들이 갑자기 소리쳤다.

'여명의 눈동자!'

아들의 천부적인 청음에 아내와 나는 서로 바라보며 기가 막혀 할 말을 잃었다. 아들의 음악사랑은 성장하면서 수학과 함께 삶의 중심으로 자리 잡았다.

004

영국에서 생긴 일

아들은 신기한 영재성을 보이며 잘 성장하였다. 아들이 태어난 지 4년 후에 귀한 딸을 얻는 기쁨이 누리게 되었다. 가정에서 안정을 찾은 나는 회사에서도 만족스러운 직장생활을 구가하였다. 대기업이라는 조직의 생리구조에 잘 적응하면서 경쟁에서도 뒤쳐지지 않게 역량을 발휘했다. 다양한 회사 활동에도 빠지지 않고 열정적으로 앞장서서 활동하기 시작했다. 당연히 임원들의 눈에 들기 시작하여 특진도 하는 영예를 누렸다.

대리 2년차가 되었을 때 회사에서 우수 인재를 선발하여 해외연수를 보내는 제도가 처음 시행되게 되었다. 좋은 기회를 놓치고 싶지 않았다. 그 당시 나는 회사의 기라성 같은 선배들과의 치열한 경쟁을 뚫고 영국 유학생으로 선발되는 영광과 기쁨을 맛보았다. 그러나 생애 처음으로 낯선 땅에서 시작한 영국 유학생활은 생각만큼 그리 순탄하지 않았다.

당초 회사의 원칙은 1년 4개월이란 짧은 기간 동안 가족 없이 지내는 것이었다. 그래서 홀로 유학생활을 시작하였다. 그러나 3개월쯤 지나자 회사 측은 가족의 동반을 배려해주는 뜻밖의 선처를 베풀어 주었다. 회사 대표이사의 공식적인 결재가 나면서 가족 동반의 선처를 받은 우리 가족은 1995년 당시 영국 웨일즈 카디프란 생소한 이국땅에서 극적으로 합류하게 되었다.

나는 혼자 지내기로 한 기숙사를 정리하고 우리 가족이 함께 살아갈 주택을 급하게 마련했다. 당시는 주재원의 신분이 아닌 이유로 나의 해외 근무수당과 주택수당이 별도로 책정이 되어 있지 않았다. 당시 지원 받던 유학 보조 수당과 한국에서의 월급만으로 우리는 일 년을 해외에서 버텨야했다.

그 해 9월 말에 카디프에서 150마일 떨어진 곳에 위치한 런던 히드로 공항으로 가족을 맞으러 달려갔다. 차가 없던 나는 당시 차를 소유하고 있고 카디프의 마당발로 통하던 선임 S씨에게 부탁을 하여 그의 차로 히드로 공항으로 마중을 나갔다. 우리 가족은 정말 오랜만에 얼굴을 마주하게 되었다. 떨어져 있던 3개월은 결혼 후 가장 오랜 이별의 시간이었다.

아들과 딸도 그동안 많이 성장해 있었다. 아들은 당시 일곱 살이었고 딸은 세 살의 어린 나이였다. 아들은 이미 영국에 오기 전에 영어 단어를 꽤 많이 익힌 상태였다. 당시만 해도 영어 조기 교육의 바람이 일어나기 전이라 초등학교에 들어가기 전에 영어단어를 안다는 것은 흔한 일이 아니었다.

뜨거운 재회를 하고 히드로 공항에서 지는 석양을 뒤로 하면서 다시 150여 마일을 달려 우리들의 보금자리인 카디프로 돌아왔다. 카디프로 돌아오는 차 안에서 특유의 지적 호기심이 발동한 아들은 수많은 질문들을 토해내기 시작했다. 당시 영국 전문가로 당일의 운전기사를 자처한 선임 S씨는 자신의 차를 손수 운전하면서 수없이 뱉어내는 아들의 질문에 성실하게 답변하느라 애를 썼다. 아들은 집으로 오는 길에 영국에 대한 많은 정보를 차 안에서 하나씩 습득하기 시작한 것이다.

일단 한국과 다른 영국의 도량형에 대한 기본적인 이해를 마친 아들은 매우 신기해하고 흥미로워 했다. 이를 본 S씨는 정말 이해를 했는지 궁금해 했고, 아들에게 영국 도량형을 한국 도량형으로 환산하는 퀴즈를 냈다. 아들은 퀴즈를 듣자마자 암산을 하더니 정답을 맞히는 것이었다. 푸는 시간보다 문제를 만드는 시간이 더 걸리는 계산 퀴즈는 더 이상 의미가 없어 보였다.

아들은 차 안에서 S씨로부터 많은 걸 배웠다. 영국의 특별한 도량형 중 중량단위인 파운드를 비롯하여 거리 및 길이 단위로서의 야드 개념, 중요한 화폐 단위는 물론 영국의 역사와 지리에 대하여 많은 정보를 습득한 것이다. 잊지 않았겠지만 아들은 고작 7세였다.

아들의 기이한 지적 능력은 카디프에 도착하면서 바로 진가를 발휘했다. 우리 가족은 카디프 시내에서 조금 떨어진 GlynCoed란 조용한 동네에 위치한 임대 주택을 보금자리로 정했다. 집에서 가까운 곳에 있는 학교에 다니게 된 아들은 대견하게도 충만한 호기심으로 즐거운 학교생활을 시작했다. 아들은 등교 첫날부터 학교에 가서 신기하게 쳐다보는 영국 친구들에게 바로 한국어를 가르치기 시작했다고 한다. 완벽한 영어 문장을 구사할 수 없으나 자신이 익힌 영어 단어를 활용하여 한국어를 알려주는 방법으로 친구들을 사귀어 갔다.

가령 자신의 얼굴을 가리키면서 아들이 먼저 'Face'를 말하고 이어서 '얼굴' 이라고 말하면 아이들이 신기하게 따라 하면서 좋아했다고 한다. 이렇게 단어놀이를 하면서 아이들과 금세 친해졌고, 뛰어난 숫자 개념으로 친구들의 눈높이에서 산수를 가르쳐 주니 어느 새 아들의 주변에는 친구들로 넘쳐났다.

카디프 생활과 학교생활이 시작된 지 얼마 지나지 않아서 아들에게는 아주 특별한 습관이 생겼다. 이즈음 학교에서는 어려운 웨일즈어도 조금씩 배우기 시작했다. 당시 집에는 웨일즈어로 된 카디프 시내의 지명이 자세하게 담긴 커다란 지도가 주방 한쪽 벽면에 걸려 있었다. 아들은 저녁식사가 끝나고 나면 그 지도 앞에 앉아 꼼짝 않고 지도를 들여다봤다.

"존! (당시 아들의 영국식 이름) 너 지금 뭘 하고 있는 거야?" 라고 물으면,

"네, 지금 카디프 시내 지도에 나오는 지명을 공부하고 있어요!" 라고 늘 이렇게 대답을 했다. 아들은 새로운 흥밋거리를 찾은 것이다.

그렇게 시간은 흘렀고, 카디프의 생활에 어느 정도 적응을 했을 즈음, 우리 가족은 주말에 함께 움직이기 위한 자동차가 필요했다. 그러던 차에 선임자 S씨가 귀국하면서 남기고 간 차를 인수하게 됐다. 20년 정도 된 닛산의 '체리'라는 차종이었다. 가끔씩 시동이 걸리지 않아서 차의 앞부분을 흔들어 줘야만 시동이 걸리는 아주 오래 된 구식차량이었다.

어느 날 그 차를 타고 한국인 유학생 집에 저녁 초대를 받아 온 가족이 함께 갈 일이 있었다. 당시는 오늘 날처럼 네비게이션이 없었고 오로지 시내지도에만 의존하여 찾아가던 시절이었다. 운전을 하고 가다가 길을 잘못 들어 이상한 곳으로 진입을 했을 때였다. 뒷자리에 있던 아들이 마치 익숙한 곳 인양 자신감

넘치는 목소리로 말했다.

"아빠 여기서 세 블록만 더 가면 XXX 스트리트가 나와요."

이미 신기할 정도로 아들의 정확성을 수없이 경험한 터이지만, 그래도 반신반의 하면서 세 블록을 직진하다 보니 거짓말처럼 아들이 이야기한 XXX스트리트가 나오는 것이었다. 다시 한 번 몸에 전율이 일었다. 아들은 매일 저녁을 먹고 앉아서 한동안 카디프 시내 지도를 들여다보다가 그 어려운 카디프 시내의 지도를 거의 다 머릿속에 입력을 해놓은 것이었다. 당시 이 사건은 소문만 내지 않았을 뿐 완전히 '진기 명기'에 나가도 될 만한 놀라운 일이었다.

영국 생활은 나의 석사 과정에서도 중요했지만, 아들이 본격적으로 영어를 배워 볼 좋은 기회였다. 주위에는 이미 많은 한국 사람들이 아이들의 영어 교육을 위하여 가정교사를 초빙하여 개인 교습을 하고 있었다. 아들도 영어 선생님 한 분을 소개받았다.

그분의 성함은 '마리안' 이었다. 초등학교에서 교편을 잡으시다가 은퇴를 하시고 소일거리로 외국에서 온 아이들에게 영어를 가르쳐주시는 친절한 분이셨다. 마리안 선생님은 아들의 영어 인지 능력과 습득 속도가 매우 빠르다고 칭찬해 주셨다. 영어는 물론 웨일즈어까지 구사하는 아들을 보고 놀라움을 금치 못했다. 그리고 아들에게 '천재소년' 이라는 별명을 붙여주면서 칭찬하고 격려해 주셨다.

나중에 한국에 와서도 마리안 선생님과의 인연은 계속되었다. 마리안 선생님은 정말 따뜻한 사람이다. 20년이 지난 지금까지도 매년 우리 식구들의 생일을 기억하여 축하의 메시지와 선물을 보내 주는 정성을 보이기도 했다. 이런 따뜻한 분으로부터 아들이 처음으로 영어를 배운 것은 행운이었다. 마리안 선생님은 아들이 이국땅에서 최초로 만난 마음 따뜻한 참 스승의 모습을 가진 인생의 멘토라는 생각을 했다.

한편 늦은 나이에 유학을 와서 영어로 된 수업을 듣는 일은 나에게 여간 어려운 일이 아니었다. 그러나 곧 영어로 진행되는 수업은 어느 정도 적응이 되었다. 문제는 매주 끊임없이 쏟아지는 수많은 과제Assignment와 두 학기에 걸쳐서 치러지는 죽음의 공포 같은 필기시험이었다. 어떤 문제가 나올지도 모르는 상황에서 2~3시간을 논술형으로 써 내려가는 것은 여간 어려운 일이 아니었다. 시험이 끝날 때마다 거의 녹초가 되곤 하였다. 왜 이렇게 힘들고 어려운 선택을 했을까, 학기 도중에도 수 없이 후회가 밀려왔으나 시간은 어김없이 흘렀다. 각고의 노력 끝에 다행스럽게도 과정을 어렵사리 통과할 수 있었다. 과정은 힘들었지만 힘든 만큼 항상 그 결과는 달콤한 것이라는 것을 깨달으며 주어진 논문을 준비하던 중, 회사의 부름을 받아 논문을 서둘러 마무리하고 영국 유학생활을 무사히 마치게 되었다.

1년 4개월간이란 짧은 해외 생활을 통하여 우리 가족은 참으로 특별한 체험을 했다. 나는 어려운 유학생활의 과정을 성공리에 잘 완수했고 좋은 사람들과의 친분과 인연을 쌓았다. 또한 한국에서 한동안 잊고 살았던 가족의 소중함도 다시 맛보았다. 영재 아들은 짧은 기간 동안 영어와 웨일즈어의 습득은 물론 한국어를 외국 친구들에게 전파하고 한국 문화를 소개하는 기회의 장을 열기도 했다. 이 모든 것이 해외생활에서의 귀중한 소득이었다.

005

Korean Math-Boy in America

1996년 말, 영국에서 유학을 마치고 한국으로 돌아왔다. 회사로 복귀한 후 얼마 지나지 않아 총무부장과의 면담이 있었다. 해외에서 좋은 경험을 하고 왔으니, 회사에 기여를 하는 차원에서 인사업무를 해보라는 것이었다. 처음에는 고사하고 영업 일을 계속하겠다고 말했으나, 이 결정은 대표이사의 뜻이라는 말을 듣고 순순히 수용하였다.

내 삶의 철학은 즐겁게 일을 하는 것이다. 어차피 주어진 일이고 피할 수 없는 일이라면 기왕이면 즐겁게 하자는 철학을 가지고 있고, 그것은 오늘 날까지도 변함이 없는 나의 삶에 대한 긍정적인 태도이다.

1996년 말에 인사 과장으로 보직을 받고, 정신없이 재미있게 일을 하다 보니 금세 1년이란 시간이 훌쩍 지났다. 그리고 1997년 말은 잘 아는 바와 같이 대한민국이 국가적으로 가장 큰 위기를 맞게 되는 이른 바 IMF의 경제적 한파가 나라 전체를 강타한 시기였다.

1997년 대한민국은 불행이었지만 나에게는 새로운 기회가 도래했다. 이 때 나는 연말 해외 주재원 인사를 담당하게 되는데 여기서 전혀 생각지도 않았던 미국 주재원 발령을 받았다. 인사 업무에서 3년 정도 근무하게 될 것이란 예상을 깨고 전격적으로 미국 시애틀의 부지점장으로 발령을 받게 된 것이다.

그리고 언제나 그렇듯이 낯선 곳에서의 처음은 쏜살같이 지나가지 마련이다. 미국에서의 3개월도 마찬가지였다. 전임자와의 인수인계를 마치고 본격적인 업무를 시작했다. 미국생활에서는 자동차가 필수였으므로 우선적으로 할 일은 미국에서 운전면허를 취득하는 일이었다. 운전면허를 취득하고 내가 운전할 자동차를 구입했다. 곧 합류할 가족을 생각하며 설레는 마음으로 가족을 위한 자동차도 미리 준비를 했다. 그러나 실망스럽게도, 미국에 온 지 두 달 만에 기다리던 가족보다 이삿짐이 먼저 도착했고, 나는 혼자서 이삿짐을 정리하느라 정말 죽을 고생을 했다.

정확히 3개월이 지나면서 사랑하는 나의 가족들과 영국에 이어서 다시 미국 땅에서 기쁨으로 재회했다. 시애틀의 SEATAC 공항에서 우리 가족은 이산가족이 상봉하는 것 같은 기쁨을 누리게 된다. 앞으로 4년여를 미국 땅에서 함께 생활을 하게 된다는 사실과 앞으로 펼쳐질 미국생활에서의 다양한 경험으로 인한 설렘과 기대로 가족 모두들 행복으로 충만해 있었다. 그것이 해외 생활의 매력이었다. 늘 새로움으로의 도전.

밀크릭Mill Creek 지역에 소재한 아담하지만 천국같이 잘 정비된 보금자리로 향하는 동안 아이들은 동네가 너무나 아름답고 멋지다고 탄성을 내질렀다. 나는 마치 가이드가 관광버스에서 여행자들을 향해 입버릇처럼 떠들어 대듯이 동네입구를 들어서면서 신이 나서 안내 방송을 시작했다.

"잘 봐라 얘들아. 여기부터가 우리 집의 시작이다. 너희들 눈앞에 보이는 이 모든 가로수 길은 우리 집으로 들어가는 정원길이고, 그 정원에는 우리 가족을 위해 고용된 관리인들이 다양한 종류의 나무들과 아름다운 꽃들을 심어 놓았단다. 그 나무에는 노래하는 멋진 새들이 산단다. 너희들을 위해서 아빠가 준비했지. 곧 집에 도착하면 가까이에 수영장과 테니스장이 있는데, 앞으로 우리가 시간 날 때마다 가끔씩 즐기게 될 여가시설이야. 이 모든 것을 우리가 누리면 그것이 우리의 것이 되는 거야! 바로 오늘 이 순간부터 앞으로 4년 동안 누리게 될 American Dream의 시작이야!" 라고… 아이들은 아기새처럼 지저귀었고, 맘에 꼭 들어 했고, 아이들의 함박웃음을 보면서 모처럼 행복을 느꼈다.

시애틀에 도착한 가족들은 미국 생활에 빠르게 적응해 나갔다. 아이들은 곧바로 학교에 등록했다. 아들이 입학등록을 마친 학교는 밀크릭 지역에서 이름 있는 시더우드 초등학교Cedarwood Elementary School였다.

아들은 영국에서 습득한 영어를 그때까지도 잘 기억하고 있었고, 영어 구사에 크게 문제가 없어서 학교생활에 잘 적응해 갔다. 입학 시 행해지는 수학 테스트에서 아들은 같은 학년에 비해 월등한 실력을 평가 받았고, 나이보다 한 학년 높은 반에 배정받았다.

딸아이도 유치원에 입학을 했다.

아들은 무서운 속도로 학교생활에 적응해 나갔다. 얼마 지나지 않아 아들이 영재성이 있음을 파악한 학교에서는 바로 영재 테스트Highly Capable Qualifying Test를 권하였다. 이 시험에 응시한 결과, 아들은 미국 선생님들도 놀랄 만한 매우 우수한 성적을 받았다. 곧 바로 아들은 미국에서 상위 5%의 장래의 리더들을 배출한다는 영재 반Highly Capable Class에 들어가게 되었다.

나중에 이야기 들은 사실인데 미국에 사는 한국 교포들이나 유학을 온 한국 가정에서는 아이들을 이 영재 반에 들여보내기 위하여 1년 단위로 보는 테스트를 끊임없이 응시하게 한다고 한다. 이를 위하여 재수 또는 삼수까지 시킨다고 하니 미국 땅에서도 한국부모들의 열정적인 교육열은 대단했다. 미국 선생님들도 인정하는 한국 부모들의 교육열이다. 그런 영광스럽고 자랑스러운 영재 반에 미국에 온 지 불과 한 달도 안 되어 편입하게 되니 주위에서 아들의 영재성에 대하여 적잖이 놀라는 눈치를 우린 쉽게 알아차릴 수 있었다.

미국에 도착하자마자 영재 반에 들어가는 것은 단지 시작을 알리는 신호탄일 뿐, 이 때부터 미국에 머무는 4년이란 시간 동안 줄곧 아들은 수학과 음악에서 독보적인 두각을 나타내기 시작했다. 2학년의 나이에 3학년 영재 반에 월반越班을 한 아들은 학습 면에서도 다른 영재들보다 탁월한 실력을 보였다. 교내에서 실시하는 각종 테스트에서 발군의 성적을 보였다.

당시 시애틀에는 미국에 체류하며 수학과 과학 분야를 연구하는 한국유학생 출신들의 모임단체인 〈서북미지역 과학자 협의회〉가 있었다. 이 협의회에서는 매년 서북미 지역에 살고 있는 한국학생들을 대상으로 수학 경시대회를 실시하고 있었다. 수학이라면 엄청난 자부심을 가지고 있었던 아들도 한국인들끼리 경쟁하는 이 수학경시대회에 참가했다. 미국에 도착하던 첫

해 처음 출전한 경시대회에서 놀랍게도 대상을 받았다. 이전까지 매년 같은 또래그룹에서 한 아이가 이들이 속한 그룹에서 독보적으로 대상을 줄곧 받아왔는데, 이 번 대회에 그 챔피언의 보위를 아들에게 빼앗겨버린 것이다.

아들은 미국에 도착하던 첫 해에 수학경시대회에서 이름을 올리더니 그 때부터 미국에 머무는 4년 동안을 매년 이 대회를 휩쓸며 그 이름을 서북미 지역에 올렸다. 다른 과목도 우수했지만 아들이 특히 좋아하는 과목은 단연 수학이었다. 그리하여 언제부턴가 자신의 별명을 스스로 〈Math-Boy〉라고 칭하면서 점차 주위 친구들이 그렇게 부르기 시작했다. 학교 선생님들 사이에서도 이미 'Math-Boy John (아들의 미국식 이름이 John이었음)' 으로 통하고 있었다.

수학 이외에 아들이 또 다른 흥미를 보인 분야는 음악이었다. 어려서 절대 음감이 있음이 발견되었고 드라마 〈여명의 눈동자〉의 OST를 듣고 그 음악을 구별하던 세 살짜리 아이가 커가면서 음악에도 관심을 보였다. 딸 제인Jane과 함께 피아노를 배우게 했다. 아들은 손가락이 길고 음악적인 감각과 박자감각이 탁월하여 피아노 연주에도 진도가 빨랐다. 피아노를 배우기 시작하면서 혼자서 노트에 깨알같이 음표를 쪼개어 그리는 아들을 보면서 참으로 기이한 아이라고 생각했다.

어느 날 학교에서 특별활동으로 실내관현악단이 결성되었다. 참여하는 학생들은 마음에 드는 악기를 선택하게 되었고, 아들은 독특하게 트롬본에 끌리어 한동안 그 악기에 빠져있었다.

드디어 새로 결성된 관현악단이 초대장을 보내왔다. 그동안 아이들이 열심히 연습한 협주곡의 발표회가 있는 날이다. 아이들의 합주회가 무척 기대되었다. 저녁 시간에 관현악단이 펼치는 음악회에서 아들의 모습도 보고 다양한 인종으로 구성된 관현악단의 합주를 감동스럽게 감상했다. 그 때 합주 사이에 관현악단 중에서 색소폰을 솔로로 연주하는 한 아이가 있었다. 아들과 같은 영재 반의 다니엘Daniel이라는 잘생긴 미국 아이였다. 이 아이가 색소폰을 연주하는데 어린 나이에도 불구하고 얼마나 멋지게 색소폰을 연주하던지, 참석한 모든 학부모들이 쥐 죽은 듯이 조용히 이 천재아이의 색소폰 연주에 몰입하였다. 연주가 끝나고 우레와 같은 박수와 함성이 장내에 울려 퍼졌다. 나중에 알게 된 사실인데 이 아이의 아버지는 색소폰 연주자로 어려서부터 자신의 아들에게 색소폰 연주를 전수하기 시작한 모양이었다. 다니엘은 머리도 좋아서 영재 반에 편성되어 있을 뿐 아니라 음악성까지 뛰어난 우수한 아이였다.

영재 반에서는 매년 일정한 시험을 치르고, 기준에 미달하는 아이들은 그 영재 반에서 탈락되는 아픔을 겪기도 한다. 미국에서 상위 5%의 영재를 배출하여 장차 미국을 이끌어갈 리더로 키워나가는 이 프로그램에 영입되고, 대학 입학 때까지 그 수준을 유지한다는 것은 그리 녹록한 일은 아니었다. 미국 내 살고 있는 한국 부모들이 혈안이 되어 자녀들을 이 영재 반에 들어가게 하고 또 유지하려고 하는 데에는 그만한 이유가 있는 것 같았다.

합주회 때 우리의 가슴을 홀렸던 음악천재 다니엘이 연말 평가에서 낙오되어 일반 학급으로 편성되었다는 소식을 연말에 전해 들었다. 아들이 실의에 빠져 있을 다니엘에게 친구로서 위로의 말을 건네자 다니엘은 담담하게 이렇게 말했다고 한다.

"괜찮아. 나는 내가 좋아하는 음악을 하면 돼. 나는 장래에 훌륭한 색소폰 연주자가 될 거야. 아버지도 이제 내가 편안하게 음악에 집중해서 공부할 수 있다고 기뻐하시며 나를 격려해주셨어!" 그 이야기를 듣는 순간 영재 반에 들어가기 위하여 재수, 삼수를 시키고 자녀들에게 과외까지 시키면서 총력을 기울이는 한국 학부모들의 모습이 묘한 느낌으로 오버랩 되었다.

아마도 지금쯤 다니엘은 미국사회 어디에선가 그가 좋아하는 음악을 하면서 멋진 인생을 펼쳐 나가고 있을 것이라 확신한다.

006

준비된 학습 매니저

1996년이 되던 해 영국 유학생활을 마치고 한국으로 돌아와 곧바로 인사과장의 보직을 맡게 되었다. 한국에서의 일상은 하루도 쉴 날이 없이 빡빡하게 진행되었다. 어떤 때는 일주일 동안 한 번도 아이들의 얼굴을 보지 못하고 지낸 주도 있었다. 그도 그럴 것이 꼭두새벽에 출근하여 자정이 넘어 퇴근하던 경우가 허다했으니 말이다. 늘 아이들이 잠든 모습만 보며 일주일을 보내는 일이 다반사였다. 대한민국 대부분의 직장인들의 공통된 삶일 것이다. 그리고 그렇게 하는 것이 마치 직장에서의 계급장이고 인생의 자랑스러운 훈장인양 착각했다. 고된 일과를 마치고 동료들과 술잔을 기울이며 내 뱉는 삶의 고뇌 어린 언어들은 경쟁시대를 살아가는 자신에 대한 일종의 위로요, 은근한 자긍심 같은 것이었다.

그런 365일이 반복되는 쉼 없는 생활을 뒤로 하고 도착한 미국 땅은 한마디로 천국이었다. 새로운 부임지에서 일단 적응하기만 하면 전쟁 같은 저녁문화가 없어서 자연스럽게 가족 중심의 문화가 형성된다. 많은 시간이 가족들을 위해 할애된다. 주재기간 동안 일시적으로 가족 간의 소통이 회복되어 가정의 평화가 찾아왔다.

이런 나에게 미국은 정말 기회의 땅이었다. 꿈의 땅이기도 했다. 나 역시 가족들과 시간을 많이 가졌고 가정의 행복이 찾아왔다. 주말이면 함께 외식도 하고 온 가족이 신앙생활도 하며 새로운 공동체의 문화를 경험하기도 했다.

자연스럽게 자녀들의 교육에도 시간을 투자하게 된다. 미국 땅에서 아들이 생각지도 않은 영재 반에 편성이 되고, 그 반에서도 군계일학의 성적을 보이면서 아들에 대한 욕심이 생기기 시작했다. 게다가 각종 경시대회에 참가하여 발군의 실력을 뽐내면서 아들의 유명세는 아버지의 숨어있던 야심을 서서히 일깨웠다.

미국에서는 PTA Parent-Teacher Association라고 하여 담임선생님과 학부모와의 면담 시간이 자주 열린다. 아내와 의논하여 역할 분담을 하였다. 아들관련 면담은 아빠인 내가 담당하기로 하고 어린 딸은 엄마가 맡기로 하였다. 이때부터 아들은 아빠의 집중관리 하에 들어오게 되었다. 우선 나는 아들의 학습 매니저가 되기로 했다.

학습 부분은 아들이 영재이기 때문에 관리하는데 수월하였다. 공부하는데 있어 편식하지 않도록 균형을 잡아 주는 것과, 특별히 강한 수학 과목에 대하여는 심층학습을 할 수 있는 환경을 조성해 주는 것이 나의 역할이었다. 아들은 용케도 잘 따라와 주었고 오히려 기대 이상의 학습 진도를 감당해 나갔다. 내심 자랑스럽고 신바람 나는 일이었다.

그런데, 문제는 아들의 성격이 다소 소극적이라는데 있었다. 많은 부분 대견스러웠지만 그 소심한 성격이 다재다능한 실력에 방해가 될까 두렵고 안타까웠다. 육식동물 아빠가 이를 간과할 수 없었다. 아들에게 새로운 세계에 대한 도전의욕을 고취하고 자신감을 불어넣어주겠다고 결심하였다.

나는 소심한 성격만 보완하면 아들은 인생이란 게임을 완벽하게 풀어가는 뛰어난 선수가 될 것으로 확신했다. 아들에 대한 본격적인 집착이 시작된 셈이다. 이때부터 필요에 따라서는 '사랑의 매'를 들기 시작했다. 사랑이라는 이름을 붙여서 들었던 '인생의 매'는 아들의 인생을 성공으로 이끄는 지휘봉라고 생각했다. 가끔씩 아들이 약속을 어기거나 잘못을 저질렀을 경우 어김없이 그 '인생의 매'를 높이 들었다. 놀랍게도 아이 역시도 순순히 그 매를 수용하였다.

당시 어느 유명한 목사의 〈좋은 부모가 되는 7가지 방법〉이란 주제의 강의를 인상 깊게 들은 적이 있었다. 그 내용 중 사랑의 매에 대한 감동적인 강의 내용이 오래도록 기억이 났다. 그중에 기억나는 것은 '자식들에게 절대 감정적으로 매를 대지 말 것이며, 매를 들기 전에는 매를 드는 분명한 이유를 들 것이며, 매를 댈 때에는 단 한 번으로 하되 뼈 속까지 아프도록 때리고, 마지막으로 자녀들을 사랑의 마음으로 꼭 안아줄 것' 이라는 내용이었다.

미국에서 아들에게 매를 댈 때 나는 이 방법을 주로 사용했다. 사랑의 매를 들면서 어린 시절 내가 무서운 아버지에게 매맞던 생각이 떠오르기도 했다. 그러나 그 때와 다른 것은 나의 어린 시절에는 아버지께 매를 맞으면서 한마디 대꾸도 못했다는 사실이었다. 그런데 미국에서 교육을 받은 아들의 매 맞는 태도는 우리들의 어린 시절과 사뭇 달랐다. 매를 맞기 전에 맞아야 하는 이유를 설명하면 그에 대해 억울하거나 반론이 있는 경우 손을 들어 자신의 의견을 분명히 말했다. 미국식 교육에 익숙한 모습이라고 생각했다. 어린 시절 나의 모습과 달라서 내심 놀랐지만 한편 당당한 모습에 대견하기도 했던 기억이 있다.

어쨌든 나는 아들의 학습매니저요 인생의 매니저로서 아들에게 꼭 필요한 경우에 이 회초리 요법을 사용했는데 그 방법이 효과가 있었다. 이때부터 아들은 아빠의 사랑의 매를 모면하기 위해 더욱 순종적인 아이로 커갔다. 채찍의 영향일까. 아들은 여전히 각종 분야에서 두각을 나타냈다. 그런 자랑스러운 아들의 학습매니저, 아니 인생매니저로서 나의 자부심은 하늘처럼 높아만 갔다.

007

스파르타식 교육 전도사

미국의 교육제도와 교육방식은 한국과 너무나도 많이 달랐다. 우선 학교의 수업은 일방적인 주입식 교육이 아닌 토론과 협업 중심의 교육으로 진행이 된다. 한국의 전통적인 교육방식에 적응이 되어 있던 나로서는 처음 미국 교육방식이 이해가 되지 않았다. 우리나라는 학교를 마치면, 초등학교든, 중·고등학교든지 예외 없이 학교 앞에 대기 하고 있는 학원 차를 타고 각자 주어진 스케줄대로 움직이게 된다.

반면 미국에서는 수업이 끝나는 시간이면 학부모들이 대기하고 있다가 스포츠나 음악과 미술과 같은 예체능 활동으로 시간을 보내게 된다. 주말이면 그동안 갈고 닦은 예체능 결과를 점검하는 다채로운 공연이나 체육활동들이 일 년 내내 이어진다. 가령 스포츠 활동의 경우 시즌 별로 종목을 달리하여 학생들이 자신이 좋아하는 운동을 택하여 각자의 클럽에 배정이 되어 함께 체육활동을 하게 된다. 봄에는 축구를 하고 여름에는 수영, 가을에는 야구, 겨울에는 농구 교실이 열리며 거의 모든 학생들이 참가한다.

예능도 마찬가지다. 우리나라처럼 학습을 위한 사설 학원은 전혀 찾아 볼 수가 없다. 다만 한국 학생을 위한 개인 과외 선생님들이 운영하는 작은 학원이 당시에 하나 둘씩 생겨나기 시작했다. 지금은 미국의 큰 도시에서는 학습을 위한 사설학원이 수와 규모 면에서 더욱 커진 것으로 알고 있다. 참으로 교육열정 면에서는 기네스북에 오를 정도로 대단한 대한민국이다.

미국의 교육제도 하에서 학습 면에서는 타의 추종을 불허할 정도로 탁월한 아들에게도 한 가지 아킬레스건이 있었다. 그것은 자신이 좋아하는 수학이나 음악을 제외하고는 다른 새로운 것에 대한 도전 의지가 전혀 없다는 것이었다. 무엇을 가르치려고 하면 일단 아들은 거부하는 습관이 있었다. 새로운 것에 대한 두려움이라고 생각했다.

인생매니저인 나로서는 이것을 방치할 수가 없었다. 아들의 이런 태도를 고쳐주고 싶은 아빠로서의 도전의지가 타오르기 시작했다. 이런 마음이 비단 나 하나뿐이겠는가? 아마도 자녀들을 사랑하는 대한민국 부모들의 공통된 마음일 것이다. 이때부터 아들의 이런 부분만 개선을 하면 완벽한 아이가 될 것 이라는 강한 생각이 들었다. 때로는 그 생각이 점차 정도를 넘어 아들에 대한 집착이 되기까지 하였다.

앞에서도 이야기 했지만 해외에서 근무를 하게 되면 국내에서 근무할 때보다 고객 접대 등 저녁문화가 많지 않아서 대부분의 남자들이 가정적인 모습이 된다. 그 주어진 시간을 그동안 한국에서는 소홀했던 가정에 투자하여 아내로부터 사랑을 받는 남편이 되기도 하고 아이들에겐 좋은 아빠가 되기도 한다.

나의 경우도 해외에 있는 시간 동안 자녀들에게 상대적으로 많은 시간을 할애할 수 있었다. 특별히 아들은 어려서부터 학습면에서 탁월한 능력을 보여 왔기 때문에 더욱 신경을 썼고, 많은 시간을 아들과 지내려 노력했다. 운동도 같이 했고 선행학습에도 남다르게 신경을 썼다.

하루는 아들과 함께 집 근처 스포츠 센터로 갔다. 새로운 것을 배우기를 두려워하고 싫어하는 아들의 저항이 보이기 시작했지만, 모른척하고 어린이용 테니스 라켓을 구입하였다. 아들은 새로운 도전을 두려워하고 흥미 없어 하기는 하지만 어려서부터 아빠인 내가 강권하면 마지못해 따라오는 순종적인 태도를 보였다. 아들이 싫어하는 내색은 역력했다. 그런 아들에게 지도교사의 테니스 강습이 시작되기 전에 아빠와 미리 선행학습까지 강행했다.

나는 당시 회사에서도 소문난 테니스 광이었다. 나는 아들에게 테니스 라켓 그립을 잡는 법부터 기본 스텝과 스윙 자세 등, 내가 처음 테니스를 시작할 때 터득한 교습법을 고스란히 전수하기로 작정했다. 자세가 조금만 나쁘면 바로 불호령을 내렸다. 그 자세가 제대로 될 때까지 끊임없이 교정하고 잔소리를 했다. 나도 그렇게 배웠기에 아들도 그렇게 배우는 것이 맞는 방법이라고 생각했기 때문이었다.

아들의 흥미나 저항과 상관없이 아들에게 그 따분하고 재미없는 스윙을 100번 이상씩 반복하라고 지시를 내렸다. 재미없어 하는 아들의 모습이 보이지만 무시하고 계속 반복하도록 독려했다. 잘못하면 교정도 하고 때로는 야단도 쳐 가면서….

옆에서 아내의 잔소리가 시작된다. 좀 적당히 하라고…. 아내의 핀잔은 뒷전인 채, 나는 아들의 바른 교정을 위해 스파르타 훈련을 계속했다. 그래야 나처럼 제대로 된 테니스 스윙 폼이 나오고 제대로 테니스를 칠 수 있을 것이란 욕심에 시간가는 줄 모르고 싫어하는 아들을 들볶기 시작한 것이다. 아들에게 테니스는 다시는 하고 싶지 않은 운동으로 자리매김 하는 줄도 모르고 어리석은 아빠는 아들의 스윙 자세와 해이해진 정신상태만 계속 문제 삼으며 반복하여 지적하곤 했다.

그렇게 아빠의 백만 불짜리 선행학습을 마친 아들은 본격적인 테니스 강습에 들어갔다. 첫 강습을 참관했다. 그런데 시작부터가 가관이었다. 미국인 테니스 코치는 20명 정도 되는 아이들에게 테니스 라켓을 잡으라고 하더니 그립을 잡는 법도 제대로 알려 주지 않고 아이들에게 공을 맞추는 게임을 진행하기 시작했다. 순식간에 코트 장은 놀이판으로 변했다. 여기저기에서 재미있다고 소리를 지르고 깔깔대며 금세 그 이해할 수 없는 놀이에 빠져드는 아이들의 모습이 한국에서 정통으로 배운 나로서는 도저히 이해할 수 없는 모습이었다. 테니스 기초는 고사하고 아이들이 정신없이 노는 모습만 바라봐야 했다. 낯선 이방인인 나의 눈엔 한마디로 난장판이었다.

'저렇게 해서 언제 테니스를 가르치려고 하지? 그립 잡는 법도 가르치지 않고 테니스 기본 스텝도 없이 애들 스윙은 저게 또 뭐야?'

투덜거리며 아들을 내가 따로 가르쳐야 하나 심각하게 고민에 빠졌다. 그런데 신기하게 나의 그 심각한 고민은 한 달여가 지난 어느 날 우연히 들른 테니스장에서 말끔히 사라졌다. 한 달 전에 오합지졸같이 중구난방이던 아이들이 제법 정돈된 자세로 코치가 넘겨주는 볼을 반대편 네트로 넘기며 주고받고 있었다. 언제 배웠는지 그립도 바르게 잡고 무엇보다 운동에 임하는 자세는 여전히 즐거운 모습들로 게임을 하듯이 신나게 몰입하고 있었다. 충격이었다.

나는 아직도 그 때의 그 교습 법을 잊을 수가 없다. 적어도 내가 배운 교습 법은 기본을 충실히 하는 것이고 기본을 익히는 데만 한 달이고 두 달이고 혹독한 과정으로 견뎌내야 하는데 미국 코치의 교습 법은 달랐다. 우선 테니스를 흥미위주로 접근하도록 하기 위해 게임이란 방법을 택했다. 달라도 이렇게 다를 수 없었다.

얼마 후 수영 강습에서도 같은 경험을 하게 된다. 물을 너무나 무서워하는 아들에게 수영을 가르쳐야 할 필요를 느껴 수영장으로 데리고 갔다. 역시 돌아오는 반응은 싸늘하다. 얼굴에는 거부감과 두려움이 가득하다. 그러나 아빠의 설득은 포기하지 않을 것이고 집요하다는 것을 이미 경험을 통해 알고 있을 것이다. 아들은 백기를 들고 수영장으로 무거운 발걸음을 옮겼다. 처음 수영장에 풀어 놓은 아들은 물이 무서워 풀장에 접근하는 것조차 꺼려했다. 나는 마음속으로는 때려서라도 물속에 집어 넣고 싶은 마음이 굴뚝같았다. 그러나 내가 코치가 아니라서 꾹 참고 지켜 보기만 했다. 그리고 어떻게 미국인 코치가 아들에게 수영을 가르칠 것인가를 지켜보는 것이 자못 흥미로웠다.

노련한 코치는 물을 두려워하는 아들에게 전혀 거부감이 없이 물과 친해지도록 코칭을 하는 것이었다. 물이 두려우면 물에 들어가지 말고 일단 물가에 앉아서 발로 물장구를 치도록 유도했다. 아들은 그것은 재미있는지 따라 하기 시작했다. 수영장의 가장자리에 앉아 물속에 발을 담근 채 시간 가는 줄 모르고 물장구를 치는 것이었다. 나는 저 정도도 다행이라고 생각하고 그 자리를 떠났다. 그로부터 다시 두 달이 흘렀다. 그리고 나는 아내로부터 아들의 수영 실력이 눈에 띄게 달라졌다는 놀라운 소식을 전해 들었다. 내가 상상하지 못했던 아들의 수영입문 과정이다. 다시 한 번 나의 교습 법에 대한 고정관념이 깨지는 순간이었다.

아들이 관심이 없는 것에는 두려움과 강한 거부감을 가지고 있지만, 좋아하는 것에는 대단한 집중력과 몰입도를 보이는 것을 알게 되면서 나는 수학을 좋아하는 아들에게 수학 선행학습을 시키기로 하였다. 당시 미국에서 배우는 수학의 수준은 너무나 낮아서 자칫 아들이 수학에 흥미를 잃거나 등한시 할 것을 우려하였다. 그래서 한국에 있는 수학교과서를 구입하여 스스로 문제풀이를 해보게 하였다.

과외 선생님을 붙여볼까도 생각하다가 스스로 선행 학습을 할 수 있을지 아들의 능력을 가늠해보고 싶은 마음도 들었다. 초등학교 4학년의 수준에서 당시 중학교 3학년까지의 수학교과서와 참고서를 구입하여 아들 스스로 학년 단계별로 선행학습을 진행하게 했다. 나는 학습 진도를 체크하고 아들이 단계별로 잘 적응해 나가는지를 꼼꼼히 점검해 나가기 시작했다.

마침 미국학교 수학 수업에 지루함을 보이던 아들은 자신이 좋아하는 과목에 새로운 도전과제가 주어지자 생기를 되찾고 강한 집중력을 보이면서 학습에 몰두해 나갔다. 약 1년 만에 중학교 3학년까지의 정규 교과 과정을 마치는 것을 보면서, 이 아이는 수학을 위해 태어난 아이 같다는 생각을 하게 되었다.

008

영어와 한국어, 두마리 토끼잡기

많은 한국부모들은 영어에 대한 콤플렉스를 갖고 있는 것 같다. 이 말은 다른 말로 표현하면 대개의 한국 사람들은 영어에 대한 선망이 깊이 내재되어 있다는 말이다.

1990년대 만해도 외교관이나 주재원, 유학생들을 제외하고는 일반인이 해외에 거주하는 경우가 드물었다. 물론 예외는 있었지만 당시 영어를 구사하는 것은 한국 사회에서 아주 특별한 경쟁력으로 통하던 시절이었다. 지금은 한국에서 영어를 배우는 것이 오히려 영어를 모국어로 하는 외국에 나가서 영어를 배우는 것보다 더 효율적이고 편안한 환경이 되었다. 때문에 오늘날 많은 한국의 부모들은 한국의 영어 학습 환경에서 자녀들이 영어를 배우도록 한다. 외국어뿐 아니라 다른 과목의 선행학습과 입시관련 중요한 정보습득도 외국으로 나가게 되면 기회가 적어지기 때문이다. 한국에 체류하면서 원어민 중심의 영어도 습득하고 다른 공부도 병행할 수 있다는 점에서 한국에서의 외국어 공부를 선호하고 있는 추세이다.

그러나 당시에 한국의 부모들은 아이들이 원어민 수준의 영어를 구사하는 것을 보는 것만으로도 만족도가 높았다. 자신들이 그렇게 영어를 구사해보지 못해 한이 맺힌 세대라 원어민처럼 영어를 구사하는 아이들을 통하여 묘한 대리만족을 느끼던 시절이었다.

그래서 아이들이 외국에 나가서 한국어를 쓰는 것을 지독히도 경계했다. 한국 사람들이 모여 사는 도시나 지역으로 가는 것을 일부러 기피하고 현지인들이 많이 사는 곳으로 아이들을 유학 보내곤 했다. 또한 기러기 생활로 한부모와 아이들이 외롭게 생활하는 모습들을 한때 유행처럼 흔히 볼 수 있었다. 집에서도 부모 자신들은 영어로 소통하지는 못하지만 아이들이 유창하게 영어를 구사하는 것을 보는 것만으로도 행복해하던 부모들의 모습들은 너무나 흔한 가정의 모습이었다.

그 당시에는 그럴 법도 한 이유가 있었다. 아이들이 짧은 기간 동안 외국에 나가서 배운 영어가 외국인처럼 유창하게 구사하는 정도의 수준이 되려면 당시 한국에서는 전문 외국인 개인 교사를 붙여야 했다. 또한 발음을 교정 받는데도 많은 돈이 들어가서 그 수준의 영어 실력이 되면 약 1~2억원의 가치가 있다는 소문이 당시 한국교육의 메카, 강남의 부모들 사이에서 흔히 들을 수 있는 정보였다.

따라서 일단 외국에 나가게 되면 아이들이 한국어를 구사하는 것을 절대 금기 시 하고 오직 영어로만 소통하게 했다. 한국어는 뼛속까지 한국인이기에 언제라도 한국어를 구사할 기회가 있다는 것이 해외에 나가 있는 부모들의 영어사랑에 대한 확실한 논리였고 반박할 수 없는 명분이었다. 처음 우리 부부도 영어 위주의 생활을 하도록 아이들에게 권유했다. 또 가능한 한 한국 친구들을 멀리하고 현지의 친구들을 사귀는 것을 독려하곤 했다.

그러던 어느 날 미국에서 오래 주재하고 있던 다른 회사의 주재원 가족과 식사를 할 기회가 생겼다. 그 회사의 주재원 규정은 우리 회사와 달리 한번 해외에 나가면 평생 외국 전문가가 되어 해외로만 전전하게 되는 운명이라는 것이었다.

"그것 참 매력적인 삶인데요?"

그때까지 외국생활이 국내에서 경험하지 못한 행복한 삶이었기에 나는 절로 부러움이 폭발했다.

그 주재원도 물론 처음 외국생활은 좋았다고 했다. 하지만 해를 거듭할수록 한국으로 돌아가지 못하고 이 나라 저 나라 등 해외로만 전전하다 보면 고통이 클 수밖에 없다고 토로했다. 고국에 대한 향수는 물론이고 자녀들의 교육문제, 그리고 내가 누구인지 그 정체성마저 잃어버리기 때문이라고 말했다. 그는 자신의 아들은 소중한 한국말을 구사하는 능력을 잃어버렸다면서 장차 이 아이의 활동 무대가 어디가 될지 걱정하고 있었다. 그가 평생을 외국에서 생활하는 것은 힘들다며, 슬프게 말했던 모습을 아직도 선명하게 기억한다. 그 주재원의 외국생활은 충격으로 다가왔다.

영어 구사를 지나치게 강조하다 보면 반드시 잃어버리게 되는 것이 한국어의 구사 능력이다. 모국어는 언제나 늘 잘 할 수 있을 것이란 착각은 버려야 한다. 외국에서 영어를 능수능란하게 구사하는 아이들이 한때 한국으로 돌아오면 친구들과 부모의 부러움을 사는 삶의 이면에는 큰 부작용이 빚어졌다. 아이들의 한국어 발음이 엉망이고 심지어 받아쓰기는 심각한 수준의 문제를 야기 하곤 했다. 그 때 아내는 지혜롭고도 단호한 결정을 내렸다.

"지금부터 너희들은 집에 들어오면 철저하게 한국말을 써야 한다! 그리고 매일 잠언 한 장을 한글로 쓰도록 해라. 대신 밖에 나가서는 철저하게 영어를 쓰도록 해야 한다. 엄마가 만든 '외영내한' 식 명령이다!"

이것은 아이들이 밖에 나가서는 영어를 쓰고 집에 들어오면 한국어를 쓰라는 말을 의미하는 아내가 직접 만든 특수 교육법이었다.

처음에 아이들은 집에 오면 습관처럼 영어로 말하는 분위기였다. 엄마가 엄격하게 통제하면서 귀가하면 철저하게 한국말을 구사하는 분위기가 서서히 조성되었다. 매일 성경 잠언 1장씩 한글로 쓰는 것도 처음에는 아이들에게 힘든 일이었으나, 나중에 한국에 들어와서 한국 교과 과정을 따라가며 적응하는데 많은 도움이 되었다.

아내의 이러한 언어 교육법은 나중에 한국에 들어 와서는 반대의 룰을 적용하였다. 2002년 한국에 귀국한 후에 아이들의 영어 능력의 유지를 위하여 미국에서 사용하던 〈외영내한〉의 룰을 〈외한내영〉으로 바꾸어 적용하는 지혜를 발휘하였다. 즉, 밖에 나가서는 한국 학생들과 어울리게 되니까 한국어를 많이 쓰게 되지만, 집에 돌아오면 아들과 딸의 대화를 철저하게 영어를 구사하게 하는 것을 원칙으로 하였다. 아이들도 집에 돌아오면 둘이 영어로 대화하는 것이 자연스러운 습관이 되었다. 두 남매는 아직도 만나면 영어로 대화를 하는데 전혀 어색하지가 않다.

미국에서 지켜진 〈외영내한〉의 룰 덕분에 아이들이 한국에 돌아왔을 때 한국어 구사에 전혀 문제가 없었으며, 한국어 발음도 한국 아이들과 차이가 없었다. 게다가 한국말 이해 정도와 맞춤법도 잘 이해하여 한국어와 영어 두 마리의 토끼를 다 잡은 성공적인 케이스로 유명해지기도 했다. 나중에 한 여성지에서 이 독특한 언어교육법에 대하여 소개하기도 하였다.

009

놀라운 골프실력

나는 골프를 전업으로 하는 직업선수는 아니지만 미국에 처음 주재원으로 부임을 받고 영업을 할 때 골프에 몰입하게 되면서 골프에 열광했었던 시절이 있었다.

외국에 주재원으로 나가게 되면 골프를 자연스럽게 배울 기회가 주어진다. 당시 외국에 나가서 골프를 배워 일정수준의 싱글 스코어 플레이어가 되면 대략 1억 원 정도의 무형자산을 손에 쥔 것이라는 골프계의 속설까지 나돌던 시절이 있었다. 당시만 해도 한국에서는 골프가 대중화되기 이전이었고 오늘날처럼 스크린골프장도 없던 시절의 이야기이다.

한국에서 골프에 입문하여 싱글 스코어 플레이어가 되기 위해서는 사람마다 차이가 있겠지만 장비와 레슨비는 물론 필드에 나가는 비용을 적어도 1억 원 정도는 투자해야 가능하던 시절이었기 때문이다. 그 때 나도 미국에 나가서 골프에 입문하여 한창 연습과 실전을 다하며 몰입했었다.

미국에서는 가까운 지인들과 골프를 치기도 하지만 영업상 고객들과 골프를 하는 일이 많았다. 가끔은 가까운 고객들과 내기 골프를 치기도 한다. 큰돈은 아니지만 일단 내기를 하게 되면 18홀 내내 골프에 신경을 곤두세우고 집중하는 진풍경이 벌어진다.

여느 때와 마찬가지로 재미삼아 내기를 건 골프를 치는 날이 었다. 그날따라 나는 평소보다 부진한 스코어를 보이면서 불안한 출발을 하였다. 골프 스코어가 부진하다 보니 자연스럽게 스코어에 따른 돈도 상대방에게 흘러들어 가게 되었다. 내기 골프를 해본 사람들은 어느 정도 공감하겠지만 골프에서 큰돈이 아니어도 돈을 잃게 되면 대부분이 마음의 평정을 잃고 자신도 모르게 몸에 더 힘을 주게 된다. 그렇게 몸에 힘이 들어가게 되면 오히려 샷이 더 망가지기 마련이다. 자연히 스코어가 더 부진해져서 상황은 점점 더 걷잡을 수 없는 수렁으로 빠지게 되는 걸 경험하게 된다.

평소 골프장에서 어느 정도 마음의 평정을 잘 유지한다고 자부하던 나도 흔들릴 때가 있다. 그날따라 마음의 균형이 깨지면서 점점 스코어가 악화 일로를 달렸다. 그 즈음에 집으로부터 한 통의 전화가 걸려왔다. 아내는 운동 중에 될 수 있으면 전화를 삼가는 편인데, 필시 급한 일이거나 중요한 일임을 직감했다. 그러나 나는 골프에 신경을 쓰느라 약간 신경질적인 태도로 전화를 받았다. 그런 나와는 상관없이 아내의 목소리는 기분 좋게 흥분된 상태였다.

전화 내용인즉, 그날 아들이 미국 시애틀 시에서 주최하는 중요한 수학경시대회에 참가를 했는데, 전체에서 1등을 차지하는 기염을 토했다는 낭보였다. 게다가 더욱 기쁘게 만든 소식은 계속 이어졌다. 그날 1등을 차지함은 물론 수학경시대회 역사상 한 번도 나오지 않았던 만점이란 대기록을 세웠다는 것이었다. 그 소식을 듣는 순간 내 기분은 하늘을 날 것 같았다. 마음이 가벼워지고 세상을 다 얻은 것 같은 기분이었다. 내기 골프 따위는 아무것도 아니었다. 세상을 다 얻은 것 같은 기분은 그동안 내가 혈안이 되어 몰입했던 골프를 일순간 우습게 만들었다. 내가 홀인원을 했다 해도 이처럼 황홀하진 않을 것 같았다.

그랬더니 신기하게도 힘들고 부진했던 골프 스윙이 편해졌다. 오히려 갑자기 더 좋아지는 뜻밖의 결과로 이어졌다. 다음 홀에서는 생각지도 않았던 버디Birdie스코어를 기록한 것이다. 동반자들도 놀랐다. 어떤 전화였기에 갑자기 샷이 날카로워 졌느냐고 부러워했다. 라운딩 중에 전화를 받는 것은 반칙이라고 구찌가 들어오기도 했다.

그날의 라운딩에서 나는 귀중하고 심오한 인생의 진리 하나를 깨달았다. 그것은 인생에서 커다란 것을 소유하거나 경험하게 되는 사람은 그것보다 작은 것에 대한 애착으로부터 너그러워지고 자유로워진다는 사실이었다.

그리고 그것은 세상을 바라보는 우리의 마음의 크기와도 무관하지 않음을 알게 되었다. 그 날 골프에서 얻은 교훈을 통해 나의 삶 가운데 마음의 크기를 넓히는 것을 내 인생의 목표로 삼았다. 미국에서 골프를 하면서 만점 아들을 통해 골프가 나에게 가르쳐 준 인생의 교훈을 깨우친 이야기다.

010

연전연승,
아들의 생일 선물

미국에서 주재원으로서의 나의 삶은 내 생애 최고의 전성기를 구가하는 듯했다. 우선 주재원으로서 회사에서의 입지와 역할은 순탄하게 진행되었다. 현지인들과의 관계도 좋아 가족과 같은 분위기에서 일을 하게 되었다. 화기애애한 지점 분위기는 우수한 영업실적을 이끌었고, 타 지점의 부러움을 사기도 했다. 미주지역의 영업에 대한 경험은 없었지만 각고의 노력 끝에 최고의 실적을 일궈 나름대로 자부심도 생겼고, 나를 믿고 미국 시애틀로 파견한 사장님의 기대에 부응하고 있음이 내심 자랑스러웠다.

그 후 시애틀 지점을 떠난 후에도 다정하게 지낸 현지인들이 아직까지도 나를 가족처럼 생각하면서 연락을 하고 있으니 외국인도 다 똑같은 감정과 정서를 가지고 있는 사람들이란 생각을 하게 되었다. 회사에서의 긍정적인 평가는 물론 아들도 학업 면에서 타의 추종을 불허하는 발군의 성적을 거두었고, 언제나 명랑 쾌활한 딸의 미국생활적응도 큰 기쁨이었으니 더 할 나위 없이 행복한 시간이었다.

딸의 이야기는 나중에 다시 꺼내보기로 하겠다.

다시 라운딩 중 통화의 이야기로 돌아가 보자. 그 시험은 중학교 전 과정 즉, 1학년부터 3학년까지 모두 응시할 수 있는 시험이었고, 아들은 1학년 재학 중에 1등을 차지했음은 물론 완벽한 해답을 적어 냄으로써 만점의 개가를 올려 더욱 그 가치가 빛났다.

그 시험은 이듬해인 2002년 6월에 치러질 가장 수준 높은 대회 Math Count(전 미국수학경시대회)의 밀크릭 시티와 스노미시 카운티 지역의 1차 예선전에 해당하는 것이었다. 각 지역City, County 예선을 통과하여 올라온 수학 영재들 중에서 다시 각 주State 예선을 통과한 최종 4명을 선발하고, 전국 50개주에서 총 200명이 모여 최종 Math Count 경시의 결선을 치르게 된다.

따라서 아들은 스노미시 카운티에서 만점으로 시험을 통과하였기 때문에, 이듬해 3월에 예정된 워싱턴 주 수학 경시 최종예선Washington State Math Competition에 출전하는 자격을 획득한 것이다. 그것도 전례에 없던 만점으로 자격을 획득했으니, 스노미시 카운티는 전에 없는 축제 분위기에 들떴다. 도대체 이 만점을 받은 아이가 누구인가? 한국인이라는데 그것도 1학년인 아이가 어떻게 3학년 선배들로 포진한 경쟁에서 만점을 받았는가? 모두들 궁금한 모양이었다.

우리는 이 놀랍고 경사스런 일 덕분에 학교로부터 전화 한 통을 받게 된다. 아들 John이 어린 나이에 전무후무할 만점을 받은 것에 대한 치하를 하고 스노미시 카운티의 일간지에서 신문 특집기사를 내기 위하여 인터뷰를 요청했다는 전화였다. 우리 가족은 잠시 숙고 끝에 인터뷰에 응하게 하겠다고 응답했다.

아들은 며칠 후에 인터뷰를 하고 신문에 사진과 함께 대서특필되어 화제를 모았다. 기사 타이틀은 〈밀크릭 헤더우드 미들스쿨의 작은 아인슈타인, 별명은 Math-Boy John〉 자랑스러운 아들의 모습이었다. 미국 땅에 와서 한국인의 위상을 세웠으니 가문의 영광이요, 또한 국가적인 자랑거리라고 생각했다.

그 이후 이듬해 3월까지 학교에서는 지역 예선을 통과한 학생들을 모아 놓고 본격적인 워싱턴 주 최종 예선을 위한 훈련에 돌입했다. 그때 나는 '이듬해 3월'이란 일정 때문에 잠시 고민을 하게 되었다. 이듬해인 2002년은 미국에서 주재원의 임기를 마치고 한국으로 돌아가야 하는 것이 기정사실화되었기 때문이었다.

문제는 내가 몇 월에 복귀하느냐는 것이었다. 3월에 복귀를 하면 나는 가족들과 함께 짐을 싸야 하기 때문에 아들의 경시대회는 포기해야 했다. 일단 그 경우의 수는 나중에 생각하기로 했다. 아들은 수학을 집중적으로 공부하는 별도의 수학 경시반이 결성된 것에 대하여 기쁘게 생각했다. 수업도 중학교 1학년이면서 학교의 배려로 수학과목 만큼은 고등학교 형들과 같이 수업하도록 했다. 아들이 다니는 학교는 중·고등학교 체제였기에 가능했다. 이런 학교의 배려와 수학경시반의 활동으로 한동안 심도 있는 수학문제를 접한 아들의 모습은 행복과 기쁨으로 충만해 있었다.

그렇게 시간이 흘렀고 결전의 2002년이 찾아왔다. 예상했던 대로 나는 회사로부터 복귀 인사명령을 받게 되는데 천만다행으로 날짜는 5월 15일로 정해졌다. 곧이어 아들의 워싱턴 주 수학경시 최종 예선 일정이 나왔다. 그날은 2002년 3월 16일 토요일이었다. 공교롭게도 시험일정은 내 생일인 3월 16일과 우연히 겹쳤다. 나는 아들에게 기왕이면 아빠의 생일에 좋은 결과가 있으면 좋겠다고 슬쩍 부담을 주었더니 최선을 다해 잘 해보겠다고 자신감을 보이는 아들이 대견스러웠다.

드디어 시간이 흘러 운명의 날이 닥쳤다. 그 날 아침 일찍 우리 가족은 차를 타고 2시간여를 달려 워싱턴 주에 있는 한 도시에 도착했다. 전체 워싱턴 주에서 예선을 통과한 기라성 같은 수학천재들이 다 모인 듯 했다. 중학교 1학년에서 3학년들로 구성되었고 대부분 3학년이었다. 그 중에는 한국학생들도 있었고 중국인처럼 보이는 동양계 학생들도 많이 보였다.

1차로 90분간의 시험이 실시되었다. 우리 가족은 다른 학부모들과 같이 대기실에 모여 아이들의 건투를 빌었다. 정해진 시간이 지나고 학생들은 다소 긴장한 모습으로 수험장에서 나오는데 지친 기색들이 역력했다. 아들도 보였다. 시험이 어땠는지 묻지는 않았다. 수고했다고 안아주고 우린 그 자리에서 채점 결과를 초조하게 기다렸다.

왜냐하면 그 자리에서 시험을 채점한 후, 전체에서 1등에서 10등을 선발하고 선발된 10명이 두 명씩 주관식 문제를 맞대결로 풀어 나가는 방식으로 진행되기 때문이었다. 한 사람씩 탈락되어 나가는 일종의 넉 다운Knock-Down 방식의 두뇌 경연이었다. 게다가 그 열 명의 이름은 사전에 공개하지도 않았다. 10등에서부터 차례대로 한 명씩 호명하는 것이라 학부모들과 학생들은 혹시나 하는 기대로 끝까지 그 자리에서 기다려야 하는 피 말리는 승부방식이었다.

즉, 경연에 참가하게 되는 10명의 수학선수 중 시험관은 처음 10등과 9등을 호명하고, 그 두 사람이 출제된 문제의 정답을 먼저 맞히는 방식이다. 총 3문제 중 2문제를 먼저 맞히는 학생이 다음 라운드로 올라가게 된다. 다음 라운드로 올라간 학생은 다음 단계인 8등과 다시 시험을 겨루어야 한다.

가령 10등인 학생이 최종적으로 1등과 대결하기 위해서는 연속으로 8명의 수학선수들을 차례로 이겨야 하는 방식이다. 물론 예선에서 1등을 차지한 학생은 누군지 모르지만 예선에서 이기고 올라오는 선수들의 치열한 게임 결과를 기다려야 하고 마지막 한번만 이기면 되는 유리한 이점이 있는 방식이다.

처음 10등과 9등 선수들의 이름이 불려졌다. 학생과 학부모들은 초 집중 하면서 호명되는 아이들과 그들의 경연을 호기심으로 지켜봤다. 러시안 룰렛 같은 공포감이 감돌고 피 튀기듯 수학천재들의 두뇌게임이 펼쳐졌다. 아들이 이 게임에 출전하지 않았다면 편안한 마음으로 흥미진진하게 즐길 수 있는 고도의 두뇌게임이었겠지만, 기다리는 사람 어느 누구도 긴장의 끈을 놓을 수 없는 처지였다.

만일 아들의 이름이 10등 안에 없으면 기다린다는 것은 헛수고이고 시간 낭비인 게임을 지켜보아야 했다. 우리 가족뿐 아니라 그날 경시에 참가한 모든 학생과 학부모들이 같은 입장이었다. 그렇게 한 명 한 명의 이름이 불려지고, 불려 질 때마다 여기저기서 환호와 탄식이 터져 나왔다. 5등을 호명할 차례가 되자 긴장감이 극에 달해 입술이 마르고 심장이 요동치기 시작했다. 그 때까지도 아들의 이름은 호명이 되지 않았다.

그 때 나는 뜬금없이 행운권 추첨방식이 생각이 났다. 처음 하위권을 부를 때는 이름이 불려지지 않기를 은근히 바랬다. 그러나 점차 상위권으로 진입하면서 제발 4등이라도, 이번에는 불려지겠지? 몇 등을 호명하든 제발 이번 차례에 이름이 불려지기를 기다리는 마음이 간절했다. 이름이 불려지지 않을 때 마다 들려오는 탄성과 허탈감의 소리는 우리나라나 미국이나 다 같은 입장이라는 것을 그 짧은 순간에도 분명히 느끼며 경험할 수 있었다.

드디어 2등의 이름이 불려지는 순간, 이제 여기서 아들의 이름이 불려지지 않으면 끝이라고 생각을 하면서 기다리는데 결국 아들의 이름이 야속하게 불려지지 않았다.

'이제 끝났구나.' 생각했다.

마지막으로 2등과 3등의 자리까지 올라온 학생들의 숨 막히는 두뇌대결이 끝나고 최종 1등이 불려질 차례였다. 그 마지막 순간에 간절히 기도했다.

'오 하나님!! 아들에게 기회를 주시옵소서….'

감사하게도 하늘은 우리의 기도를 들어 주셨다. 마지막 1등으로 아들의 이름이 불려진 것이다. 마음이 하늘을 날고 있었다. 뛸 듯이 기뻤다. 이젠 더 이상 여한이 없었다. 그런데 그게 끝이 아니었다. 최종 챔피언을 가리는 5판 3선승의 결승게임이 기다리고 있었다.

상대는 미국 시애틀 시내의 유명한 사립 중학교 2학년에 재학 중인 미국학생이었다. 생긴 모습도 천재의 기운이 넘치는 그런 상대였다. 아들은 상대하기 버거운 천재를 놓고 한판의 대결을 벌였다. 한 문제 한 문제가 초박빙이었다.

자리를 떠나지 못하고 남아 있는 많은 사람들이 숨 막히는 순간을 지켜보는 가운데 두 천재는 너무도 침착하게 문제들을 잘 풀어 나갔다. 진정한 진검승부였다. 고수들의 팽팽한 접전 끝에 극적으로 아들이 3:1로 승리를 거머쥐면서 실질적인 챔피언의 자리에 등극했다. 마치 한편의 극적인 드라마 같았다. 아들은 이날 생일을 맞이한 아빠에게 생애 최고의 생일선물을 선사하며 잊을 수 없는 순간을 한편의 드라마처럼 멋지게 연출해냈다.

011

대표선수

전미 수학경시대회AMC의 최종 예선인 워싱턴 주 수학 경시대회WSMC에서 당당하게 1등을 차지한 아들은 일약 스타가 되었다. 당시 아들이 다니던 Heatherwood Middle School은 워싱턴 주의 작은 행정구역 중 하나인 스노미시 카운티에 속해 있는 작은 학교에 불과했다. 워싱턴 주의 소위 잘나가는 교육 군은 시애틀과 벨뷰라는 곳이었다. 우리나라로 말하면 서울의 강남처럼 부유층이 즐비한 곳으로 교육수준에서도 차별화된 지역으로 구별되어 있었다.

미국사회 각계에서 내로라하는 지도자들이 모여 산다는 이 지역에는 일반 학교와는 구별되는 사립 중·고등학교가 포진되어 있었으며, 이 학교에서 해마다 전미 수학경시대회Math Count에 나가는 수학 대표단을 도맡아서 선발, 출전시키는 전통이 있었다. 워싱턴 주 최종예선 당시 1등에서 10등까지도 아들을 제외한 나머지 학생들이 거의 모두가 이 대단한 사립중학교 출신들이라는 사실을 뒤늦게 알게 되었다.

전미 수학경시대회인 Math Count에 출전할 최종 4명이 선발되었다. 당당히 1등을 차지한 우리 아들을 제외하고는 나머지 2등에서 4등을 차지한 3명의 수학 선수들은 모두 교육의 전통을 자랑하는 시애틀 사립 중학교 출신들이었다. 매년 1등의 자리를 도맡아서 하던 명예의 자리를 아들에게 빼앗겼으니 자존심이 많이 상한 모양이었다. 그것도 타지에서 온 이방인이며, 고작 1학년 학생에게 패했으니 그럴 만도 했다.

자랑스러운 그 날의 기쁨이 채 가시기도 전에 나는 한 통의 전화를 받았다. 예선에서 3명의 출전 선수를 배출한 시애틀 사립중학교의 수학경시 담당 교사의 전화였다. 먼저 아들의 1등을 축하하는 인사를 건넨 뒤 향후 6월에 치러질 전국 수학 경시대회를 준비해야 하는데 출전권을 따낸 4명이 한 팀이 되어 준비를 해야 한다고 했다. 그는 시애틀중학교에서 4명이 모여 함께 해야 하고 자신이 이 팀의 코치 겸 인솔 교사의 역할 맡게 되었다면서 아들이 그 팀에 합류하기를 제안하는 것이었다.

그 때 나는 새로운 고민에 빠지게 되었다. 나는 그 해 5월 15일부로 복귀의 명을 받은 상태로 가족들과 함께 한국으로 들어가는 준비를 해야 했다. 전미 수학경시대회의 최종대회인 Math Count는 6월 초에 거행될 예정이었다. 물리적으로 시간을 맞출 수가 없었다. 나는 시애틀중학교의 수학 인솔교사에게 전화를 걸어 아들이 한국으로 귀국하여 대회에 참가를 포기하게 되면 어떻게 되느냐고 물었다. 그렇게 되면 안타깝지만 차점자인 5위를 차지한 학생이 대신 출전권을 갖게 된다는 것이었다.

아들의 전미수학경시대회 출천 문제를 놓고 온 가족이 모여 가족회의를 가졌다. 어떻게 할 것인지에 대하여. 수학을 좋아하던 아들은 미국에서의 마지막 기회로 전미 수학경시대회인 Math Count에 꼭 참석하고 싶다고 했다. 참석하는 일체의 경비는 워싱턴 주에서 책임지는 것이라 부담스럽지도 않았다. 이 좋은 기회를 아들에게 제공하고 싶었다. 결국 5월 15일 본사 복귀는 일단 나 홀로 귀국하기로 결정했다. 가족은 아들의 AMC 대회에 참여하고, 한 달 뒤에 한국에서 합류하기로 하였다.

이 때부터 나는 귀국 준비를 하느라 바빴다. 후임자와의 업무 인수인계 및 4년 반 동안 미국 땅에서 관계를 맺었던 사람들과의 아쉬운 이별을 준비해야 했다. 또한 그동안 후원을 해준 영업 고객들과의 고별인사도 시간이 많이 걸렸다.

아들은 학교 수업을 하면서 Math Count를 준비하긴 했지만 한국으로 돌아가는 것 때문에 마음이 들떠 있는 것 같았다. 시애틀 사립중학교 수학경시대회 팀은 아들에게 연락을 자주 하지 않고 그들 중심으로 준비하는 것 같았다. 본선의 경시대회 문제는 세계적으로도 정평이 날 정도로 심도 있는 문제로 구성되어 있었다. 많은 실전 연습과 출제 경향 등 정보를 파악하는 것이 중요한데 아들은 그런 정보와는 거리가 멀었다. 절대적인 핸디캡을 갖고 시험에 임해야 했던 것이다.

나는 먼저 미국을 떠나면서 아들에게 이번 경시대회는 참가하는데 의미를 두고 즐기라고 귀띔해주었다. 한국에 들어가서도 이런 규모의 수학경시대회는 언제든지 도전할 수 있고 또 이제 시작이라는 생각으로 그리 집착할 필요가 없다고 말이다.

4년 반이란 미국생활을 정리하던 시간이었다. 해외 첫 영업 주재원으로서의 미국 시애틀의 생활은 나와 우리 가족들에게 많은 것을 남겨주었다. 다양한 경험이란 귀한 선물을 얻었고, 소중한 사람들을 많이 만난 것도 커다란 수확이었다.

아이들의 성공적인 미국 생활의 적응을 통해 미래의 꿈을 정립하는 계기가 되었다. 한국으로 들어오기 1년 전인 주재원의 마지막 해에 우리 가족은 미국 동부로 여름휴가를 떠났다. 주요 일정은 차량을 렌트하여 미국 동부의 주요 도시를 두루 돌아보는 것이었다. 그 여정 중에 나는 아들을 위해 미 동부의 아이비리그 대학 중 메사추세츠 공대MIT와 하버드 대학 탐방을 일정에 세심하게 포함했다. 아들에게 자신의 꿈을 펼칠 미래의 대학진학의 꿈을 심어주는 것이 아빠인 나로서 할 일인 것 같았다. 아들에게 미래의 대학들을 보여주었더니 아들은 꼭 미국에 다시 오겠다며 아이비리그의 꿈을 품는 것을 보았다.

이런 아들을 보면서 아빠로서 나의 역할은 무엇인지를 생각해 보았다. 아들이 꿈을 이룰 수 있도록 내가 할 수 있는 것에 모든 것을 걸기로 결심했다. 그것은 사실 아들의 꿈이 아니라 어쩌면 미국 땅에 심어 놓은 아들을 향한 아버지의 꿈이었는지도 모르겠다.

한국으로 돌아오기 전에 당시 우리 회사의 상황은 귀국을 망설일 정도로 무척이나 어려운 상황이었다. 우리 회사가 정부가 주도하는 대북정책에 발맞춘 관광사업에 앞장서다가 대북지원의 비용이 비자금이라는 철퇴를 맞으면서 회사가 갑자기 어려운 상황에 직면하게 됐다. 게다가 해운영업의 불황이 겹치며 재무상의 이중고를 겪게 되면서 회사의 주가는 바닥권으로 추락했다. 최악의 부도 상황까지 몰리게 되는 창사 이래 최대의 위기에 봉착하게 되었다.

그 때 한국으로 귀국 발령을 받은 대부분의 미국 주재원들은 한국으로 들어가지 않고 미국에 체류하는 결정을 내렸다. 나에게도 주변 사람들이 아이들의 교육과 장래를 위해 미국에 남으라고 권했다. 특히 시애틀 지역의 이웃 교민들도 우리가족의 한국귀국을 만류하여 한 동안 고민에 빠지기도 했었다.

그러나 나는 다른 주재원들과 달리 미국 체류를 준비하지 않았다. 그들은 이미 미국 영주권을 획득한 상태였으니 쉽게 미국에 남는다는 결정을 할 수 있었을 것이다. 그러나 나는 개인적으로 영국유학이라는 회사의 특별한 혜택과 사장님의 발탁 인사로 어려운 가운데 나를 미국 땅을 밟게 해주신 배려와 은혜에 대하여 배반이라는 것은 전혀 있을 수 없는 일이라고 생각했다. 아무리 힘들어도 회사와 함께 운명을 같이할 결심을 갖고 비장하게 귀국을 결정하였다.

아들을 위한 아빠의 꿈을 미국 땅에 심어 놓고….

012

돌아온 전사

회사의 환경이 어수선한 가운데 한 달 먼저 한국에 돌아온 나는 혼자 지내면서 한 달 후에 합류할 가족들을 맞을 준비를 했다. 4년 반 정도 해외에 나가 있는 동안 미국의 생활방식에 익숙해 있다 보니, 한국생활에 적응하는 것은 항상 어색한 느낌이 들었다.

마치 어린 시절에 긴 여름 방학이 시작 되면, 여름 내내 동네 어귀에서 해가 지는 줄 모르고 물장구치고 놀다가, 개학 즈음이 되면 밀린 방학 숙제 겨우 마치고 어색한 마음으로 등교를 하여 방학 내내 낯설어진 학교분위기와 친구들을 대하는 그런 생소함 같은 것이었다.

그 적응기간은 대개 약 한 달 정도 소요된다. 내가 한 달이란 시간 동안 한국 적응을 마칠 즈음 가족들은 정든 미국 땅에서 한 달간 더 머물다가 한국으로 합류했다. 아들의 미국에서의 영광스런 Math Count 참가를 위해 나를 제외한 가족은 한 달이란 시간을 미국에 더 머물렀다. 아내와 자녀에게 아쉬운 미국의 생활을 더 만끽할 수 있도록 행복한 시간을 선사해 주고 싶었기 때문이었다.

아들의 시험 결과는 이미 전화를 통하여 들었다. 본 대회에 나가기 위한 시애틀 팀과의 연습과정은 순탄치 못했다. 아무래도 타 학교 선수다 보니 은근히 배타적인 분위기도 있었고, 본격적인 수학 경시 연습과정에서 많이 소외되었기 때문이었다. 따라서 수학경시 본선은 참가하는데 의의를 두었었다. 그 본선 대회에서 워싱턴 주 예선에서 아들과 경합을 벌여 아들에게 아쉽게 패하며 2위를 한 학생이 Math Count 본선에서 전국 5위 안에 드는 좋은 성적을 거두었다는 이야기를 들었다. 아들도 처음부터 공평하게 훈련을 받았더라면 좋은 성적을 냈을 것이라 위안을 삼으며 Math Count에 대한 미련은 접기로 했다.

한국에 돌아온 가족들은 급격하게 변화된, 달라진 한국생활에 적응하기에 바빴다. 2002년 6월은 한일월드컵으로 뜨겁게 열광하던 시절, 우리가족은 귀국하면서 자연스럽게 월드컵 응원에 합류하게 되었다. 한일월드컵의 행복한 축제가 끝나면서 아이들은 한국 학교에 등록을 했다. 다시 이 곳에서 새로운 생활을 해야 한다.

아이들의 나이 편제상 아들은 중학교 1학년, 딸은 초등학교 4학년에 편입을 했다. 아들은 미국에서 중학교 1학년의 과정을 이미 다 마쳤다. 하지만 한국의 수업은 미국과는 또 다른 환경이었다. 중학교 1학년에 다시 입학하고 한국에서의 새로운 도전을 시작하였다.

아들은 미국에 있을 때 미국 아이비리그에 대한 비전을 본 터라 한국에서 중학교에 발을 들여놓는 순간부터 꿈이 남달랐다. 한 동안 미국 중학교에서 수학으로 맹위를 떨쳤고, 또 중학교에서 선발된 영재들만이 치르는 모의 SAT(미국수능시험)에서 좋은 성적을 받은 적이 있었다. 이미 중학생으로서 엄청난 잠재력을 보였던 경력이 있던 터라 사실 한국 정착 초기에 다소 안일하고 교만한 생각을 지닌 것이 사실이었다. 아들에 대한 믿음이 컸던 탓도 있었겠지만, 미국에서 이미 검증을 받은 실력이라는 은근한 자만심이 내 안에 싹 트면서 한국 학생들과 실력을 겨뤄 보기도 전에 일방적으로 경시하는 경향이 생겼다.

하지만 사실 아들에게는 전혀 그런 교만함이 없었다. 다만 아들은 아빠의 지시대로 기계처럼 시험을 치르는 선수에 불과했고 또 그렇게 길들여져 가고 있었다. 프로세계에 비유하자면 아들은 재주를 부리는 프로선수였고, 아버지는 이미 아들의 재주를 다루며 이름값을 올리는 프로모터이며 매니저였던 셈이다. 그런 아들은 전적으로 매니저인 아버지의 지시를 잘 따르는 전사Warrior로 성장해 나갈 뿐이었다.

아들은 중학교에 등록하고 반을 배정받았다. 기말고사 기간이었는데 담임선생님은 아들이 한국에 이제 막 들어 왔고 수업도 받은 게 없으니 기말 시험은 보지 않도록 배려를 해주었다. 한국에서의 학기말 시험이 나중에 특수 목적 고등학교(특목고)에 진학하는데 학교성적이 반영되어 불리해질 수 있기 때문이었다. 아들이 특목고 진학을 목표로 한다는 것을 알고 있던 담임선생님은 미리 아들의 학교성적을 관리해주는 것이었다. 너무나 감사했다.

여름방학이 시작되면서 담임선생님은 한국의 교육 상황과 정보를 알려주었다. 아들이 최고의 명문 특목고를 가려면 일반적인 학과 공부로는 절대 부족하기 때문에 한국에서는 방과 후나 방학을 이용하여 목표 학교를 겨냥한 특별 학원을 다녀야 한다는 조언이었다. 또한 인근의 유명한 학원까지 추천해주었다.

미국에 있을 때는 꿈도 꾸지 못했던 현실이 눈앞으로 다가왔다. 미국에선 방과 후에 각종 스포츠와 음악 미술 등 예체능 활동을 하면서 공부를 했고, 그러면서도 좋은 성적을 거두었는데 한국은 전혀 다른 세계의 상황이 펼쳐지고 있었다.

일단 향후 진로를 놓고 아들과 대화를 나눴다. 사실 대화라기보다는 아들의 전문 프로모터 겸 매니저로서 일방적 조언이나 지시에 가까웠다. 그 전략은 회사에서 사업계획을 짜듯이 치밀하고 전략적이었다. 즉, 아들의 학업진로는 일단 중학교를 졸업하고, 고등학교는 한국에 소재하면서 미국 유학을 준비할 수 있는 여건이 마련된 고등학교를 겨냥한다. 그리하여 당시 가장 이름이 있는 M 고등학교를 목표로 모든 일정을 계획하기로 했다. 당시 한국에서는 유별난 학생들 뒤에는 더 유별난 엄마들이 있었지만, 우리 집은 전투력이 한층 더 높은 아버지인 내가 그 역할을 감당하기로 했다.

아들의 미국 유학을 위하여 일단 단기적인 목표를 M고 진학으로 잡았다. 장기적으로는 미국대학을 겨냥하는데 그 중에서 수학전공에 대비, MIT (메사추세츠 공대) 대학을 우선적 목표로 삼았다. 아들이 미국 동부를 여행할 때 이미 어린 나이에 MIT를 탐방하기도 했다. 자신의 꿈을 이 학교에 심어두었기 때문에 우리 부자는 그렇게 목표를 정한 것이다. 그러면 단기적인 목표인 M고 진학을 위해서는 우수한 영재들이 몰리는 특목고 전문학원에 등록해야 한다는 것이었다.

사실 아들은 그 때까지 미국 생활에서의 행복한 단꿈에서 깨어나지 못하고 있었다. 어찌 보면 미국교육에 비하여 한국교육 수준을 낮추어보는 경향마저도 있었다. 그러나 그 꿈은 얼마 지나지 않아 깨지고 말았다.

나는 아들과 함께 여름방학의 어느 토요일 오후, 가벼운 마음으로 길을 나섰다. 아들 담임선생님이 소개해 준 특목고 입학 전문학원을 살펴보기 위함이었다. 나는 단지 유명하다는 그 학원이 어디에 있는지, 그리고 어떤 시스템으로 운영되고 있는지 알아볼 생각이었다. 학원 근처에 도착하자 웅장한 건물이 눈앞에 나타났다. 학원의 로고가 붙어 있는 대형 버스들이 즐비하게 서 있는 것을 보니 엄청난 규모의 학원임을 한 눈에 알 수 있었다.

우리가 도착했을 때 학생들은 수업 중인지 학원 안은 적막했다. 우리 부자는 사무행정 및 상담을 담당하는 선생님을 만나 등록과 운영시스템에 관한 상세한 설명을 들었다. 아들의 미국 유학 계획을 밝히자, 상담 교사는 바로 아들의 실력 테스트를 해보자고 제안했다. 학원 교사는 외국에서 체류하다 온 아이들은 영어 실력은 탁월해도 수학 실력은 또래 한국학생들보다 미흡하다고 평가했다. 내심 자존심이 발동하기도 하였다. 미국에서도 소문난 수학영재의 진면목을 보여주겠다고 말이다. 아들의 실력을 평가 받을 겸 테스트를 받았다.

난이도가 높은 영어와 수학 문제 유형을 선택하였다. 상담 선생님은 시험 결과를 보더니 적잖이 놀라는 눈치였다. 결과를 두고 영어 실력은 인정을 하나, 수학에 대한 평가는 의외였다. 한국에는 아들의 실력보다 훨씬 더 높은 실력자들이 너무 많다는 것이었다. 전략적인지는 모르겠지만 자존심에 약간의 상처를 입힌 뒤 상담선생은 다시 차분하게 설명을 이어나갔다. 아들이 미국에서 심화 수학을 공부할 기회가 없었을 테니 이 학원에 등록하여 수학 경시 반에서 함께 공부를 하면 현재의 실력으로 볼 때 쉽게 따라 갈 수 있을 것이라는 조언이었다. 심기가 불편해진 우리 부자는 자리를 털고 일어났다.

생각할 시간이 필요한 것 같아 인사를 나눈 뒤 상담실을 나왔다. 마침 전체 수업이 끝났는지 학생들이 우르르 몰려 나왔다. 마치 군대의 인해전술을 방불케 하는 수많은 학생들이 재잘거리며 쏟아져 나왔다. 한 동안 여유롭게 미국생활을 즐기던 우리 부자는 놀라움을 넘어서 경악을 금치 못했다. 좀 더 정확히 말하면 우리 부자라기보다는 나 혼자의 놀람과 경악이었다고 말하는 것이 맞는 표현일 것이다.

나는 그 전쟁을 방불케 하는 입시 준비 현장을 두 눈으로 직접 목도하고는 불안해지기 시작했다. 아들이 비록 미국에서 수학으로 이름을 날렸다고는 하나, 이런 아이는 한국에 차고 넘치고 아들보다 더 우수한 수학 영재인 고수들이 깔려 있다는 현실을 듣고 대단한 대한민국임을 다시 한 번 실감하지 않을 수 없었다. 한편 이런 경지에 이르기까지 아이들과 그 극성스러운 부모들이 얼마나 많은 시간과 돈을 투자했을까 생각을 하니 가슴 한편이 씁쓸해지기도 했다.

그러나 그 전쟁 같은 상황 하에서 그런 감상은 사치일 뿐이라는 것을 깨닫고 빨리 현실을 직시해야 했다. 나서던 발길을 다시 돌려 학원에 등록을 했다. 잠시라도 이 치열한 전쟁의 대열에서 아들을 낙오시킬 수는 없는 노릇이었다. 아들의 담임선생님으로부터 학원 등록에 대한 조언을 들었을 때 내심 비웃던 내 모습이 갑자기 부끄러워졌다.

아들은 등록한 그 날부터 우리나라 대학입시에 본격적인 전사로서 혹독한 훈련에 참가하게 된 것이다. 언제 끝날지 모르는 혹독하고 외로운 훈련의 장 속으로 말이다. 지긋지긋하지만 한국에 사는 학생이라면 반드시 겪어야 할 운명 같은 전쟁터로 접어들었다. 그 전쟁에서 반드시 이겨내야만 본인들이 진정으로 누리고 싶은 미국이라는 땅에서 자유로운 날개를 펼 수 있다는 것을 모두 잘 알고 있는 듯 했다. 이를 위해서 오늘의 그 각박한 현실이 자신들이 운명처럼 감내해야 할 길임을 적어도 소위 영재라는 이름의 꼬리표를 달고 있는 선수들은 알고 있었다. 아들

정혁이도 그 중의 한 명의 전사일 따름이었다.

꿈을 향해 한 발짝 내딛는 순간이었다. 가슴에 MIT를 단단하게 아로 새긴 채….

013

주마가편

4년의 공백으로 초기 한국 정착 생활은 낯설었지만 점차적으로 순조롭게 안정세를 찾았다. 어수선하고 위태로웠던 회사 상황도 극적으로 해결되어 안정권에 진입했다. 무엇보다도 아이들이 학교생활을 잘 적응하며 익숙하지 않은 학원생활을 뒤처지지 않고 따라가면서 점차 순탄한 일상을 유지할 수 있었다.

책 읽기를 좋아하는 딸아이는 영어에 대한 자신감으로 학교생활을 명랑하게 잘 해 나갔고, 중학생인 아들은 수학 경시반에서 고군분투했다. 자신보다 한 수 위인 수학 천재들과 경쟁하며 심오한 수학 문제들과 매일 씨름을 하는 아들을 지켜보는 일은 안쓰럽기 짝이 없었다. 그럴수록 나는 위로보다는 큰 꿈을 이루기 위해 넘어야 하는 언덕이라고 등을 떠밀었다. 아들의 매니저로서 추호의 흐트러짐이나 관용을 베풀다가는 이 싸움에서 이길 수가 없다고 판단한 것이다. 아들이 이런 방법에 회의를 느낄 틈을 주지 않았다. 마음은 아팠지만 아들이 냉정한 승부사로서의 기질을 갖출 수 있도록 스파르타의 훈련을 강화하였다.

미국에서 독보적인 수학실력을 인정받으며 스스로 Math-Boy Choi라고 자신을 소개하던 아들, 그러나 한국에서는 그 명성이 무색할 정도로 실력자들이 무수히 많았다. 아들은 한국에 와서는 수많은 수학천재들 사이에서 평범한 학생일 뿐이었다. 아들은 자신의 그 별명을 다소 부담스러워 하는 듯 했다. 그도 그럴 것이 한국에서는 이미 초등학교 때부터 선행 학습과 심화학습을 통해 이미 고등학교 정규과정은 물론 듣지도 보지도 못한 난이도가 높은 문제들을 다루면서 진정한 수학마스터의 길을 가는 또래 학생들이 많았기 때문이었다. 미국에서의 아들은 소위 우물 안의 개구리에 불과하였던 셈이다.

나는 그런 구겨진 자존심을 만회하려고 안간힘을 썼다. 수학을 사랑하는 아들을 더욱 집중적으로 조련하기 시작했다. 그 성과는 얼마 지나지 않아 드러났다. 한국에 온 지 약 1년쯤 지나면서 아들은 다른 아이들과 어깨를 나란히 하는 실력을 갖춘 수학마스터의 반열에 오르게 된 것이다.

게다가 아들은 월등한 수학실력에다가 우수한 영어 능력을 보유하고 있었다. 수학 경시반에서도 독보적인 존재로 인정받으면서 날개를 펴기 시작했다. 중학 1학년 당시 D외국어고등학교에서 실시하는 국내 IET 전국영어경시대회에 참가하여 전국 1학년 부문에서 당당히 대상을 차지하였다. D외고의 IET 전국영어경시대회는 당시 국내 영어 경시대회 중 가장 정평이 나 있는 영어 경시대회였다. 그 대회에서 아들은 중학교 1학년에서 고등학교 1학년까지 4년간을 줄곧 참가하여 단 한 번도 대상을 놓치지 않는 기염을 토했다. 실질적인 IET 부문의 챔피언이었다.

당시 아들이 다니는 학원에서는 아들의 학습능력의 뛰어남을 인정, 아들이 원하는 M고등학교 입학은 무난할 것임을 확신하고 있었다. M고 입학은 아들에게는 거의 따 놓은 당상이었다. 당시 그 고등학교를 포함한 다른 특목고들은 하나같이 입학전형에 영어 능력평가인 토플 점수가 매우 중요한 비중을 차지하고 있었다. 모든 학원에서는 토플 성적의 고득점을 위해 혈안이 되어 있었다.

아들은 수학 경시반에 다니고 있어서 따로 토플 영어를 공부할 시간이 없었다. 학습 매니저의 임무가 생긴 것이다. 나는 퇴근길에 두꺼운 토플 책 두 권을 사서 아들에게 스스로 학습하여 토플시험에 대비하도록 했다. 당시 아들은 모든 것을 매니저인 나에게 의지하였고, 지시하는 대로 순하고 착실하게 따라주는 훌륭한 선수였다. 그런 아들을 내심 대견하게 생각했을 뿐 결코 칭찬하지는 않았다. 그 대신 보다 큰 목표를 제시하고 달리는 말에 채찍을 가하는 주마가편走馬加鞭 교육법을 강행하였다. 그럼에도 불구하고 아들은 불평도 없이 그저 묵묵히 순응하였다. 그럴수록 채찍을 든 나의 손에는 힘이 들어갔고 더 높은 곳을 올려다보게 되었다.

중학교 2학년이 되자 학원에서는 수학 경시반 수업에 집중하였고, 귀가 후에는 그 두꺼운 토플 교재를 혼자서 풀었다. 3월에 치러지는 첫 번째 토플 시험에 등록하니 시험까지는 고작 2~3주밖에 여유가 없었다. 좋은 성적을 위해서는 적어도 준비한 교재 한 권은 풀어야 할 것 같아 매일 50페이지 분량의 문제를 소화하라고 다소 무리한 지시를 내렸다. 목표의 70%도 해내기 빠듯한 시간이었기에 기대하지는 않았다. 그런데 놀랍게도 아들은 그 불가능할 것 같은 과업을 그대로 수행해냈다. 매일 아들이 50페이지의 문제를 풀면 내가 와서 답을 채점하는 방식으로 진행, 약 2주에 걸쳐 문제 풀이를 완성한 것이었다. 첫 시험이니까 경험 삼아 참여케 된 토플시험이었다. 그러나 결과는 놀라웠다. 난생 처음 치르는 토플 시험에서 아들은 당시 300점 만점 시험에서 283점을 받았다. 그저 놀랍다는 말로는 설명하기 어려운 일이었다.

자신감을 얻은 아들은 한 번 더 시험을 보겠다고 의지를 불태웠다. 바로 그 해 2003년 5월에 예정되어 있던 토플 시험을 다시 응시하였다. 그 시험에서 당당히 300점 만점을 얻었다. 두 번의 시험을 통해 만점을 획득하는 놀라운 기록을 세우게 되었다. 아들 자신도 놀라고 그의 입시 매니저인 나도 내심 놀랐다. 몹시 기뻤다. 하지만 겉으로는 좋아하는 내색을 하지 않았다. 매니저인 나의 생각은 그런 아들이 혹시라도 자만심에 빠지지 않을까 걱정을 하기도 했고, 한편 아직도 아들은 달려가야 할 길이 멀고 험난하다고 생각했기 때문이었다.

그리고 돌아서서 가만히 아들의 신기하고 놀라운 기록을 평가해보기로 했다. 인터넷에서 당시 국내 최연소 토플 만점인 학생의 기록을 검색해 보았다. 아들보다 2년 상급자인 J라는 학생이었다. 그는 공식적인 국내 최연소 만점의 기록을 그때까지 보유하고 있었다. 최연소라는 명예를 놓고 보니 내심 아들과 누가 최연소인지 따져보고 싶은 마음이 들었다. 어느 부모라도 같은 마음이 들었을 것이다.

그리하여 아들과 기존의 최연소 기록보유자의 나이와 만점을 획득한 시점을 따져 보았더니 아들이 기존의 기록 보유자보다 2개월이 앞선 기록이었다. 그 학생은 그 때 이미 매스컴을 통하여 이름이 나 있었고 불과 2개월을 가지고 최연소 기록을 따진다는 것이 큰 의미가 없었다. 조용히 아들에게만 당시 아들의 토플 만점이 실질적인 최연소 만점이라는 것을 격려하면서 여기서 멈추지 말고 앞을 향해 더 열심히 달릴 것을 지시했다.

아들의 만점 기록에 대한 소문은 금세 학원가에 퍼졌다. 당시 특목고를 겨냥한 학생들이 제각기 토플 성적을 관리하고 있었기 때문에 고득점을 획득한 학생들의 명단은 당시 학원에서 일일이 조사하여 기록을 유지하고 대외적으로 리플렛을 만들어 홍보하고 있었다. 학원에서는 아들의 만점 성적을 홍보물에 기재해도 좋은지에 대하여 아들에게 물어 보았다고 한다. 왜냐하면 아들의 만점 기록은 스스로 공부하여 획득한 결과물이지 당시 학원과는 무관하였다. 당시 아들은 영어와 전혀 상관이 없는 수학 경시반에서 공부하고 있었기 때문이었다.

아들의 토플 만점 기록은 학원의 대외적 홍보에 결정적인 역할을 한 셈이다. 그렇게 아들은 영국과 미국에 이어 경기도 일산 작은 동네에서도 일약 스타의 자리에 올랐다.

014

기쁨 속에 숨은 그늘

더 없이 행복한 날들이 이어졌다. 게다가 덤으로 받은 아들의 놀라운 학습능력의 성과들은 한 동안 무엇과도 바꿀 수 없는 행복의 절대적인 조건처럼 생각되었다. 적어도 그 시절은 나에게 너무나 행복한 시간이었다. 바쁜 직장생활 중에도 늦게까지 학원 공부를 하던 중학생 아들을 가끔씩 데리러 가곤 했다. 일산에서 우리가 사는 행신동까지 차로 20분 정도 소요되기 때문에 그 시간 동안 아들과 대화를 하기 위해서였다. 전혀 피곤하지 않았다.

시험을 치르기만 하면 늘 우수한 성적을 내던 아들이 내심 대견하기도 하여 어느 날 학원에서 집으로 돌아오는 자정이 가까워진 시간에 아들에게 물었다.

"한국에 돌아와 공부하는 것이 어떠냐? 많이 힘들지?"

그 때 들려오던 아들의 대답을 지금도 잊을 수가 없다.

"한국의 학교생활은 너무나 각박한 것 같아요!"

이어진 어린 아들의 대답 또한 놀라웠다.

"이 각박한 현실을 벗어나기 위해서라도 저는 꼭 미국에 가서 공부하고 싶어요!"

내가 생각한 반응과는 달리 의외의 대답이었다. 어려서부터 시험만 보면 무조건 만점이었고 한국에서 내로라하는 큰 시험을 치르는 대회에서도 어려움 없이 대상을 휩쓸었기에 기뻐할 것으로 생각했기 때문이었다. 소위 시험이라면 항상 자신 있어 하고 흥미를 느낄 것 같은 아들이었는데 말이다. 그런데 나는 그의 입을 통하여 들은 저변에 깔린 깊은 마음의 소리를 외면했다. 지금 생각해 보면 아마도 내가 듣고 싶은 이야기가 아니라서 건성으로 흘려버린 것은 아닌가 하는 생각이 든다. 아니 그 심정을 충분히 읽을 수 있었지만 동조하고 싶지 않았다는 것이 맞는 표현인지도 모르겠다.

내가 아들에게 이렇게 얘기한 것은 또렷하게 기억한다.

"그래, 그러니 조금만 더 견디고 대학교 갈 때까지는 죽었다 생각하고 열심히 해야 해. 그리고 잘해야 돼. 이렇게 엄청난 교육열이 오늘의 한국을 있게 한 원동력이야. 너도 그 역할의 중심에 서야 돼. 네가 공부를 하는 것은 아빠를 위한 길이 아니라 다 너와 너의 미래를 위한 길이라는 것을 절대 잊어서는 안 돼!"

이런 얘기는 아들의 귀에 못이 박히도록 십팔번 노래처럼 반복해 주입했다. 나는 그때까지 바쁜 와중에도 아들을 위해 시간을 할애하고 아들의 심금을 울리는 듯한 감동스러운 이야기를 아들과 수없이 나누고 있다고 생각했었다. 그리고 부끄럽지만 나중에는 그런 자랑스러운 아들을 둔 덕택에 '자녀들의 성공하는 교육법' 에 대하여 여기저기서 불려 다니며 강연도 하곤 했었다. 지금 생각하면 참으로 부끄러울 따름이다.

그날 밤 아들의 회의적인 이야기는 한동안 물거품처럼 기억 속에서 사라졌다. 더욱이 아들의 M고에 대한 아버지의 꿈과 열망은 점점 커져만 갔고, 그 가능성도 거의 확실시되었다. 무엇보다 주위에서 더 흥분했다. 그도 그럴 것이 아들은 M고 입학전형의 조건들을 거의 완벽하게 갖추고 있었기 때문이었다.

우선 아들은 중학교 시절 각종 전국 규모의 경시대회에 나가 매번 대상을 차지하는 기염을 토했다. 그 때 받은 수상실적만해도 입시전형 서류에 다 기록할 수 없을 정도로 많고 화려했다. 게다가 그 어렵다던 토플을 중학교 2학년 초반에 이미 만점을 받아 놓은 상태였고, 수학 천재들만이 참가하는 전국 최고 규모의 대한수학학회 주최 수학경시대회(KMO)에서도 잇따라 많은 상을 수상, 명실공히 영재중의 영재로 소문이 나 있었다. 학교성적도 상위 1% 안에 드는 안정권이어서 이제 수석 입학하는 욕심까지 내어보는 야심을 갖게 되었다.

드디어 M고 입학 전형이 시작되었다. 당시 그 학교는 한국의 특목고 중에서 제일 먼저 학생을 선발했다. 화려한 기록을 담은 서류들을 준비, 직접 학교를 방문해 원서를 제출하기로 하였다. 합격은 이미 따 놓은 당상이라고 가족들 모두 편안한 마음으로 나들이 가는 기분으로 길을 나섰다.

공기 맑은 곳에 신비롭게 소재한 그 명문학교를 찾았다. 학교 관계자로부터 입학 전형 요강에 대한 설명을 들었다. 일단 1차적으로 서류에 합격한 학생들에 한하여 시험을 치르게 되어 있었다. 그런데 입시사정관의 설명에 의하면 아들이 시험을 치르는 당해년도부터 입학 전형에 대한 선발 기준이 달라졌다는 공식적인 발표를 듣게 되었다. 그것은 종전의 1차 서류 전형에서의 성적을 점수로 환산하여 필기시험을 합한 방식이 아니라 1차 서류전형은 단지 1차 합격생을 선발하는 기준으로만 삼고 2차 필기시험은 별도로 시험을 치러 성적순으로 합격생을 뽑겠다는 방침이었다.

그것은 아들처럼 상당히 우수한 결과물을 구비한 아이들에게는 매우 불리한 입학전형 방식이었다. 기분은 유쾌하지 않았으나 시험에는 늘 강한 면모를 보인 아들이라 괘념치 않았다. 일단 당일 현장에서 치르게 되는 단 한 번의 필기시험을 잘 치르라고 독려를 하였다. 아들은 의기양양하게 시험장에 들어갔다. 하루의 시간이 무척이나 길게 느껴질 정도로 오랜 시간 시험을 치르고 나올 아들을 기다렸다.

당일 치른 시험은 총 4 과목이었고 주관식으로 출제됐다. 국어, 영어, 사회 과목에 수학과 과학은 한 과목으로 통합이 되었다고 한다. 수학과 영어에 강한 아들은 변별력이 크게 없는 영어와 수학과 과학이 통합된 과목에서는 예상대로 탁월한 성적을 냈다고 했다. 그런데 국어 과목과 사회 과목을 어렵게 치른 모양이었다. 일단 국어 시험에서 7-5조의 산문시를 쓰는 문제가 나왔다고 하는데, 아들은 7-5조의 산문시가 무엇인지 몰라서 한참을 고민하다가 다른 문제까지 시간에 쫓겨서 시험을 망친 모양이었다.

사회문제도 당시 사회 이슈를 중심으로 한 논문 형식을 쓰는 문제가 나왔는데, 이 문제 역시 결론 부분을 마무리 하지 못해서 마음이 편치 않아 하는 아들을 위로할 수밖에 없었다. 그래도 아들이 입학시험에서 떨어진다는 것은 생각하기도 싫었고 아무리 입학 전형이 바뀌었다 해도 아들의 수상실적을 보면

학교에서 특별히 고려할 것이라고 위안을 삼고 기다리기로 했다. 그리고 사회문제나 국어문제는 논술형이라 채점자의 주관이 개입하는 것으로 쉽게 점수화하기 어려울 것이라는 판단으로 전체적으로는 아들이 좋은 성적을 얻어 무난히 합격할 것으로 믿고 기다렸다.

드디어 합격자 발표가 나던 날, 나는 회사에서 하루 종일 노심초사하며 기다렸다. 오후 다섯 시가 발표시간이라서 하루 종일 일이 손에 잡히지 않았다. 드디어 다섯 시가 되었고, 아들의 수험번호를 입력하고 확인하는 순간 하늘이 무너지는 것을 느꼈다. 학교가 아들의 입학을 거부한 것이다. 있을 수 없는 일이었다. 나는 학교의 입학 전형제도가 전적으로 잘못되었다고 생각했다. 학교 학부모 게시판에는 아들과 같은 처지의 억울한 학생들이 매우 많았다. 삽시간에 M고의 게시판은 학교의 입학전형제도의 허점과 부당함을 들고 문제를 제기하며 억울함을 토로하는 글들로 도배가 되었다.

나도 당시 당해년도의 입시제도의 부당함을 장문의 글을 통하여 구구절절이 피력하면서 애절함을 호소를 했다. 동병상련의 심정을 가진 부모들로부터 수많은 공감의 댓글들이 달렸다. 그러나 곧 아무 소용이 없음을 알게 되었다. 학교는 시종 묵묵부답으로 일관했다.

시간이 흘러 잠잠해지면서 아들은 비로소 꿈에 그리던 고등학교인 꿈의 M고를 마음속에서 지워야만 했다. 이 학교를 목표로 달려온 지난 2년간 아들의 노력이 물거품으로 변하는 가슴 아픈 순간이었다. 아버지도 그 아들도 승승장구하던 삶에서의 첫 실패를 겸허히 받아들이기로 했다.

015

전화위복

승승장구하던 아들은 자신의 인생에서 첫 실패라는 고배를 마시면서 자신감을 많이 상실한 듯했다. 누구나 마찬가지겠지만 한국에 돌아와 매일 밤늦게까지 학원에서, 주어진 진도에 따라 치열하게 공부하고 소위 특목고 입학을 위한 최고의 스펙을 구비하고 실질적으로도 엄청난 내공의 실력을 갖추고 있었는데, 단 한 번의 시험으로 옥석을 가린다는 것은 아무리 생각해도 이해할 수가 없는 일이었지만, 그것도 학교의 방침이라면 수용해야 했다.

당시 고등학교 입학 전형은 M고가 가장 먼저 실시하여 정예의 우수한 학생들을 선발하기 때문에 이어지는 다른 특목고들의 입학전형에 학부모들은 신중을 기하게 된다. 대다수의 많은 특목고들이 일제히 입시전형을 치르기 때문에 꼭 가야 할 학교를 선택해야 하고 거기에서 떨어지면 일반 고등학교에 진학해야 하는 상황에 놓이게 된다.

한번 실패를 본 아들은 다음의 학교를 선택하는데 다소 긴장을 하는 눈치다. 학교나 학원에서는 아들이 수학을 잘하기 때문에 G과학고등학교나 P영재고 진학을 추천을 하였지만, 이제는 수학이 자신만의 특화된 실력이라고 자신할 수 없게 되었다.

그 때 학원에서는 경기도 용인에 특수 외국어 목적고인 고등학교가 신설된다는 얘기가 돌았다. M고보다 시설도 훌륭하고 교사진도 우수한 국내 최고의 학교를 만들어 제1회 신입생을 선발한다는 것이었다. 학원에선 그 정보를 알려주면서 아들을 그 학교에 보낼 것을 추천했다. 더군다나 그 학교의 사령탑으로 유명한 D외국어 고등학교 교장 출신이 부임을 하고, 교감은 M고를 당시 최고의 명문 고등학교로 만든 교감이 내정되었다는 것이었다.

그 소문은 서울 유명 학원가에 파다하게 퍼졌다. 정보에 민감하고 발 빠른 학부모들 사이에 다시 열풍이 불었다. 이미 아들은 입학원서를 제출하고 난 후여서 돌이킬 수 없었다. 신생학교 첫해의 입학경쟁률이 무려 4:1의 비율을 훨씬 넘어서 최고의 경쟁률을 보이며, 그 해 최고의 화제가 되는 학교가 되었다. 다시 한 번 긴장할 수밖에 없는 상황이 벌어졌다. 이미 M고에서는 고배를 마셨지만 예년과 다른 독특한 방식에서 고배를 마신 학생들이라 우리 아들처럼 다소 아깝게 떨어진 우수한 인재들이 대거 이 신생학교에 몰렸다는 소문이 무성했다.

모든 부모들은 누구나 할 것 없이 긴장하는 모습이었다. 그리고 이 학교에 합격을 하게 되면 M고를 필적하거나 능가할 실력을 가진 아이들로 구성이 될 것이기에 자부심 또한 대단할 것이라는 얘기들이 돌았다. 입시를 치르기도 전에 여러 가지 소문이 여기저기 떠돌아 다녔다. 한 번 떨어진 경험이 있던 모든 부모들은 긴장했고 시험이라면 자신이 있어 하던 아들도 많이 긴장하는 모습이 역력했다.

드디어 입학시험이 있는 날!

절실한 마음으로 아들의 최선과 집중을 위해 기도했다. 그동안 열심히 호흡을 맞추며 달려 온 아버지와 아들의 노력과 그동안 일군 남다른 성과들이 결코 헛되지 않게 최선을 다해주기를 바라는 간절한 마음이었다. 시험을 마치고 나온 아들의 등을 토닥여 주는 것으로 격려를 대신하고, 우리 부자는 오랜만에 편안한 마음으로 양념치킨을 먹으러 장소를 옮겼다. 지난 번 M고 때보다는 안정적인 아들의 모습을 보면서 안도감이 들었다. 반면,

아들은 언제까지 이런 과정을 겪어야 하는가? 하는 안타까운 심정도 일었다. 나도 학창시절을 겪어 왔지만, 이 세상을 살아가는 수많은 사람들은 끊임없이 다양한 시험을 치르며 살아가야 하는 운명인가보다.

아들의 삶은 참으로 단순했다. 학창시절 좋아하는 과목도 수학과 음악으로 편중되어 있다. 그렇다고 다른 과목을 못하거나 싫어하는 것이 아닌데 유독 수학과 음악에 몰두하는 모습을 보인다. 운동은 농구를 무척이나 좋아했다. 미국에서 동아리 활동을 하며 익힌 농구는 아들이 참으로 좋아하는 운동이었다. 그리고 음식으로는 양념치킨이다. 양념치킨 한 마리면 세상의 행복을 다 가진 양 좋아하는 아들을 보며 참으로 소박한 녀석이라고 생각했다.

주사위는 이미 던져졌다. 이제는 기다리는 일만 남았고, 혹시나 심한 경쟁률로 아들이 입학시험에서 떨어지게 되면 일반 고등학교를 진학시킬 생각을 갖고 담담하게 기다렸다. 그럼에도 M고에서 떨어져 구겨진 자존심을 만회하리라 내심 기대하고 있었다. 비전이 있는 신생고등학교에 입학하여 아들의 꿈을 키워나갈 것이라고 말이다. 아들의 매니저로서 기다리며 나는 조용히 대망의 꿈을 꾸어 본다.

드디어 입시 결과가 나오는 날이었다. M고의 진학실패에 대한 트라우마는 컸다. 시험 결과 발표를 열어보기 전까지 그처럼 긴장하기는 처음이었다. 마치 내가 시험을 치르고 당락을 심판받는 심정이었다. 어렵게 열린 시험 결과가 눈앞에 들어 왔다. 합격이었다. 뛸 듯이 기뻤다.

신생학교에서 아들은 새로운 역사를 써 나가면 될 것이란 자신감을 아들에게 불어 넣어 주었다. 그리고 아들에게 이제 너의 상대는 신생학교뿐 아니라 너의 입학을 거부한 M고에 이미 입학하여 너의 자리를 차지하고 있는 더 우수한 학생들도 있음을 명심해야 한다며 전투의지를 불어넣어 주었다. 그렇게 합격의 기쁨은 잠시였고, 잠시의 쉴 틈도 없이 합격생들은 입학식을 치르기도 전에 새로 개장한 기숙사에 짐을 풀고 합숙하면서 학교가 마련한 6주 과정의 신병훈련 선행학습에 참여하였다.

매주 혹독한 동계 훈련 같은 수업을 받고 주말이면 그 주에 배운 것을 점검하는 과정을 총 6회 반복했다. 주말이면 잠시 외출이 허락됐으나, 일요일 저녁이면 다시 기숙사로 복귀하여 다음 주의 커리큘럼을 소화해야 하는 고난이도 학습프로그램이었다. 아마도 M고를 겨냥한 학교의 특별 기획프로젝트라고 생각했다. 6회에 걸쳐 나온 시험 결과와 입학시험 결과를 합산하여 최종 성적을 도출할 것이라는 게 학교 측의 설명이었다. 최종 성적의 도출은 크게 문제 될 것이 없었다. 중요한 것은 이 학교에 이미 합격을 했다는 것이다. 아들도 마음 편하게 그 학습과 시험들을 즐기는 듯 했다. 학교에서 다루는 과목은 국어, 영어, 수학, 과학, 중국어. 사회 과목 등이 주요 과목들이었다. 영어는 당시 미국 수능고사인 SAT의 형식의 시험 방식이라고 이야기 들었다.

6주간의 시험을 치르는 동안 주말이면 시험결과가 학부모들에게 전달이 되었다. 매주 시험에서 1등을 차지한 학생은 놀랍게도 아들이었다. 한두 번 정도 2등을 하고 나머지는 월등하게 1등을 차지하는 것을 보면서 다시 한 번 자랑스러웠다. 단연 군계일학이었다.

그렇게 혹독한 6주 과정의 입학 전 학습훈련과정이 끝나고 3월 2일 입학식 날이었다. 회사에는 오전 휴가원을 제출하고 아들의 입학식에 아내와 함께 참석하였다. 입학식장으로 향하는 복도에서 예행연습이 이뤄지고 있었다. 독특한 디자인의 복장을 입고 늠름하게 걸어 나오는 아들을 보았다. 아들은 깃발을 들고 입학생을 대표하여 식장을 가득 메운 학생과 가족들 앞에서 대표 선서를 하였다. 나중에 알게 된 사실인데 아들이 종합성적에서 최고의 성적을 얻은 수석입학의 영예를 안은 것이었다.

자랑스러운 가문의 영광, 가슴이 뜨겁게 달구어지는 뿌듯함을 느꼈다. 세상의 그 무엇도 부럽지가 않았다. 아들이 선사한 또 다른 귀한 선물이었다.

016

세계 최초 '가위 바위 보'

경기도 용인의 한국외국어대학교의 부설 고등학교의 출범은 시작부터가 매스컴에 연일 회자될 정도로 화제를 모았다.

국내 최고의 학교 시설과 경기도 용인에 소재하여 공기가 좋고, 주위에 산수가 자리 잡고 있어 학교 풍광도 아름다웠다. 게다가 서울에서 그리 멀리 떨어져 있지 않아서 접근성도 좋고, 기숙사에서 생활하지만 부모들이 자주 들여다 볼 수 있는 장점이 크게 부각되어 대대적으로 홍보되었다. 지금은 고인이 되었지만, 국제적인 디자이너 앙드레 김이 디자인한 독특한 교복마저도 화제를 낳았다.

학생들의 실력 또한 토플 평균점수로 볼 때도 M고와 대등한 수준을 보일 정도로 우수한 학생들이 입학했다. 특히 이 학교의 교감선생님은 입학 전 특별한 학교정책을 천명했다. 이 학교에 입학을 하면 모든 생활은 기숙사에서 이뤄지고 외박은 한 달에 한 번만 가능하다. 나머지는 학교에서 진행되는 수업으로 모든 커리큘럼을 진행한다고 밝혔다. 따라서 다른 고등학교 학생들이 받고 있는 개인 교습이나 사설 학원 교육은 일체 불허하고 용납하지 않겠다는 것이었다. 이 발표를 들은 학부모들은 일제히 두 손을 들어 환영했고, 진정한 학교다운 학교가 생겼다고 안심했다.

초기 학교생활은 순탄하게 진행되었다. 그런데 학교가 신생 학교다 보니 모든 것이 밑바닥에서부터 기초를 쌓아가는 것이라 아무리 경험이 많은 교사들이 대거 포진되어 있어도 쉬운 일이 아니었다. 교육행정 시스템이 정상 구축되어 가동되기까지 시간이 필요한 듯 했다. 그러나 그 시간을 견디지 못한 정보에 민감한 일부 학부모들이 서서히 학교의 규범을 깨고 독자 행동을 하기 시작했다. 처음에는 일부에서 그런 현상으로 보이더니 점차 나름대로 각자 살길을 찾아 주말이면 아이들을 몰래 빼내어 개인 과외를 시키기는 모습들이 눈에 띄기 시작했다.

그 가운데 아들은 아주 꿋꿋하게 자신의 입지를 굳히고 있었다. 입학 당시 아들의 SAT 수준은 다른 학생들과 엄청난 차이를 보이며 고공행진을 하고 있었다. 이미 아들은 높은 위치에 자리하고 있었다.

내가 가까이에서 아들의 인생 매니저로 아들을 지켜보면서 발견한 아들의 가장 큰 장점은 요란스럽지 않고 자신의 것을 크게 자랑하지 않는 겸손함에 있었다. 그러다 보니 상대적으로 자연스럽게 경쟁심이 결여 되어 있었고, 경쟁심이 결여되어 있다 보니 상대적으로 행동이 굼뜨고 게을러 보였다. 소위 게으른 천재의 모습이었다. 나는 아들의 매니저로서 그 점이 가장 신경이 쓰였다. 매사에 욕심이 없고 새로운 것에 대한 도전의욕이 없어 경쟁에서 남을 이기려는 의지가 부족했다. 이러한 것을 채워 주는 일이 내가 해야 할 책임이라고 생각했다. 한마디로 강한 승부사의 근성을 심어주리라 다짐했다.

학교에서 아들은 이미 타의 추종을 불허하는 탁월한 우월성을 인정받고 있었다. 학부모들 사이에서도 아들은 벌써 유명 학생으로 소문이 나있었다. 아들의 유명세 덕분에 우리 부부도 덩달아 유명인이 되어 학부모들과 교류하는데 절대적으로 유리한 고지에 있었음이 또한 자부심이었다.

아내는 주로 아들의 건강에 신경을 썼고, 아들의 입학 정보와 학습 분야는 내가 대부분 맡아서 관리하였다. 나 또한 회사에서 총무부장이라는 중책을 맡으면서 점차 학교의 정보에 어두워지기 시작하면서 중요한 정보를 가끔씩 많이 놓치는 경우도 있었다. 그러던 학부모들 사이에서 정보 나눔 카페가 생겨나기 시작하여 그 방을 통해 친해진 부모들과 정보를 나누곤 했다. 그 상황에서 나의 역할을 아내에게 위임할 수도 없어서 내가 끝까지 아들의 학교생활 관리를 맡아서 했다. 참으로 힘들고 바쁜 생활이었다. 그러나 아들이 워낙 좋은 성적을 유지하고 있어 힘들지만 보람이 있고 자랑스러운 시절이었다.

미국 대학에 입학하기 위해서 필요한 것은 단순히 학교 성적과 미국의 수능성적인 SAT나 ACT뿐만이 아니었다. 미국 대학 선수 과목인 AP 성적과 과목별 SAT II 성적 또한 중요했다. 그리고 미국 대학은 전인교육을 표방하는 교육방침으로 학업성적 외에 학교 동아리 활동이나 봉사활동의 시간과 그 외의 특기나 적성을 살린 활동들을 세심하게 들여다본다는 것을 알았다. 이런 전형에 대비하기 위해 학생들보다 마음이 맞는 학부모들끼리 그룹을 만들어 제각기 필요 요건을 갖추기 위해 백방으로 분주해지기 시작했다.

이 분야에선 우리 아들과 나는 늘 뒷전이었다. 아들은 순수하게 공부 그 자체를 즐겼을 뿐, 진학을 위한 활동에는 의욕을 보이거나 부지런하지 않았다. 그러던 차에 학교에서는 여름방학 중에 실시할 프로젝트를 기획하여 함께 할 학생들을 모집했다.

그것은 유명한 산악인과 함께 아프리카 킬리만자로를 등정하는 2주간의 프로그램이었다.

어느 날 외박을 나온 아들이 킬리만자로 등정을 하고 싶다고 먼저 이야기를 꺼냈다. 우리 부부는 깜짝 놀랐다. 지금까지 살아오면서 아들이 무엇을 하고 싶다고 이야기 한 것은 그때가 처음이었기 때문이었다. 수학과 음악 외에 하고 싶은 것이 있다는 것이 놀라운 나머지 우리 부부는 우리 형편에는 조금 부담스런 비용이었지만 과감히 투자를 하기로 하였다. 아들의 아프리카 킬리만자로 등정이란 이색 경험을 위하여….

이 프로그램에 참가하기 위해 8명의 학생이 선발되었다. 그리고 초보 등반대원들을 데리고 그 어려운 킬리만자로를 등정할 산악대장은 유명산악인 H씨가 초빙되었다. 물론 그를 도와 함께 하는 전문 산악인들도 같이 참여하였다. 원래의 계획은 TV 방송국도 함께 할 예정이었는데 예산 문제로 어렵게 되었다. 학생과 산악인이 함께 하는 아프리카 탐험과 오지에서의 봉사활동이 프로그램의 주된 내용이었고, 의미 있는 경험이라 생각했다.

5,500미터 고지의 킬리만자로 정상을 등반하기 위하여 8명의 원정대는 출발 전 원주의 치악산에서 가상훈련을 실시하였다. 난생 처음으로 산이라는 것을 올라 본 아들은 산악 체험을 다녀와서도 힘든 내색을 전혀 하지 않아 본격적인 산행을 앞두고 기

대에 부풀게 했다.

드디어 아프리카 원정대가 킬리만자로를 정복하기 위해 인천공항을 떠났다. 아들을 아프리카로 떠나보낸 후 생각보다는 담담했다. 체력이 강한 아이는 아니었지만 힘들다는 기색을 잘 표현하지 않는 미련한 데가 있는 게 아들의 매력이기도 했는데, '어떻게 등정할 것이며, 산소 부족으로 인한 고산병을 어떻게 이기고 정상을 밟을 것인가?'하는 염려가 일기도 했다. 하지만 무엇보다 이번 아프리카 원정은 아들이 생애 처음으로 원했다는 점과 그래서 힘든 형편에도 보냈다는 것에 의미를 두었을 뿐, 아들이 킬리만자로 정상을 밟을 것이라고는 기대하지 않았다. 아들 또한 산의 정상에 오르는 것에 대해 그렇게 큰 의미를 두지 않고 있었기 때문에 안전하게 잘 다녀오기를 바랐을 뿐이었다. 산악대장 H는 아프리카에 도착한 후 가끔 씩 현지의 소식을 학교 측에 전해 왔다. 원정대에 아이들을 보낸 학부모는 학교로부터 인터넷 카페를 통해 소식을 전해들을 수 있었다.

아프리카 케냐의 원주민 마을에 도착한 일행은 마을의 건축일도 돕고 아이들에게 수학과 영어도 가르치는 등 봉사와 교류를 나누었다고 한다. 드디어 등반이 시작되었다. 등반 첫날, 모두의 걱정을 뒤로하고 첫 번째 캠프에 무사히 도착했다는 소식과 함께 사진도 전송이 되어 왔다. 모두들 신세계의 에너지를 담뿍 머금어 생기 있고 건강하게 웃는 얼굴이, 눈물 나도록 아름다워 보였다.

그 후, 두 번째 세 번째 캠프를 지나면서 점차 힘겨워 하는 대원들이 나오기 시작했고, 4일차에는 드디어 낙오자가 생기기 시작했다는 전갈을 받았다. 다행히 아들의 이름은 아직 거론되지 않아서 묵묵히 등정을 잘 수행하고 있을 것이라 짐작했다. 그리고 연락이 두절되었다. 고산지대에서 통신이 두절된 모양이었다. 결과가 궁금해지기 시작했다.

며칠이 지나고 드디어 아프리카 현지에서 연락이 왔다는 소식을 받았다. 학생원정대원 8명 중 4명만이 최정상에 올랐고, 한국외국어대학 부속고등학교의 자랑스러운 깃발을 꽂았다는 기쁜 소식이었다. 또한 예상을 깨고 정상에 오른 4명 중에 아들이 속했다는 놀랍고도 자랑스러운 소식을 들었다. 믿을 수 없는 일이었다.

한국에 도착한 아들을 참으로 오랜만에 안아 주었다. 아들은 자신이 다녀 온 아프리카가 마치 지금 눈앞에 펼쳐진 듯 흐뭇한 미소를 띠며 천천히 떠올렸다. 등반은 생각보다 훨씬 더 고통스러운 일정이라고 했다. 정상에 가까이 갈수록 두통을 호소하는 아이들이 생겨났고, 정상을 코앞에 두었지만 더욱 심해지는 두통을 견디지 못하고 결국 포기하는 친구들을 보면서 자신도 포기하고 싶은 유혹에 시달렸다고 한다. 그러나 자신이 간절히 원한 아프리카 원정이었기에 반드시 정상에 올라 보고 싶었고, 정상에 올라 해보고 싶은 것이 있었기에 꼭 정상을 밟아보고 싶었다고 그 때의 일을 회상했다.

그리고 정상을 200미터 남겨두고 있던 지점에서 아들은 급기야 온 몸의 기력을 다 소진하여 쓰러졌다고 한다. 그 때 산악대장님이 아들의 손을 잡아 이끌며 정상까지 밟게 했다는 눈물겨운 이야기를 들었을 때는 감동이 전해져 저절로 눈이 감겼다. 그리고 이들 일행은 정상에서 깃발을 꽂고 자랑스러운 인증사진을 찍었다고 했다.

정상에 도착한 기쁨으로 가까스로 정신을 차린 아들은 자신이 정상에서 꼭 해보고 싶었던 역사적인 행동을 마음속으로 준비했다. 아들은 심호흡을 한 후 힘차게 가위 바위 보를 했다는 것이었다. 그리고 이렇게 말했다.

"저는 아프리카 킬리만자로 5,500미터 정상을 죽을 각오로 등정하여 혼자서 가위 바위 보를 한 인류최초의 사람이 되었어요!"

아무리 생각해도 이해할 수 없고, 깨물어 주고 싶은 귀여운 구석이 있는 녀석이다.

017

국내 첫 만점의 주인공

아프리카 킬리만자로의 눈 덮인 산 정상을 직접 자신의 발로 밟았다는 사실은, 아들뿐 아니라 함께 정상에 올랐던 대원들에게 큰 자신감과 성취감을 안겨 주었다. 사실 우리가 아들이 원한다고 선뜻 보낼만한 형편은 아니었으나, 아들이 난생 처음으로 원했던 일이기에 그런 아들을 위해 과감한 투자를 한 것이었다.

투자를 하는 방식에는 여러 가지가 있을 수 있다고 생각한다. 우리가 생계를 유지하기 위해서 돈을 벌지만, 힘들게 번 돈을 행복을 위해 투자하는 것이라면, 살아가면서 오래토록 기억할 수 있는 생생한 경험을 위해서 시간과 돈을 투자하는 것은 참으로 가치 있는 일이라는 것을 이제는 안다. 그 때 아들의 킬리만자로 등정을 위한 투자는 다소 무리하고 과감한 선택이었지만, 지금 생각해도 후회 없는 탁월한 선택이었다는 생각이 든다.

아프리카에서 돌아온 후, 새 학기가 되면서 다시 정해진 틀 속의 생활이 진행되었다. 그런데 아들을 가만히 관찰해보니 점차 학교생활에 흥미를 잃어가는 모습을 발견하였다. 학업에 자신감이 떨어졌다기보다는 학교생활에 별로 흥미를 느끼지 못한다는 것이 맞는 표현일 것이다.

나중에 알게 된 사실인데 이 학교에서는 아들의 흥미를 불러일으키는 요소인 수학과 음악에 대한 동기부여가 부족한 것이었다. 아들은 심화된 수준의 수학공부를 원했는데, 이 학교는 외국어 목적고등학교 특성상 단지 기본적인 수학과목만을 가르치고 있었다. 수학시간이 무료하고 흥미가 없을 것이 자명했다. 그리고 당시 아들의 SAT 수준은 이미 다른 학생들과 차별화될 정도로 높은 수준이어서 영어공부에도 그리 흥미를 느끼지 못했다. 아들에게 탈출구가 필요했다. 그렇다고 학교공부인 GPA성적 관리나 다른 특기 활동에 크게 신경을 쓰는 성격이 아니어서 새로운 걱정이 생기기 시작했다.

정보가 빠른 다른 부모들의 행보는 이미 학교의 방침과 커리큘럼을 넘어서 개별적으로 움직이고 있음을 발견했다. 미국 수능 고사인 SAT 고득점 획득을 위한 준비도 필요했고, 미국대학에서 원하는 토론Debate 훈련도 필요했다. 학부모들은 그룹별로 토론Debate을 위한 조를 편성하여 분주하게 움직이고 있었다.

정말 한국에서 미국대학을 보내는 것은 정보의 전쟁인 듯싶었다. 아무 생각 없이 넋을 놓고 있다가는 언젠가는 경쟁에서 밀릴 수 있겠다는 불안감이 엄습하면서 다분히 수동적이 되어 가는 아들을 부추기기 시작했다. 우선 SAT 만점을 향한 목표와 토론그룹을 만들어 흥미 없어하는 아들을 그 흐름 속에 몰아넣기 시작했다. 아들이 진정 공부하기를 원하는 수학과 음악은 점차 멀어져 갔다.

그리고 그 때부터 다른 학부모들과 정보를 공유하면서 우리 부부도 극성스러운 대한민국 학부모의 반열에 같이 휩싸이게 된다. 신생학교로서 초창기 표방한 과외 금지 정책과 안정화 되지 않은 학교 커리큘럼만으로는 다소 미흡했다고 느꼈기 때문이었다. 당초 미국대학 입학을 충분히 준비할 수 있는 역량들로 만들겠다는 학교의 방침을 믿고 기다리기에는 학부모들의 인내심이 부족했다. 학교 측에서 모든 것을 다 해 줄 것으로 기대한다는 것은 다소 위험할 수도 있겠다는 학부모들의 판단이 팽배해지기 시작했다. 이후에는 학교가 많이 안정이 되었다고 이야기 들었으나 초창기에는 많은 부분이 불안했던 것이 사실이었다.

새로운 것에 대해 전혀 흥미를 느끼지 못하고 행동이 느린 아들은 이제 극성스런 부모의 반열에 들어선 나의 일방적인 지시에 어쩔 수 없이 따라오는 듯한 느낌이었다. 그런 아들의 태도가 못마땅했다. 다른 집 아이들은 부모들이 만들어 주는 다양한 학습 프로그램을 잘도 소화하며 따라가는데 아들의 태도는 좀 달랐다. 물론 그의 흥미를 자극하는 수학과 음악이 없는 학교생활이어서 그럴 수도 있다는 것을 알았지만, 나는 애써 그 부분을 모른 척 외면했다. 그건 그때의 현실에서 볼 때 정말 사치스러운 생각이었다.

바로 그 즈음, 때마침 아들의 흥미를 자극하는 대외적인 큰 시험 하나가 개최되었다. 아들이 1학년 2학기를 보낼 때의 일이다. 그것은 주식회사 〈대교〉에서 실시하는 미국수능시험 중 하나인 모의 ACT 경시대회였다. 그 당시 우리나라에서는 미국 수능고사인 SAT만 치러 소정의 성적을 취득하여 미국 대학 입학 전형 서류로 제출하였다. 그러나 당시 한국에서는 SAT와 똑같은 비중이 있는 시험인 ACT를 본격적으로 도입하기 위한 계획이 있었다. 이를 위해 도입이전에 관심을 불러일으키기 위한 전국 경시대회 형태로 모의 ACT를 실시하게 된 것이다.

당시 M고, D외고, 국제고 등 전국에서 유명한 특목고 및 일반고에서 유학을 준비하는 우수한 학생들이 대거 참가하였다. 이 중요한 전국대회 규모의 시험을 아들이 다니는 학교에서도 비록

1학년생들이지만 경험 삼아 참여하였다. 그동안 학교생활에 흥미를 잃어가던 아들에게는 좋은 기회였다. 그리고 며칠 후 〈대교〉에서 실시한 제 1 회 모의 ACT 전국 고등학교 경시대회의 결과가 나왔다. 회사에서 일을 하고 있는데 아들로부터 메일로 간단하게 연락이 왔다. 아들이 이 전국경시대회에서 전국 2등을 차지했다는 것이었다. 1등은 M고 3학년 선배가 차지했고 자신이 1학년으로 당당히 2등을 차지했고, 학교 측에서는 놀라움을 금치 못하며 자못 상기된 분위기였다고 전하였다. 다시 한 번 아들의 잠재력에 놀라는 순간이었다. 행복했다.

〈대교〉에서는 1등에게는 장학금으로 1,000만원을, 2등에게는 500만원을 시상했다. 나는 바쁜 일정에도 너무나도 자랑스러운 이 시상식의 자리에 꼭 참석을 하고 싶었다. 시상식은 주식회사 〈대교〉의 대회의실에서 거행되었다. 아내와 함께 시상식에 참석을 하니 학교에서는 교감선생님과 아들이 이미 도착해 있었고, M고 학생 둘이 있었는데 한 명은 1등이고 또 다른 학생은 3등을 차지한 모양이었다. 대교에서는 시상을 하면서 2등을 차지한 아들에게 1학년 학생이 전국의 3학년생들을 제치고 당당히 2등을 차지한 것에 대하여 대단하다고 치하하면서 앞으로 큰일을 내겠다고 격려해 주었다. 학교 교감 선생님은 M고 출신이라 수상을 한 3학년들을 잘 아는 모양이었다. 아들을 가리키면서 그 학생들에게 의기양양하게 말한다.

"내년에는 이 학생이 1등의 자리에 오르게 될 거야, 두고 봐!!"

장학금 500만원은 정말 큰돈이었다. 지난 여름방학 때 아들의 아프리카 탐험을 위해 거금을 투자했더니 곧바로 아들이 장학금으로 되갚는 모습을 보고 참으로 대견하는 생각이 들었다.

그 해 말이 되었다. 한국에서는 〈대교〉의 모의 ACT경시대회에 이어서 미국 수능고사인 ACT를 본격적으로 도입하여 전국적으로 일제히 치르게 되었다. 이미 대교의 모의 ACT를 치른 학생들은 무엇을 해야 하는지 잘 알고 있기에 빈틈없는 준비를 하기에 이른다. 한국에서 첫 번째로 실시하는 이 시험에서 최고의 성적을 올려야 한다. 이 시험성적은 미 대학 입시 원서에 함께 제출해야 하는 것으로 당시 2학년생들에게는 SAT만큼이나 중요하고 비중 있는 시험이었기 때문이다. 첫 시험 성적부터 인정을 해주기 때문에 모두들 열심히 대비하였고, 아들이 속한 고등학교도 내년을 대비해 전교생이 참여했다. 이미 전국대회 2등을 차지한 아들도 자신감을 가지고 흥미 있게 참가하여 시험을 치렀다.

아들은 무엇보다 자신이 원하고 좋아하는 것에는 무서운 집중력을 보이는 것이 큰 장점이었다. 그런데 그것이 너무나 편협

되어 있는 것이 나는 못마땅했다. 그래서 아들의 성공적인 인생을 위하여 균형을 잡아준다는 명분과 아빠의 진심 어린 조언이란 이름으로 끊임없이 잔소리를 했었던 것 같다.

12월에 치른 시험의 결과는 그 이듬해인 2월경에 그 결과가 나왔다. 아들은 한국에서 공식적으로 처음 실시한 미 수능시험인 ACT 평가에서 당당히 한 문제의 실수도 허용하지 않고 만점을 획득했다. 누구나 만점을 맞을 수 있지만 한국 최초의 공식적인 첫 시험에서 만점을 받는다는 것은 크고 중요한 의미가 있었다. 그것도 고등학교 1학년생으로 전국에서 몰려든 기라성 같은 우수한 인재들 속에서 유일하게 만점으로 수석을 한다는 것은 매우 놀라운 일이었다. 한국에서도 수능 만점이 나오긴 하지만 단 한 명이 나오는 것은 매우 드문 경우였듯이 ACT 만점이 단 한 명이라는 것에 우리 가족은 물론 학교 측에서도 다시 한 번 놀라며 흥분하였다. 아들이 생애 최고의 기쁨을 선사하는 순간이었다.

아들이 한국에서 실시한 첫 공인 시험인 ACT에서 만점을 받은 사실은 곧바로 여기저기 소문이 나기 시작하였다. 이제 막 생겨난 신생고등학교에서 그것도 1학년생들로 구성되어 있는 학생 중에서 전국의 우수한 전통을 가진 학교의 탁월한 선배들을 제치고 1학년생이 만점을 받았다는 사실이 입에서 입으로 전해

지면서 2006년 3월 18일자 일간 신문에 아들의 ACT 만점 소식이 대서특필 되었다. 일단 한 일간지에서 만점기사가 실리자 이어진 다른 신문들도 연일 같은 내용으로 아들의 만점 소식을 다루며 아들이 만점을 받은 배경 및 숨은 학습 비결에 대하여도 발빠르게 덧붙이는 기사를 썼다. 기분이 나쁘지 않았다.

그 기사로 나는 여기저기서 축하 전화와 인사를 받았다. 언론의 힘은 정말 대단하고 무서운 속도로 퍼져가는 힘이 있었다. 이제는 아들의 미래를 어떻게 관리해야 할지 걱정이 앞서며 매니저로서의 역할이 더욱 무거워 졌다.

아들의 만점 소식이 신문 기사화 되면서 그 기사 내용 중 아내의 특수한 가정교육법이 화제가 된다. 아내의 아이들 교육법 중에서 미국에서의 〈외영내한〉과 한국에서의 〈외한내영〉이 관심거리였다. 즉 한국에 와서는 밖에서는 철저하게 한국말을 쓰고 집에서는 영어를 사용하는 교육법 뒤에 또 다른 기막힌 비밀을 기대했는지 한 여성잡지에서 전화가 걸려 왔다. 아들과 함께 아내를 취재를 하고 싶다는 것이었다. 이제는 조금 두려워지기 시작했다. 이렇게 하루아침에 유명하게 되면 나중에 어떻게 감당을 해야 할 지가 걱정이 된 것이다. 그러나 이것도 운명이라 생각하고 아들과 아내는 4월의 어느 토요일 오후 아들이 다니는 학교교정에서 사진기자와 취재기자를 만나 미국에서 인터뷰한 이래 평생 처음으로 한국에서 언론 매체의 매스컴을 타게 되었다.

그 다음 달 여성잡지 5월호에 아들과 아내의 사진이 대문짝만하게 실리고 사연이 소개되었다. 아들의 성장기와 공부 비결, 그리고 아내의 가정교육방법 등이 자세하게 기사화된다. 또 하나의 신화를 써 내려간 아들의 자랑스러운 성공담이다.

018

끝없는 도전

ACT 만점으로 아들은 학교를 대표하여 신생학교의 잠재력과 미래 비전을 알리는 홍보대사의 역할을 담당했다. 대외적으로 실시한 큰 규모의 시험에서 대상을 받는 일이 많아지면서 신생학교의 홍보에 큰 기여를 했다. 그 결과 선배들 못지않은 우수한 신입생들이 대거 입학하는데 일조하게 되었다.

2학년이 되면서 본격적인 성적관리와 학교의 여러 활동들을 만들어 입학전형 서류를 작성해야 했다. 많은 학생들과 학부모들도 착실하게 준비하는 것 같았다.

아들은 ACT에 이어 SAT도 도전을 했다. 당시 2,400점 만점의 시험에서 아들은 2,350점 정도의 실력을 유지하고 있었다.

SAT에서도 좋은 성적을 받는 것이 유리하다고 판단하여 2학년 초가 되면서 SAT시험에 도전했다. 시험을 치르고 온 아들은 만면에 미소를 띠며 만점을 예상했다. SAT에서도 만점을 받게 되는 것을 상상하며 시험 결과를 기다리는데 다음날 신문기사에 며칠 전에 한국에서 치러진 SAT의 문제가 사전에 유출되어 전면 무효가 되었다는 충격적인 기사가 보도되었다. 미국 대학 입시를 향한 병적인 열풍이 낳은 대한민국 교육계의 대참사 같은 사건이었다. 참 기가 막힌 대한민국의 교육열이며, 그런 과도한 열정이 빚은 어이없는 부작용이라는 슬픈 생각을 한 동안 지울 수가 없었다.

미국 대학에 진학하기 위해서는 기본적인 학교 성적GPA외에 미국대학에서 참고로 하는 선수과목인 5점 만점의 AP 성적과 800점 만점의 각 과목별 SAT 성적을 취득해야 하는데, 얼마나 많은 과목을 어떤 성적으로 취득하느냐가 관건이었다. 시험에 강한 아들은 이 부분에서는 전 과목 만점을 취득하는 기염을 토하며 일찌감치 기본 입학 조건들을 확보해 놓았다. 아들은 흥미 없어 하는 토론대회에도 참가하여 의외의 좋은 성적을 거두었다.

1학년 재학 당시, 〈아리랑 TV〉에서는 영어를 구사하는 고등학생들을 대상으로 퀴즈 프로그램을 만들어 상식과 학문적 실력을 가늠하는 두뇌천재들의 경연 프로그램이 인기였다. 4명이 한

조로 매주 한 번씩 타 학교 학생 팀과 영어로 풀어가는 상식으로 두뇌경쟁을 하여 경합을 벌인다. 그 중 연속 5회를 이긴 팀이 4팀이 생기게 되면 토너먼트 방식으로 경합을 벌여 최종 기장원과 기차석을 뽑는 퀴즈 프로그램이었다.

학교에서도 이 프로그램에 나갈 선수들을 구성하는 예비 경연을 벌인 모양이었다. 이 치열한 예비 경연에서 아들이 우수한 성적으로 당당히 대표선수로 발탁되었다. 치열한 예비 경선을 뚫고 선발된 4명의 퀴즈 풀이 선수들이 이 학교의 대표선수들로 구성되었다.

그동안 TV에서만 보던 두뇌 경연 프로그램에 아들이 참가하는 한다고 하니 더욱 관심이 생겼다. 첫 대회를 촬영하는 날, 방송국 스튜디오에 가서 지켜보며 응원하는데, 통쾌한 대결 끝에 승리로 이끈 우리 팀 선수들 모습이 대견하고 무척 흐뭇했다. 그 이후에도 대표선수들은 매주 승승장구하며 연 5회를 한 번도 흔들림이 없이 우승을 향해 나아갔다. 참으로 자랑스러운 선수들이었다.

결국 우리 팀 선수들은 5주 연속 승리를 거뒀다. 이제 예선을 거쳐 올라온 4팀이 토너먼트 방식으로 경합을 벌이게 된다. 정말 손에 땀을 쥐는 경기였다. 첫 번째 토너먼트에서 우리 팀이 상대팀을 멋지게 이기고 결승에 올랐다. 마지막으로 결승에 오른 팀을 이기면 또 한 번의 역사를 쓰는 좋은 기회를 맞게 된다.

그런데 상대는 천하무적의 팀이었다. D외고 3학년생들로 이미 대학이 결정된 학생들도 있었다. 이 학생들은 일찌감치 5승을 거두고 그동안 5승을 거두고 올라오는 팀을 오랫동안 기다린 백전노장의 선수들이었다. 그리고 상대는 애송이 같은 고등학교 1학년생 팀이었으니 결과는 불을 보듯이 뻔했다.

이번 대결에서 진다고 해도 손해 볼 것이 없는 우리 팀은 화이팅을 외치며 상대와 한 문제 한 문제씩 차분히 풀어 나갔다. 총 2라운드의 경기를 벌이며 합산된 성적으로 승자를 가리는 경기였는데 전반전에 우리 팀이 의외의 선전을 하며 크게 앞서 나가기 시작했다. 형님 팀이 의외의 복병을 만난 듯 당황하는 기색이 역력했다. 전반전은 우리 팀의 선수들이 큰 점수로 이기며 끝났다. 그러나 문제는 후반전인 2라운드였는데 2라운드는 한 문제당 점수 비중이 1라운드보다 훨씬 컸으며 문제의 난이도도 훨씬 높았다. 여기에서 백전노장의 진가가 드러났다. 백전노장의 팀은 한 문제씩 맞춰나가며 점수 차를 좁히더니, 결국은 우리 애송이 팀과 막판까지 가는 접전을 벌였다. 결국 마지막 문제에서 신승을 거두며 영예의 기 장원을 차지하고, 우리 팀은 아쉽게 기차석을 차지하였다. 1학년생으로 형님들을 만나 최선을 다한 우리의 전사들을 칭찬하고 독려했다. 아들의 학창시절에서 경험한 또 하나의 독특한 성과물이었다.

겉으론 화려한 성과물을 내던 아들에게는 결정적인 아킬레스건 같은 것이 있었다. 그것은 학교성적 관리였다. 당시 이 학교도 다른 특목고처럼 각 중학교에서 우수한 학생들이 대거 입학을 하면서 학교 성적 관리에 특별히 신경을 썼는데 아들은 그렇지 못했다. 그렇다고 성적이 나쁜 것은 아니었다. 평균 95점 이상을 유지하는 우수한 성적을 보였지만 성적을 워낙 열심히 관리하는 아이들이 많고 머리 또한 우수한 아이들이라, 아들처럼 열정적이지 못한 학생들이 상대평가 점수가 낮았다. 그것은 상대적으로 성적 관리에 게으른 아들의 취약한 부분이었다.

그리고 아들은 동아리와 같은 학교활동에 필요성을 느끼지 못하며 동기부여가 약했었다. 그리고 결정적인 것은 앞서 설명을 했지만 아들은 수학에 심취하고 싶었는데 수학을 공부할 수 있는 환경이 아니어서 시간이 지나면서 어학에 특성화된 학교 시스템에 매력을 느끼지 못했다. 그 때부터 아들은 개인적으로 음악에 몰입하게 되었다. 아들은 작곡에 관심을 가지고 있었다. 학교 공부를 하면서 습작을 하기 시작한 것이다. 그리고 대학도 자신이 좋아하는 수학과 음악을 복수로 전공할 수 있는 대학을 찾아 나서기 시작했다.

유별나게 자신이 좋아하는 것 외에는 다른 것은 크게 관심을 갖지 않는 아들이었다. 자신이 원하는 것에는 무서운 집중력을 발휘했고 나머지는 무관심한 성격이었다. 그래서 다양한 학습과 학교활동 등의 관리를 통하여 전인적인 모습을 갖추는 데는 성공적이지 못한 아쉬움이 남아 있었다.

그렇게 중요한 고등학교 2학년의 시간은 흘러갔다. 일찌감치 아들은 미국대학에서 요구하는 소정의 학문적인 성적을 2학년 초에 다 이루어 놓았다. 그렇다고 대학이 그 사실을 알 리는 만무했다. 대학의 입학 사정관은 입학 서류에 적힌 성적만을 볼 뿐이지 그 성적을 남보다 일찍 취득했다고 그 학생이 더 뛰어나다는 것을 판단할 수 있는 변별력이 서류상에는 어디에서도 찾아볼 수 없었다.

결국 끝까지 포기하지 않고 막판까지 시험을 보며 최고의 성적을 제출하는 학생들의 성적과 일찌감치 취득한 아들의 성적에는 서류상 큰 변별력이 없었다. 학교 측에 이야기 할 수 없는 아쉬운 부분이었다. 그러면 이미 많은 것을 이룬 아들은 다른 면에서 더 성과를 내면서 풍성한 업적을 보였으면 좋았을 텐데 그렇지 못했다. 아들은 다른 특기 적성 활동에 점차 흥미를 잃어가는 듯 했다.

019

과감한 포기

미국에서 돌아온 나는 회사 내의 경쟁에서 뒤처지지 않고 맡은 바 소임을 감당하며 점차 핵심 리더의 모습으로 성장해 갔다. 회사는 미국에서 돌아오던 2002년 최악의 경영난을 기적처럼 넘기고 있다. 황금알을 낳던 자동차사업선단을 고가에 매각 했고, 해운 경기가 급작스런 저유가의 호재에 힘입어 극적으로 영업이 살아나기 시작하면서 경기회복의 급물살을 타기 시작했다.

회사는 극적으로 회생했고 구성원들의 얼굴에도 서서히 웃음이 찾아왔다. 어려울수록 웃자고 노래를 부른 내 삶의 철학은 보란 듯이 성공했다. 물론 회사의 경영이 회복되어 웃는 얼굴이 찾아왔지만 평소에 늘 긍정적인 마인드로 어려울 때 웃을 수 있는 사람이 진정 위기를 극복할 수 있는 것이라는 나의 지론을 다시 한 번 증명했고, 그것은 그 이후 내 평생의 인생관이 되었다.

〈위기에 웃을 수 있는 자!! 이는 곧 진정한 승리자가 될 수 있는 성공인자를 갖춘 자!〉

라고 정의했다.

회사는 정상화의 길을 회복하면서 조직이 새로 정비되었고, 조직의 활성화 프로그램이 조직 내에 접목되었다. 한동안 거의 자취를 감추었던 복지제도도 정상화를 넘어 추가적인 제도까지 마련되기 시작했다. 몇 년간 동결되었던 급여수준도 시장의 경쟁사보다 우월한 위치까지 회복되었다. 회사는 다시 일하기 좋은 일터로 하루하루 변모해 나갔다.

교육프로그램도 옛날보다 더 다양해졌다. 직원들이 원하는 대로 자기 계발을 위한 다양한 형태의 교육프로그램이 마련되어 선택의 폭이 넓어 졌다.

당시 회사에서는 떠오르는 중국 시장의 잠재력을 믿고 중국 쪽으로 많은 투자를 하고 있을 때였다. 나도 중국에 관심을 가지고 중국어에 도전해 보고자 했다. 한자[漢字]를 많이 알고 있는 점이 중국어를 공부하데 매우 유리했다. 평소 중국어를 공부하는 것은 내가 이루고 싶은 꿈 중에 하나였기에 본격적으로 중국어를 틈틈이 공부했다.

그러던 2004년 어느 날, 영업 본부장이 중국어를 공부하는 나에게 관심을 보였다. 그 때서야 본부장님이 나를 중국 상해 지점장으로 내정해 놓았다는 사실을 짐작할 수 있었다.

아들이 용인외고의 입학 통지서를 받게 되었을 즈음, 회사에서는 연말 인사위원회가 열렸다. 그 인사위원회에서 나는 최고의 인사고과를 받고, 중간관리자들을 대표하여 포상을 받게 되었다. 게다가 중국 상해의 주재원으로 내정을 받았다. 그 해 아들의 특목고 입학에 더하여 회사에서는 출세가도를 보장받는 경사스러운 일들이 대거 일어나면서 나는 가눌 수 없는 기쁨으로 정신을 차릴 수가 없었다. 살아가면서 가질 수 있는 최고의 기쁨과 행복을 느끼며 이 행복이 정말 언제까지 이어질까 궁금하기도 하였다.

모든 일은 잘 진행이 되어가는 가운데, 새로운 고민이 시작되었다. 그것은 바로 중국 상해 지점장으로 발령을 받아 중국 주재원을 나가야 할 운명이었다. 사실 그 때 중국의 상해 지점장 자리는 고참 부장이나 임원들이 나가기를 원하며 모두가 탐내는 자리였는데, 이제 막 부장 직급을 단 초년생 부장에게는 더없이 영광스러운 자리이기도 했다.

그러나 나의 생각은 좀 달랐다. 그 해는 내가 미국에서 들어온 지 2년 여 밖에 안 된 시점이었다. 통상 4년이란 기간을 두고 본사와 해외 주재원을 오가는 것이 전통적인 관례였다. 그런데 내가 그 관례를 깨고 상해 주재원으로 특파되는 것은 분명 영광스런 일이었다. 그러나 그 해 아들이 그 어렵다는 특목고에 진학하였고, 나중에 안 사실이지만 우수한 학생들이 겨루는 시험에서 최고의 자리인 전체 수석입학의 영예를 안았다는 사실이 나를 망설이게 했다.

만일 내가 중국 주재원의 자리를 선택하여 나가게 되면 아들의 학습 매니저 역할을 더 이상 할 수 없다는 위기감이 생겼기 때문이었다. 아들을 가까이에서 지키며 더욱 훌륭한 프로선수로 양성을 해야겠다는 사명감이 투철했고 남달랐던 시기였기에 더욱 그랬다.

물론 회사의 결정이나 명령을 내가 선택할 입장이 아니라는 것도 잘 알고 있었다. 다만 그 주재원의 자리는 아직 최종 인사위원회의 결정을 남겨 놓고 있던 상황이라 뒤집을 가능성은 얼마든지 있었다. 그것은 인사권을 가진 대표이사와 나를 주재원 후보로 추천하고 마지막 영향력을 행사할 영업 본부장의 절대적인 권한의 문제였음을 잘 알고 있었다. 한 때 인사과장 이었던 나는 이런 선발 절차를 잘 알기에 마지막 최후의 수단을 한 번 사용하기로 했다.

월요일 아침 8시로 예정된 최종 인사위원회가 열리기 전날인 일요일 오후, 예배를 마치고 교회 가까이에 있던 회사에 들렀다. 그리고 기도하는 마음으로 마음에서 우러나는 진정성 있는 장문의 문서를 준비했다. 현실적이면서 나의 심정을 고스란히 담은 문서의 내용을 요약하면 이러했다.

'상해 지점장의 자리는 나의 능력에 비해 과분한 자리이며 그럼에도 분명 영광스러운 자리임을 알기에 감사드린 후, 이번 명령을 피할 수만 있다면 가능한 한 피하고 싶다고 했다. 그 명분은 내가 미국에서 복귀한지 아직 2년 여 밖에 지나지 않았고, 가정에서는 아들이 이번에 고등학교를 입학한 처지라 나 홀로 주재원을 나가야 하는 상황이라는 것이었다. 혼자 나가게 되면 일에 집중하기가 힘들어 일의 효율성이 저하 될 수도 있지 않겠느냐는 논리였다. 그러나 그럼에도 만일 회사가 나가라는 최종 명령이 있게 되면 나갈 마음의 준비는 되어 있다.'

기도하는 마음으로 작성한 문서를 영업본부장님의 이메일로 전송 한 후 귀가했다. 그 다음 날 평소와 같이 새벽 일찍 회사에 출근하였다. 나의 자리는 바로 영업 본부장실 앞자리에 있었기에 일찍 출근하신 본부장님과 쉽게 대면할 수 있었다. 본부장님은 마주 앉은 나에게 대뜸 물어 보셨다.

"최 부장!! 남들은 가지 못해 안달하는 노른자위 같은 좋은 자리를 특별히 만들어 줬는데 정말 못 간다 말이가?? 나중에 후회하면 안 된데이?"

"네!! 후회하지 않겠습니다. 회사가 가라면 가겠습니다만 피할 수만 있다면 지금은 그 길을 택하고 싶습니다. 전무님!"

알겠다는 표정을 지으시며 본부장님은 최종 인사위원회의 회의에 참석했다. 몇 시간이 흘렀다. 주사위는 던져졌다. 나는 담담하게 그 결과를 기다렸다. 한참 만에 인사위원회를 마치고 나온 본부장님은 나와 팀장을 방으로 호출했다. 그리고 대뜸 나를 보고 짐을 싸라고 하신다. 영문을 몰라 어리둥절 하는 나를 바라보면서 영업본부장님은 이렇게 말씀하는 것이었다.

"최부장은 오늘부터 총무부장자리로 옮기게 됐데이. 상해지점장 자리를 피하다가 회사살림을 도맡아서 하는 어려운 총무부장 자리로 가게 됐데이. 니, 이자 거 가 죽어 보그레이!"

내가 가기로 예정되어 있던 상해 지점장 자리는 나의 고참 선배인 당시 총무부장이 선택을 받아 가게 되었고, 공석이 된 총무부장의 자리를 내가 맡게 되었으니 나는 할 말이 없었다.

사실 그 당시 우리 회사의 총무부장 자리는 회사의 인사팀과 총무팀을 아우르며 직원들의 인사관리와 회사의 살림살이를 도맡아서 해야 하는 실로 엄청나게 버거운 자리였다. 이제 갓 부장의 타이틀을 단 나로서는 어떻게 헤쳐 나가야 할지 막막한 상황이었으나, 그 당시 나는 해외로 나가지 않는 것 만해도 일단은 성공한 기쁨에 그 다음 일은 생각하고 싶지도 않았다. 하나씩 닥치면서 해나가면 된다고 생각했다.

나는 내 아들의 성공적인 미래와 나의 야망을 송두리째 바꾸었다. 그리고 추호도 후회가 없었다.

020

떠날 수 없는 발걸음

일찌감치 많은 것을 이뤄 놓은 아들에게 새로운 도전에 대한 동기 부여가 필요했다. 그것은 아들이 제일 좋아하는 수학에 대한 열정과 더 깊이 몰입할 수 있는 학습 환경이었다. 그런데 아들이 운명처럼 배정받은 학교는 외국어를 특수 목적으로 하는 신생고등학교였으니, 수학을 심층적으로 공부할 수 있는 여건이 마련되지 못했다.

아들의 수학사랑은 대단한 것이었다. 다른 것은 몰라도 수학에 관한 것이라면 스스로 열정적으로 움직이는 모습을 보였다. 학교에서 이미 아들은 'Math-Boy Choi'로 통했다. 수학에 관한한 이 학교에서 아들은 거의 마스터의 수준이었다. 이 즈음, 전국적으로 과학고 학생들을 대상으로 한국에서 가장 권위가 있다고 하는 수학경시대회가 열리고 있었다. 그 중에 하나가 아들도 큰 관심을 가지고 참여를 하였던 대한수학회에서 실시하는 KMO 수학경시대회였다. 중학교를 졸업하면서 심층 수학에 대한 공부를 더 이상 할 수 없었던 아들은 날이 갈수록 수학에 경지를 더해가는 같은 또래의 다른 수학 영재들과 정보 나눔과 교류를 지속하고 있었다.

그때까지 수학경시대회에 출전하여 꾸준히 동상銅賞 정도의 실력을 유지하였는데 그것도 대견하다는 생각을 했다. 아들이 학교 공부는 물론 미국 대학에서 요구하는 소정의 구비조건들을 갖추도록 독려하고 어떻게 준비해야 하는지를 나는 회사 생활과 병행하며 틈틈이 고민해 왔다. 자신이 좋아하고 몰입하고 싶은 것 외에는 거의 관심이 없어하는 아들에게 새로운 동기를 부여한다는 것은 정말로 어려운 일이었다.

그러다 보니 자연히 아들과 대화할 시간을 많이 가지게 되었다. 지금 생각하면 상호 소통하는 대화의 시간이라기보다는 매니저의 목표와 계획을 일방적으로 주입하는 정신교육의 시간이었다. 그럼에도 조직에서 교육받으며 세련되어진 대화법과 감동의 스토리텔링을 적절히 구사하며 아들에게 전하는 조언은 아들의 마음을 감동시키고 움직일 수 있는 절대적인 힘이 있을 것이라 자부했다.

늘 아들과 대화를 마치고 난 후 나 스스로 대견해하던 모습을 나는 지금도 생생히 기억한다. 나는 아들과 아름다운 동행을 하며 지혜롭게 많은 시간을 나누고 아들을 기막히게 조련하는 한편, 회사의 생활도 균형 있게 잘 유지하는 대단히 능력 있는 인물이라고 스스로에게 칭찬을 아끼지 않았었다. 그리고 그런 아버지의 세심한 지시에 겉으로 보기에 지극히 순종적으로 잘 따라와 주는 아들이 늘 고마웠다.

그러던 중 회사에서 갑작스러운 해외 주재원 인사발령을 받게 되었다. 위기의 상황을 잘 극복하고 안정적으로 발전하던 회사가 전체적으로 해외 조직의 변화를 단행하기 시작했다. 원래 영업에 특화되었던 나는 2년여를 몸담았던 인사 겸 총무팀장의 자리에서 벗어나 전격적인 해외 영업주재원의 자리에 보직 발령을 받게 되었다. 내가 가기로 되어 있는 주재원의 자리는 독일 법인장의 자리였다. 당시 독일 법인장의 자리는 임원이 그 자리를 맡고 있었다. 그만큼 유럽지역에서 취급하는 물동량도 제일 많았고 영업뿐 아니라 운영 및 관리 측면에서도 매우 중요한 요충지인 소위 유럽지역의 노른자위 영업지역이었다.

2년 전 중국 상해에 이어 나에게는 양보할 수 없는 또 다른 중요한 기회의 땅이었다. 그런데 아직도 나에게는 해결되는 않은 문제가 있었으니 그것은 바로 아들의 문제였다. 당시 아들은 신생 고등학교에서 가장 유명한 소위 간판스타였고, 학교에서 아들의 대외적인 홍보효과의 비중은 실로 엄청난 것이었다. 이를 알기에 더욱 결정하기 힘든 상황에 봉착하게 됨을 느꼈다.

이번에는 회사의 단호한 명령을 두 번 다시 피해갈 길이 없었다. 그 길을 피해간다는 것은 결국 내가 회사를 포기해야 한다는 절대 절명의 길이라는 것을 잘 알고 있었다. 그런 나는 회사의 명령을 그대로 받아들인 후 그 다음 수순으로 가족과 아들의 거취를 어떻게 할지 정해야 했다.

하나는 나 혼자 독일법인에 단독 부임하고 아들이 고등학교를 졸업하는 1년 4개월 이후에 가족이 독일로 와서 합류하는 것과, 또 하나는 아들과 가족들이 함께 독일로 가서 독일에서 학교를 다니며 미국 대학을 준비하고, 딸아이는 중학생이었으므로 자연스럽게 독일 국제학교에 편입하는 선택지였다.

일단 여기에 생각이 이르자 나는 학교 측과 이 문제를 놓고 협의하기로 했다. 아들이 다니는 학교의 교감선생님을 수원의 한 식당에서 만났다. 일단 나의 독일법인 부임을 말씀 드린 후 아들을 독일로 데리고 갈 경우 대학진학 준비에 어떤 불편함과 난관이 있겠느냐고 물었다. 교감선생님은 깊게 생각하지도 않고 아들의 독일 행을 말리기 시작했다. 그 명분과 배경은 예상은

했지만 대강 이러했다.

아들은 지금 신생고등학교의 위상을 높이고 짧은 기간 안에 명성 있는 고등학교로 자리매김하는데 절대적인 일등공신의 역할을 하고 있고 앞으로도 더욱 그 역할이 클 것이다. 그리고 아들이 독일로 학교를 옮기게 되면 가장 중요한 고등학교 2학년 말의 시기에 적응하기에 바쁠 것이기에 역효과가 생길 수 있다는 염려를 예로 들었다.

그리고 학교에서는 아들의 대학 진학을 위하여 미 대학을 다니며 별도의 특별한 홍보를 할 예정이므로 절대적으로 아들의 한국 체류를 결정해달라는 완곡한 부탁을 들으니 오히려 결정하기가 더 어려워졌다. 가족회의를 통해 우리의 입장을 최종 결정하여 학교 측에 통보해주기로 했다.

가족이 모여 아들의 중요한 운명을 결정하기 위한 길을 논의했다. 사실 논의라기보다는 모든 정황을 살피고 판단해야 하는 나의 손에 달려 있던 문제였다. 여러 가지 경우의 수를 나열해 놓고 나는 최고의 승률을 낼 수 있는 경우의 수를 찾아 최종적으로 아들의 한국 체류를 결정했다.

그리고 2006년 10월 20일 단신으로 독일 법인장에 부임했다. 아들의 고3생활을 한국에서 책임을 지기 위하여 아내가 그 역할을 감당하기로 하고 딸은 내가 독일에서 어느 정도 자리를 잡고

난 후 이듬해인 2007년 6월경부터 맡기로 했다.

정든 가족의 배웅을 받으며, 나는 가족과의 3번째 장기 이별을 위해 독일 함부르크 행 항공편에 올랐다. 뒤로는 아들의 그림자 같은 매니저 역할을 마무리하지 못한 아쉬움을 남겨 둔 채로….

떠나기 전에 나는 아들에게 신신당부를 했다. 당부라기보다는 매니저로서, 또는 일종의 군사령관으로서 전장에 나가는 아들에게 장수로서의 결연하고 비장한 이야기였다. 그리고 독일에 가서도 자상한 내가 아들을 멀리서 원격 조정하리라 마음먹었다. 그것이 내가 아들을 위해 할 수 있는 최선의 역할이라고 생각하면서….

아들은 자신이 최선을 다할 테니 걱정하지 말라며 장도를 떠나는 나를 위로하지만 홀로서기가 되어 있지 못한 아들이 내심 불안하기만 했다.

021

리모트 콘트롤

독일에서의 처음 정착생활은 만만치가 않았다. 독일 법인장으로서 나의 역할은 매우 막중한 자리였다. 일단 유럽에서 가장 많은 물량을 취급하는 곳이었고, 독일 내에서도 영업지점을 5개나 관리해야 했다. 이외에도 독일의 인근 지역인 체코슬로바키아와 오스트리아 그리고 폴란드를 포함하는 넓은 지역의 영업을 담당하였고, 같은 지역에서 물류에 대한 운영과 인사 및 관리까지 총괄하는 자리였다. 처음 1년간은 현지에 적응하느라 정신없이 시간이 흘러갔다.

아들에게는 제일 중요한 시기인 2학년 말에서 3학년 초까지의 시간에 해당되었다. 그동안 인생의 매니저로서 함께 해오던 내가 갑작스럽게 손을 떼니, 능수능란한 매니저의 관리에 익숙해있던 선수인 아들이 당황하였을 것 같은 불안감이 상존했다.

아들과의 교신은 주로 이메일로 이루어졌다. 나는 바쁜 와중에도 늘 아들과의 소통을 위하여 틈틈이 신경을 썼다. 그때 나는 이메일을 통해 내 심정을 피력했다.

정혁아 아빠를 더 이상 힘들게 하지 마라. 아빠 너무 힘들다. 너라도 아빠의 힘을 덜어 주기 바란다. 힘을 덜어주기 위한 너의 할 일, 아니 이미 했어야 할 일과 꼭 해야 할 일을 간략히 정리하여 보낸다. 너의 2학기 스케줄 작성에 꼭 참고하기 바란다.

1. Camp Evaluation Form : 이것은 학교 들어가기 전인 명일 중 (8월 17일) 끝내고 발송해야 한다. 꼭!

2. KMO 준비 : C. E. F.와 함께 8월 17 - 18일 양일간에 걸쳐 틈틈이 한다. (정리하면 학교 들어가기 전에는 설문지와 KMO 준비에만 신경을 쓴다.)

3. 인턴쉽 과제 : 이 과제도 오래 끌 수 없는 일로 지금까지 네가 찾고 읽은 자료를 토대로 각 주제 당 3-4 A4 분량을 영어로 작성하여 너의 의견을 첨부하여 다음 주 중으로 보내기 바라며 보낼 때 아빠에게도 CC로 보내 주기 바람. 정혁이는 인턴쉽이 없어서 큰 약점임. 꼭 보강해야 함.

4. 삼성장학회 온라인 신청 : 주어진 양식에 따라 입소 후 차근차근 Draft 준비하고 얘기한대로 다음 주말 외박 신청하여 마무리하길 바란다. 다음 주말 준비된 Draft를 아빠가 한 번 보고 첨삭을 한 후 최종판을 보내도록 한다. (최종판 보내는 날짜 : 8월 26일 밤 또는 27일)

작성 시 주의할 점 : 정혁이가 성취한 업적을 가능한 중요 순서대로 빠짐없이 기록하고 에세이와 자기소개서 그리고 장래의 진로에 대해서는 인상적으로 느낄 수 있도록 쓰기 바람.

엄마는 이와 별도로 우편으로 보낼 서류를 꼼꼼히 챙겨서 안전하게 8월 30일 이전에 도착할 수 있도록 준비함

5. Project : Computer Science 분야의 프로젝트를 졸업 논문 대신으로 준비하고 빠른 시일 내에 가능한 8월 중 팀을 결성하여 (이미 늦은 감이 있다) 주제와 연구 방향을 토의하고 진행한다. 팀을 구성하여 IT 선생님께 상담하는 것이 급선무. 대학교 입학 전형 시 상당히 중요하리라 생각됨

6. 졸업논문 : 100% 제출이 아니라면 상기 Project로 대체하기 바람

7. SAT II : 롸이언 샘이 조언한대로 균형을 맞추기 위한 과목인 인문과목 중 Literature를 선택하여 시험 준비하고 미리 신청하기 바람(엄마는 정혁이에게 물어보고 교재를 사주기 바람) : 9월 중 병행하여 공부해야 함

8. Essay : 이 부분은 대학 입학 자료 중 변별력을 요하는 가장 중요한 부분으로 아주 Outstanding하고 Impressive 해야 함. 소재 또한 참신하고 독창적인 것이 어필할 가능성이 많음. 그리고 무엇보다 진솔하게 쓰는 것이 중요하므로 이런 요소를 겸비한 소재와 구성을 차근차근 준비하기 바람 에세이 구성 노트를 별도로 준비 하여 평상시에 틈틈이 밑그림을 그리는 것이 시간 활용에 좋을 것임. 엄마가 별도로 체크하기 바람

(참고로 다른 우수한 입학생이 쓴 에세이집을 읽어보는 것도 한 방법임) : 이 부분은 이미 읽었어야 함.

에세이 소재 예시 : 아프리카 탐험 (생애 최초의 검은 대륙 답사 및 킬리만자로 등정, 한국 최초의 고교생 북한 봉사, 가깝고도 먼 나라 일본 문화 체험, 기타 사랑의 집짓기 등 순전히 본인의 경험을 중심으로... 중요한 것은 반드시 경험을 바탕으로 할 것)

9. GPA : 3학년 2학기 GPA도 신경을 써야 함. 정혁이는 이 부분이 가장 약점이므로 끝까지 만회하기 바람.

10. IBT : 필수 제출 항목이므로 꼭 봐야 함. 학교 선생님과 상의하여 단체로 치를 수 있는 방법을 모색해야 함. 이 부분은 정혁 엄마가 롸이언 선생님께 함 여쭤보기 바람. (삼성 장학회에는 이전의 CBT를 제출하면 됨)

11. 기타 각종 시험 및 학교 추천의 단기 인턴쉽 : 있으면 우선적으

로 시행하여 보충하기 바람.

이상 생각나는 것을 정리했으나 혹시 빠진 것이 있으면 별도로 보충하기로 하고 정혁이도 이 이외의 것 중에서 꼭 필요한 부분 있으면 준비하기 바람. 열정이 없으면 아무 일도 일어나지 않는다.
마지막 불꽃을 태우기 바란다. 이제 아빠가 정혁이로 부터 해방되고 싶다. 아빠 좀 도와주기 바란다. 그럼 좋은 소식 기다린다.
-멀리 독일에서 너무 힘든 아빠가-

독일에서는 한국처럼 원활하게 소통이 이루어지지 않았다. 이미 많은 것을 이루어 놓은 아들은, 이제 새로운 도전에 대한 흥미를 잃어가는 듯했다. 그렇다고 다른 일에 적극적인 의욕을 보이는 성격이 아니어서, 새로운 것을 시작한다는 것은 더더욱 어려웠다. 그렇게 시간이 흘렀고, 아들은 고등학교의 마지막 과정을 남겨두게 되었다.

다른 학생들과 한 동안 큰 차이를 보이던 미국 수능고시인 SAT의 성적은, 고등학교 3학년이 되면서 격차가 점차 줄어들었다. 아들은 관련과목에서 일찌감치 성적을 취득해 놓았지만, 시험 사정관에게 그것이 긍정적인 효과를 나타내지 못하였다. 또 그럴 방법도 딱히 없었다.

독일 주재원으로 근무를 하면서 아들과 소통을 하였지만, 아들은 이제 자신이 할 수 있는 최소한의 일에만 소일하였고, 더 이상 이루어야 할 부분이 없었다. 그 때부터 아들은 수학 공부와 함께 음악에 심취하게 되었는데, 그것은 작곡분야였다. 그리고 대학의 방향을 수학을 전공하면서 음악을 복수전공할 수 있는 대학을 찾기 시작하였다.

3학년 2학기가 되면서, 학교에서는 본격적으로 미국대학을 진학하기 위한 희망학교 리스트를 받았다. 나는 아들이 원하는 대학이 우리가 원하던 MIT대를 포함하여 미국의 아이비리그의 이름만 들어도 알만한 대학을 갈 것으로 생각했었다. 아들에 기대를 걸고 있던 학교 측에서도 아들의 아이비리그 대학진학을 기대하고 이미 대학 측에 아들의 성과에 대하여 홍보를 하였던 모양이었다. 그런데 정작 아들은 아이비리그를 원하지 않았다.

이미 학교에 제출한 자신이 원하는 대학의 리스트를 나에게 보내왔는데, 이름도 들어 보지 못한 대학이 즐비했다. 단 하나, MIT를 제외하고는 다른 대학은 우리가 이름을 들어보지 못한 대학이었다. 소위 리버럴 아츠 칼리지Liberal Art College라고 하여 우리나라로 말하면 단과대학들이었다.

이 리스트를 받아 본 나는 무척이나 실망을 하였다. 나중에 알고 보니, 이 학교들은 미국에서 나름 유명한 리버럴 아트 칼리지였는데, 아들이 이 학교들을 택한 이유는 아들이 원하는 수학과 음악을 마음 놓고 공부할 수 있기 때문이라는 것이었다.

그리고 모든 대학은 자신이 장학금을 받아야 할 것이기에 Full Scholarship을 받는 조건으로 입학 전형서류를 제출했다고 한다. 학교에서도 다소 당황하는 모습이었다. 아들이 학교를 대표하여 학교의 간판스타답게 아이비리그에 입학원서를 써줄 것을 기대하고 권유했지만, 아들은 자신이 진정으로 가고 싶은 대학에 가기를 원했다.

그 대학은 MIT와 함께 그보다 더 자신이 원한 대학은 미국 캘리포니아 주에 소재하고 있었던 수학 과학 전문대학으로 리버럴 아트 칼리지인 〈Harvey Mudd College〉 였다.

아들이 이 대학을 가고 싶어 하는 이유는 두 가지였다. 하나는 이 대학과 Consortium을 이루고 대학 중에 음악을 함께 복수 전공할 수 있다는 특혜와 또 이 작은 초소형 공과대학이 미국 단과 대학 중에서는 수학 과학 분야에서는 최고의 권위 있는 대학이라는 것이었다. 후에 알게 된 사실이지만, 이 학교는 전교생이 800명이고 수학과 과학 분야에서 최고의 영재들만 모이는 우수한 대학이라 이 대학을 절실하게 가고 싶다는 것이었다.

아들이 성장하면서 자신이 원하는 것에 대한 고집을 꺾을 수 없다는 것을 알게 되었다. 우리는 아들의 선택을 존중해주었다. 대신 Full Scholarship으로 신청한 MIT대학에서 Admission을 받게 되면, 우선적으로 그 대학에 입학한다는 것을 조건으로 다짐을 받아 놓은 것이 그나마 아들과 타협한 알량한 성과였다.

엄마 아빠께 드리는 편지

1. 죄송

다른 어떤 말씀도 드리기 전에 일단 죄송하다는 말씀을 드리고 싶습니다. 이유가 어찌 되었든 이런 식으로 부모님께 쓸데없는 걱정을 끼쳐 드리는 것은 옳지 않았고, 또 이걸 알고 있으면서도 아무 연락도 드리지 않은 것은 저의 심각한 잘못이라는 것을 알고 있습니다. 지금부터라도 부모님과의 지속적인 연락과 커뮤니케이션을 통해서 효율적이고 (떨어져 있더라도) 화목한 가정을 만들어 나가는 데 최선을 다해서 돕겠습니다.

2. 대학

라이언과의 미팅에서 정했던 8개의 대학 리스트를 받은 후에 저는 상당히 찜찜한 기분을 떨쳐버릴 수 없었습니다. 물론 카운슬러 선생님이 저를 나름대로 잘 파악하셔서 권해 주신 대학들이었겠지만, 제 자신이 대학에 대한 아무런 research도 하지 않고 그저 따라가기만 하기에는 (제 미래라는) 너무 커다란 것이 달려 있었기에 도저히 (늦게라도) 저 혼자만의 조사를 하지 않고는 못 배길 것 같았습니다. 그렇게 머리를 싸매고 상당히 오랜 시간을 조사하고 헤매고 엄선한 결과, 저의 최종 지원할 대학 명단은 아래와 같습니다.

Stanford University

Massachusetts Institute of Technology

Pomona College

Harvey Mudd College

Carleton College

Oberlin College

Wesleyan College

Grinnell College

Bowdoin College

제가 이 대학들을 (그리고 이 외에 10여 개의 대학들을) 조사할 때에는 저 나름대로의 조건을 세우고 그 기준에 맞추어 각 대학의 특성을 찾아 평가했습니다. 제가 생각하는 전공이 수학이니만큼 수학과의 수준이 높은 곳, 또 부수적으로 음악을 공부하고 싶어 하는 만큼 음악 공부/연주/감상의 기회가 많은 곳, 저의 학업적 특성에 맞게 개인적인 관심을 많이 줄 수 있는 학생 수가 상대적으로 적은 학교, 경쟁심에 불타오르는 이기주의적인 학생보다는 열정적이지만 동시에 협동심과 배려의 미덕을 가진 학생이 많은 학교, 직업과 돈 벌기를 위한 교육이 아닌, 학문적 관심에 바탕을 둔 순수한 배움을 선사할 수 있는 학교 등, 제가 아는 제 자신을 최대한 고려해서 〈다른 학교에서 모두 떨어지고 이 학교 하나만 붙어도 엄청나게 기뻐할 수 있고 즐겁게 다닐 수 있는〉 학교만 선정하려고 노력했습니다. 그렇게 대학을 정하고 나니 liberal arts college가 9개 대학 중 7개나 차지하게 되었습니다. 엄마 아빠의 편의를 위해서, 또 제 자신에게 더욱 확신을 세우고 싶기도 하기 때문에, 제가 각 학교를 조사하면서 느낀 장점과 특징 등을 아래에 간략하게 설명해 드리겠습니다.

1. Stanford University

사실 Stanford는 제가 수학 캠프에 갔다 온 이후로부터 줄곧 〈확실한 지망 학교〉가 되어 있었습니다. 하루도 거르지 않고 완벽에 가까웠던 날씨라든지, (지금은 대부분 빠졌지만) 저를 8kg나 살 찌게 한 굉장한 수준의 급식 같은 표면적인 조건으로만 봐서라도 확실히 Stanford는 끌리는 학교였지만, 저의 진로가 저의 미래의 방향을 결정하는 만큼 확실하게 조사하고 싶었습니다. Stanford는 모든 분야에서 우수함을 인정받은 종합 대학으로서 저의 음악을 겸한 수학 공부를 하는 장소로서 손색이 없고, 또 학업적으로 상당한 노력과 열정을 요구함과 동시에 비교적 느긋한 분위기는 왠지 저와 잘 맞을 것 같았습니다. 또, 세계에서 2번째로 넓은 캠퍼스는 대학생활을 공부만으로 보내고 싶지는 않은 저에게 수많은 색다른 기회를 제공해 줄 것입니다.

2. Massachusetts Institute of Technology

MIT도 Stanford처럼 제가 옛날부터 가고 싶어 했던 대학이었습니다. 저는 MIT 관련 조사를 할 때에는 "내가 거기에서 원하는 만큼 음악 공부/활동을 할 수 있을까"였습니다. 알고 보니, MIT에는 Music Department가 아예 따로 있는데다가 그 수준이 매우 우수하다는 평가를 받는다고 합니다. 제가 MIT에 진학하지 않는 단 하나의 경우가 있다면 그것은 MIT가 저를 불합격 시킨 경우일 것입니다.

3. Pomona College

어쩌면 여기서 제가 왜 Caltech를 뺐을지 궁금해 하실 지도 모릅니다. 제가 Caltech에 관해 조사할 때에도 MIT와 비슷한 부분을 조사했습니다. 하지만 MIT와는 달리 Caltech는 상대적으로 음악적인 기회가 적고 그 폭도 좁기 때문에 과감하게 지원 리스트에서 빼기로 결정했습니다. 어차피 Caltech은 학부 학생보다 대학원생이 많은 학교이기 때문에 제가 굳이 가게 될 운명이라면 대학원 때라도 가게 되겠죠. 아무튼, Pomona는 저에게 제 3의 dream school로서 상당히 괜찮은 대안이라고 생각합니다. Liberal arts college 중 가장 우수하다는 평가를 받고 있기도 하고, 또 중요한 수학과 음악 분야에서도 수준급의 교육을 제공하고 있기 때문입니다. LA에서 가까운 Caltech의 지리적 요소는 변하지 않으면서 (Pomona의 위치도 LA에서 가까운 Claremont에 있습니다) 다른 여러 모로 저에게 맞는 듯한 Pomona는 Stanford와 비슷한 〈느긋하지만 열정적인〉 특성까지 겸비하고 있어서 저에게 적절하다고 생각했습니다.

4. Harvey Mudd College

Harvey Mudd는 전교생이 800명 정원이고, 수학/과학 중심의 liberal arts college입니다. 위치는 Pomona와 같은 Claremont에 있는데, 둘 다 Claremont Colleges Consortium이라는 5개 liberal arts 대학 연합에 속해 있습니다. 이 5개 대학 연합의 어느 한 학교의 재학생이라도 나머지 4개 대학에서 원하는 대로 수업을 신청해서 듣고 또 그에 따르는 학점을 이수할 수 있습니다. 이 대학 연합의 목적은 liberal arts college의 소규모에서 얻을 수 있는 personal한 장점과 대규모의 대학에서 얻을 수 있는 resourceful한 장점을 동시에 얻기 위함이라고 하는데, 저에게는 이것이 정말 잘 맞을 것 같았습니다. 미 전역에서 수학분야 박사과정 배출순위 2위를 달리는 Harvey Mudd에서 우수한 수학과 과학 수업을 듣고 (1위는 Caltech, 3위는 MIT라고 하네요), 근처의 Pomona대학이나 다른 3개 대학 중 하나에서 Harvey Mudd에서는 받을 수 없는 우수한 음악 교육을 받을 수 있게 되는 것입니다. 또, 보너스로는 Harvey Mudd의 명예선언 (Honor Code)가 있습니다. 이 선언 덕분에 Harvey Mudd 재학생들은 교내의 모든 건물과 실험실 등에 24시간 access가 주어집니다. 또, 시험을 무감독으로 치를뿐더러 아예 기숙사에 가져가서 자기 나름대로 시간을 재서 풀어오라고 합니다. 학생에 대한 이런 절대적인 신뢰가 뭔가 멋져 보였습니다.

5. Carleton College

Carleton은 Harvey Mudd만큼 intensive하지는 않지만 상대적으로 수학/과학에 강한 liberal arts college입니다. 저는 이 대학을 조사하면서 뭔가 저의 성향과 정확히 맞아 떨어지는 듯한 재학생들의 특성에 매료되었습니다. "열정과 창의력, 그리고 톡톡 튀는 유머감각"이라는 재학생에 대한 묘사를 보고 저는 이 학교가 엄청나게 끌린다는 느낌을 바로 받았습니다. 보통 대학교에는 좋아하는 사람도 있고 그만큼 싫어하는 사람도 있게 마련인데, 이 학교는 평가가 이상하리만치 일관되게 좋았습니다. 공부는 절대 쉬운 것은 아니고, 모두들 열정을 가지고 최선을 다하지만, 공부에만 미쳐 사는 것이 아닌 "놀 때는 놀고, 공부할 때는 (계속 즐겁게) 공부하는" 분위기가 저를 사로잡았습니다. 수학과 음악은 물론, 어떤 학문이든지 즐기면서, 다른 학생들과 interact하고 토론하면서 배워나가는 것도 이 학교의 독특한 전통이라고 합니다. 제가 다른 학교에 모조리 붙는다고 하더라도 이 학교는 제가 진학할 수 있는 매우 유력한 후보가 될 것입니다.

6. Oberlin College

Oberlin의 가장 큰 특징은 Juilliard나 Berklee 못지않게 명성이 뛰어난 Music Conservatory (음대)를 상설하고 있다는 점입니다. 그렇기 때문에 음악을 공부하는 데에도 수준급의 수업을 받을 수 있는 동시에 음대생들이 많은 만큼 음악 콘서트나 공연 등을 통한 음악 감상의 기회가 많다는 점이 특히 끌렸습니다. 학교의 전체적 분위기는 Carleton과 비슷해 Carleton에 지원하는 학생들이 자주 같이 지원한다는 이야기도 들었습니다. 물론 수학 공부에도 전혀 지장이 없을 정도의 수준급 대학입니다.

7. Wesleyan University

Wesleyan은 다른 liberal arts college와는 다르게 200명 정도의 대학원생이 있어서 대학원 수준의 수업을 듣는 것이 가능합니다. 이 때문에 제가 수학을 아무리 미친 듯이 파고든다고 해도 절대 끝에 다다를 수 없는 학문적 깊이가 저에게 독특한 매력으로 다가왔습니다. 음악적으로도 이 학교는 절대로 뒤지지 않습니다. 오히려 다양한 외국 음악과 실험적 음악에 대한 관심과 가르침 등으로 독특한 입지를 구축하고 있어서 이것까지도 특이한 매력으로 다가왔습니다. Wesleyan은 동부에 있는 대학 치고는 독특하게도 그 동부 특유의 "프레피 공부벌레 습성"보다는 Carleton스러운 중서부적 특성이 강하다고 합니다. 또 하나의 큰 특징은 Freeman Asian Scholarship인데, 이는 아시아의 11개 국가에서 각각 2명씩을 뽑아 전액 장학금을 준다는 엄청나게 힘들지만 그만큼 매력적인 장학금 제도입니다. 저는 이것을 신청하는 도박을 해 볼 것인지, 아니면 그냥 지원을 할 것인지 고민하고 있습니다.

8. Grinnell College

Grinnell은 미국 liberal arts college 중에서 학생 1인당 endowment (기금)이 가장 많은 대학입니다. 즉, 부자 대학입니다. 그래서 캠퍼스 내의 웬만한 이벤트는 공짜로 참석할 수 있다고 합니다. 그리고 Grinnell이 위치한 Grinnell, Iowa라는 도시는 인구 9000명 정도의 매우 작은 마을이기 때문에 캠퍼스 내에서 수많은 다양한 이벤트가 펼쳐진다고 합니다. 수학과 음악 공부도 무난하게 받쳐 줄 수 있고, 이곳 학생들의 분위기 또한 Carleton의 그것과 자주 비교된다고 하니 상당히 지원해 볼 만한 학교라는 생각이 들었습니다.

9. Bowdoin College

Bowdoin은 순수한 academic ranking으로만 보자면 liberal arts 대학 중에서 꾸준히 top 7 정도의 수준을 유지하고 있는 우수대학입니다. 이 대학의 특별한 장점은 그런 대학 중에서 특히 quality of life가 높다고 평가 받는 대학이라는 점입니다. Bowdoin은 The Princeton Review가 366개 대학에서 실시한 학생 survey에서 교내 급식 질 2등, 기숙사 quality 9등, 그리고 학생 행복도 8등의 좋은 평판을 받고 있습니다. 실제로 Bowdoin학생들 중 88%가 "다시 대학 선택의 기회가 주어진다면 또 Bowdoin을 선택하겠다." 고 할 정도였다고 합니다. 일반적인 최상위권 liberal arts college처럼, Bowdoin은 수학과 음악을 포함한 모든 분야에서 고른 호평을 받고 있습니다. 재학생들은 모두 다 제가 앞서 몇 번이고 언급했던 (그리고 어느새 일종의 기준이 되어 버린) Carleton스러운 인간미에 각자 특유의 분야를 향한 열정을 가지고 산다고 합니다. 학생들을 한 문장으로 요약하자면 "지적이고, 인간적이고, 실로 다양한 사람들"이라고 한다고 합니다.

저는 이 9개의 대학들 중 어느 하나에 붙더라도 뛸 듯이 기뻐할 수 있을뿐더러, 심지어는 이 9개를 동시에 다닐 수 없다는 것이 아쉬울 따름입니다. 그만큼 저는 저의 대학 선정에 확신을 가지고 있으니, 믿어 주십시오. 시간을 오래 썼지만 그만큼 굳은 확신을 얻게 되었으니까요.

3. 프로젝트

이 '프로젝트'에 관해서 저의 가장 내면에 있는, 가장 솔직한 생각들을 말씀 드리겠습니다. 정말 간단하게 말해서, 저는 이 프로젝트가 마음에 들지 않을뿐더러 왜 해야 하는지 전혀 이해가 가지 않습니다. 궁극적인 목적이 "대학에 더 잘 보이기 위한 것" 같아서, 눈앞의 성과를 위해서 현실과 타협하는 듯한 그 표면성이 정말 싫습니다. 굳이 그런 "순진한", 혹은 "욕심 없는" 이유가 아니더라도 제가 생각하기에 이 '프로젝트'에 전혀 애정이 가지 않는 이유는 여러 가지가 있습니다.

첫째는, 제가 대학에서 나아가고자 하는 진로와 이 프로젝트는 너무도 매치가 되지 않습니다. 저는 대학에 들어가서 수학을 중심으로 다양한 분야들을 공부해 보면서, 제가 고등학교에서 누릴 수 없었던 학문적 자유를 누려 보는 것이 가장 우선의 (단기적) 꿈 중 하나입니다. 이 때 제가 탐구해 보고자 하는 분야는 통계, 컴퓨터 과학 (혹은 프로그래밍), 자연과학, 음악, 그리고 어쩌면 경제에 이르기까지 아주 다양합니다. 저는 제가 지금까지 진학한 특성상 인생의 중심으로 삼을 어떤 하나의 구체적인 분야를 찾아내고 그것에 집중하기에는 너무 이르다고 생각합니다. 이런 저의 현재에서, 이 프로젝트가 현실적으로 저에게 어떤 도움을 줄 수 있을까요? 라이언 선생님의 말을 들어보면, 이 프로젝트를 초기 단계까지만 진행시킨다면 대학에서 완성시킬 수 있도록 돈을 대준다는 등의 〈대학까지 연계되는 프로젝트〉와 관련된 말을 하시는데, 제가 컴퓨터 과학 전공 지망생이 아닌 이상 이것이 저의 대학 공부에 실질적인 도움을 줄 지 의문입니다. 직설적으로 말하자면, 제가 지향하고 나름대로 꿈꿔온 대학생활에 갑자기 기껏해야 약간의 관련이 있을 어떤 거대한 사이드 프로젝트가 반강제적으로 투입된 느낌입니다. 혹 제가 컴퓨터 프로그래밍을 깊게 공부하게 될 운명이라고 해도, 지금 시작하지 않더라도 시간은 얼마든지 있습니다. 제가 Stanford 수학 캠프에서 만난 재학생 누나도 내년이면 컴퓨터 프로그래밍 분야 석사 학위를 따는데, 프로그래밍은 대학교 2학년 때 처음 배웠다고 하네요.

둘째는, 이 프로젝트의 수준입니다. 라이언 선생님이 무작정 "컴퓨터 과학 AP 본 사람 모두 모여 봐" 하고 해서 처음 모였던 저희 5명의 수준은 Java의 제일 기초를 범위로 하는 AP Computer Science를 벼락치기로 끝낸 지 대략 3개월쯤 되어 가던, 그야말로 "우스운" 수준입니다. 윤태선 선생님께 자문을 구했을 때에도, "이건 한 사람이 해도 될 정도의 난이도야"라고 하실 정도였고, 그런 쉬운 프로젝트를 시작하느라 인터넷에 떠다니는 기본 프로그램 코드를 찾아다가 "일단 베껴 써 보면서 배워 보기라도 하자" 라고 하며 나름대로 열심히, 하지만 조금만 프로그래밍을 진지하게 공부한 애가 보면 우습게, 노력했던 저희들입니다. 이런 '프로젝트'의 가치는 〈가장 기본적인 프로그래밍 도구를 사용한 exercise〉 그 이상도 이하도 아니라고 생각합니다. 규모를 좀 더 크게 하면 〈가장 기본적인 프로그래밍 도구를 사용한 대규모 exercise〉 정도가 될 지도 모르겠습니다. 이런 프로젝트는 옛날, 학교에서 컴퓨터 과학 수업을 진지하게 하던 시절, 수업 activity의 일환으로 진행했다면 그 나름의 빛을 발했을지도 모릅니다. 하지만, 지금 저의 조심스러운 눈으로 봤을 때 이런 프로젝트를 지금 한다는 것, 그리고 이런 것을 대학 앞에 내세운다는 것은 정말 (특히 MIT 같은, 이미 수백 명의 컴퓨터 프로그래밍 천재들이 지원하는 대학이 볼 때) "웃기는 일"일지도 모릅니다.

셋째는, 제가 위에서도 말했지만 이 프로젝트의 목적에 대한 저의 반감 때문입니다. 지금까지 제가 말씀 드렸던 것들을 모두 고려해 볼 때, 이 프로젝트의 제 1의 목적은 "대학 입시에 조금이라도 더 도움이 되기 위한 것" 인 것 같습니다. 제가 순진한 것일지도 모르지만, 그리고 어쩌면 이런 것도 모두 단지 "열심" 혹은 "열정" 아니면 "노력"이라고 불릴 수 있을지도 모르지만, 저에게 있어서는 그런 목적으로 하는 프로젝트는 안 하느니만 못하다는 생각입니다. 제가 대학 조사를 하는 동안 여러 미국 대학 정보 커뮤니티를 다녔습니다. 그 중에서도 "이 정도 기록이면 XX대학에 붙을 가능성이 얼마나 되나요?" 류의 글을 수도 없이 보았습니다. 그런 글을 나쁘게 생각하는 것은 절대 아닙니다. 하지만 그런 글에 거의 항상 제일 먼저 달린 댓글은 이런 것이었습니다.

"다 좋은데, 학생은 그런 과외 활동들을 대학에 가기 위해서 한 건가요, 아니면 정말로 좋아서 한 건가요?"

만약 이런 프로젝트의 기록이 있어야지만 제가 MIT나 다른 유수 대학에 합격할 수 있는 것이라면, 저는 차라리 그런 기록이 없어도 저를 받아주는 대학에 입학해서 열심히 공부하는 것을 택하겠습니다. 미국에 우수한 대학은 수도 없이 많고, 또 제 수준의 성과라면 아무리 못해도 그런 대학 하나쯤은 저를 받아 주리라는 나름대로의 자신감 때문입니다. 물론, 원서 작성 등에서 따르는 진정한 노력 후에 말이죠.

지금으로써는 이 프로젝트를 같이 '시작'한 아이들 모두 관심이 없어진 것으로 보입니다. 조금이라도 신경 쓰는 사람은 저 밖에 없는 것 같습니다. 이 프로젝트가 저에게 꼭 필요한 것이라고 생각하신다면, 그리고 (저의 게으름 때문이기도 하지만) 원서 제출이 한 달쯤 남은 이 시점에서 그래도 저의 대학 지원 과정에 충분한 도움이 된다고 생각하신다면, 저에게 말씀해 주세요. 남은 시간을 쥐어 짜 활용해서라도 최선을 다해서 프로젝트에 임하겠습니다. 하지만 만약 그렇지 않다면, 그리고 저에게 그렇지 않다고 말씀해 주신다면, 저에게 있는 것을 가지고 저를 최대한 표현함으로써 그 프로젝트의 부재를 만회하겠습니다. 그리고 저를 받아주는 어떤 대학에든지 기꺼이 진학하겠습니다.

4. 스케줄

11월 25일까지 써서 보내야 하는 에세이는 꼭 완성하겠습니다. 다행히도 9개 대학 중 8개가 Common Application을 사용하기 때문에 생각보다는 아주 약간 간편할 것 같습니다. Deadline은 아래와 같습니다.

1월 1일: Stanford, Bowdoin, Wesleyan, MIT (common app 아님)

1월 2일: Pomona

1월 15일: Carleton, Harvey Mudd, Oberlin

1월 20일: Grinnell

날짜는 저렇게 되어 있지만, 역시 1월 1일까지 한꺼번에 내는 게 가장 편하겠죠? Quality와 speed, 두 마리 토끼를 동시에 잘 잡을 수 있도록 최선을 다하겠습니다. 제가 까먹은 다른 스케줄이 있다면 저에게 알려주세요.

5. 미래

제가 항상 궁금했지만 어떻게 말을 해야 할지 몰라서 못 여쭤 본 것이 있습니다. 엄마, 아빠께서는 저의 미래에 어떤 기대를 걸고 계신가요? 혹시라도 어떤 구체적인 기대가 있으신데 제가 그걸 바보같이 완전히 못 보고 있는 것은 아닌가요? 예를 들면, 제가 수학과 교수가 되어서 안정적인 삶을 살면서 부모님을 잘 부양하며 살기를 원하신다고 하든지.. 제 삶을 제가 원하는 대로 살고 싶은 욕구도 있지만 제가 지금까지 부모님의 기대나 바람을 정확히 알고 산 적이 없는 것 같아서요. 제가 소위 '글로벌 리더'가 되지 못하고 세상 사람들의 눈에 띄지 않게 살아간다면 실망하시지 않을까요? 물론 부모님 말 하나에 자식 인생이 휘둘리는 것은 옛날이야기이지만, 그래도 부모님의 구체적인 생각을 제 머릿속에 넣고 다니면 조금이라도 제 삶이 더 잘 살아지지 않을까 하는 심정에서입니다. 지금 제게 생각나는 모든 솔직한 생각을 쏟아 부어 드렸습니다. 부모님의 생각도 듣고 싶습니다. 제가 예전에 무심하게 지나쳤다면 지금이라도 새겨듣고 싶습니다.

제가 너무 마구 쓴 건지도 모르겠네요. 제가 건방진 것처럼 보이는 부분은 저의 미숙함으로 보아 주시고 용서해 주시길 부탁드립니다. 지금까지 너무 많은 걱정을 끼쳐 드린 것, 진심으로 죄송합니다. 다른 건 몰라도 저의 이 너무도 단순한 게으름, 꼭 고쳐야겠습니다. 열심히 살아가고 싶습니다. 기도해주세요.

2007년 11월 19일 오전 1시 26분

- 아들 올림-

022

무너진 자존심

내가 한국을 떠나온 후, 아들의 고등학교생활은 그리 화려하지 못한 모양이었다. 고등학교를 수석으로 입학한 아들은 대외적인 큰 시험에서 세상을 떠들썩하게 만들 정도의 좋은 성적으로 찬사를 받았다. 하지만 자신의 학교 활동과 학업 성적 관리에는 그리 성실하지 못했다. 학교를 졸업할 때에는 입학식 때와는 사뭇 달랐다. 평범하게 졸업하였다. 그러나 워낙 큰 시험에서 이름이 알려져 있어서, 많은 학생들과 학부모들의 관심을 지속적으로 받아왔다.

신기하게도 아들은 그런 것에는 초연했다. 다만 부모인 나와 아내만이 아들의 화려하지 못한 졸업식에 대하여 적잖은 실망감을 감출 수가 없었다. 특히 어려서부터 줄곧 아들의 성장을 관리해 온 나의 실망감은 이루 말할 수 없을 만큼 컸다. 그러나 여전히 아들의 무한한 능력과 우수함을 알고 있기에, 언젠가 세상을 다시 한 번 놀라게 만들 것이란 기대를 포기하지 않았다.

그것이 아버지로서 아들에게 갖고 있었던 자부심이었다. 어쩌면 그 자부심이 나를 지탱하게 한 힘이었는지 모르겠다. 너무나 힘들고 열심히 살아온 나의 인생에서, 아들의 존재는 오히려 내가 찾은 나만의 안식처였다는 생각이 들었다. 그것이 아들이 주는 기쁨이었다.

우여곡절 끝에 아들은 자신이 꼭 가고 싶은 대학 몇 군데만을 선택하여 입학원서를 제출했다. 아들은 고등학교 졸업 후, 이미 나와 딸이 함께 살고 있는 독일 함부르크로 합류했다. 대학 입학 시기가 한국은 봄학기 기준이라 2월이고 미국은 가을학기 기준이라 9월이기 때문에, 한국에서 고등학교를 졸업한 학생들에게 미국의 대학에 입학하기까지는 약 6개월이라는 자유시간이 주어진다.

아들도 자신이 가고 싶은 미국의 대학에 원서를 제출하고 독일로 와서 6개월의 자유시간을 갖게 되었다. 오랜만에 온 가족이 만나 즐거운 시간을 갖고 독일에서 행복한 시간을 보냈다.

독일에 있으면서, 나는 매니저로서 다시 아들에게 도전 과제

하나를 내밀었다. 독일어를 배우도록 하는 것이었다. 마침 할 일도 없던 아들은 독일에 체류하면서 독일어와 음악을 공부했다. 그 어렵다는 독일어를 공부하기 위해 학원을 다니기 시작하였고, 학원에서 매일 시험을 보게 되었는데 시험마다 만점을 받았다. 이런 것이 이제는 하나도 놀랍지 않았다.

독일로 오기 전에 일본에 사는 고모 집에 약 6주를 체류했는데, 그 짧은 기간 동안 일본어에서도 일본어의 기초를 마스터하여 고모와 고모부를 놀라게 한 모양이었다. 우리 같은 평범한 사람의 눈에는 참으로 신기하고 자랑거리가 되지만, 정작 아들은 관심이 없다. 자신의 관심은 온통 수학과 음악뿐이었다.

내심 기대했던 MIT대학의 Full Scholarship 조건의 입학은 거부되었다. 장학금은 당시 내가 해외 근무 중이고 법인장으로 인해 연봉이 높다는 이유로 장학금이 거절되었다는 것이었다. 전액장학금 조건만으로 입학원서를 제출하였기 때문에 MIT 대학 입학은 포기해야 했다. 대신 아들이 원하던 Harvey Mudd 대에서는 반액 장학금으로 입학을 받아주었다. 역시 나의 연봉이 발목을 잡았던 것 같다. 그러나 이 대학은 아들이 진정으로 입학하기를 바랐던 대학이라 이 곳을 선택하기로 했다. 그리고 음악도 복수로 공부할 수 있다는 기대로 아들의 대학 생활은 시작되었다.

독일 주재원으로서 체류 2년차의 하계휴가는 아들의 대학 입학식에 참여하는 것으로 대신했다. 온 가족이 미국행을 결정하고 오랜만에 미국 땅을 다시 밟았다. 그리고 아들을 미국 땅에 두고 오면서, 그때 나는 아들과의 오랜 인연의 이야기를 글로 담아 아들에게 전해주었다. 그 내용이 오늘 내가 이렇게 아들의 이야기를 쓰게 된 계기가 되었다.

그 글을 쓰면서 나는 결심을 했다. 이제는 아버지로서 아들을 놓아주어야 한다. 그리고 이것은 아들이 스스로 헤쳐 나가야하기 때문이었다.

아들과의 동행을 통해서 살아온 그 때까지의 삶은 정말 행복했었다. 아들은 너무나 많은 기쁨과 행복을 선사했었다. 이미 많은 것을 갖추고 있었던 아들에게, 그가 갖지 못한 몇 가지를 심어 주는 것이 매니저인 내가 할 일이었기 때문에, 나는 아들에게 엄하게 대했다. 그때까지는 정말 잘 따라와 주었다. 적어도 독일로 오기 전까지는….

그리고 미국에서의 자유로운 삶을 스스로 펼쳐나가야 하는데 매니저는 불안하기만 했다. 스스로 무엇을 할 수 있을까? 공부 외에는 제대로 할 수 없다는 것이 아들 조련사로서의 일방적인 편견이고 우려였다.

그렇게 아들은 독자생존으로서의 American Dream을 시작하였다.

<아들의 편지>

저는 이제 학교에 들어온 지 2주가 되어가고 있는데요, 나름 잘 적응하면서 재미있게 생활하고 있습니다. 다양한 배경의 친구들도 사귀고 있구요. (아직은 주로 아시안들 하고 어울리지만), 학업도 그럭저럭 여유롭게 이해하며 진도를 따라갈 만합니다. 여기서 생활하다 보면 "정말 풍요롭다..."하는 생각을 떨칠 수가 없는데요, 이 풍요로움이 우리 가족에게 중요했지만 저를 위해서 희생하게 된 돈이라는 사실을 자주 상기시키면서 헛되이 쓰게 된 것이 안 되도록 건설적인 삶을 살려고 노력하고 있습니다.

제 학업 스케줄은 대강 이렇게 됩니다.

월: 화학, 인문사회 workshop, 수학, 컴퓨터과학

화: workshop, 수학, 물리

수: 화학, 인문사회 workshop, 수학, 컴퓨터과학

목: 물리, 화학실험

금: 화학, 인문사회 workshop, 수학

월/수요일 수업은 8시에 시작해서 2시 30분쯤에 끝납니다. 화요일

은 10시에 시작해서 2시쯤에 끝나고요, 목요일은 12시에 시작해서 5시쯤에, 그리고 금요일은 8시에 시작해서 12시에 끝납니다. 수업, 숙제, 잠, 식사 시간 외에는 친구들과 방에서 놀거나 activities center에 가서 여러 가지 운동을 합니다. (헬스, 에어하키 등)

이메일은 더 빨리 보내드리려고 했으나 워낙 공부 분량(숙제, 읽기 등)이 많고 또 학교 공용 컴퓨터에서는 한글이 써 지지 않기에 기회를 보다가 미리 허락 받고 한국 친구가 자는 사이에 이렇게 빌려서 쓰고 있습니다.

부모님께 항상 말보다는 글로 제 생각을 전달해 드리는 게 항상 더 편했던 저입니다. 이번에 드리는 편지(서신?)에서는 지금까지 제가 가정 안에서, 부모님 슬하에서 살아오면서 저만의 개인적인 두려움 때문에, 혹은 우리 가족의 관습에 익숙해진 나머지 변화 (그리고 거부반응)에 대한 부담감 때문에 제가 부모님께 드리지 못했던 말들을 감히 드려보려고 합니다. 무례해 보일 수도 있지만, 이 정도의 솔직함으로 부모님을 대하는 것은 처음이기에 저의 의도와는 다르게 무례함을 느끼신다면 제가 아직 자기표현이 서툰 탓이니 용서해 주시기 바랍니다.

일단, 저와 부모님과의 관계가 상당히 이상하고 비정상적이라고 지난 몇 달간 느꼈습니다. 다른 아이들은 직접 부모님과 자연스럽게 전화통화와 이 메일도 하고, 또 자주 집을 그리워하기도 하는데, 왜 저는 이렇게 부모님께서 다그치실 때까지 연락을 하려고 하지 않으며, 저에게는 지금 집으로 돌아가고 싶은 생각이 조금도 없는 걸까요?

제 나름대로 생각을 해보았습니다. 제가 부모님과의 소통에서 "부담"을 느끼기 때문이라고 결론을 내렸습니다.

부모님은 저를 위해서 정말 많은 것을 해 주셨고, 또 소중한 많은 것을 희생해 주셨습니다. 그것은 절대로 당연히 여기고 있지 않으며, 여기고 싶지도 않습니다. 제가 표현이 서툴지만 그런 점에 있어서는 항상 감사하게 생각하고 있다는 건 알아 주셨으면 합니다.

하지만 그런 도움을 받으면서도 제가 가장 깊게 느끼는 것은 항상 "부담감"이었습니다. 이 엄청난 은혜에 보답해야 한다는 부담감, 부모님의 기대(어떻게 보면 저의 능력에 대한 믿음)에 부응해야 한다는 부담감, "내가 이걸 하지 못하면 부모님께서 실망하실 것이다"라는 부담감. 그리고 일 처리를 엄청나게 천천히 하고, 또 엄청나게 느긋한 성격을 가진 저는 항상 이 기대에 미치지 못했습니다. 부모님께 교육을 받아온 십 몇 년 동안 "나는 기준에 미치지 못하는 부족한 인간이다"라는 생각의 꼬리표가 항상 저를 따라다녔습니다. 공부에서도, 건강 측면에서도, 또 그 외에 다양한 측면에서도...

원래부터 자신감이 없는 편이었던 저여 선지, 이 영원한 꼬리표는 저를 어딜 가든 따라다니며 주눅 들고 살게 만들었습니다. "이게 원래 겸손"이라고 자기 최면을 걸면서 살아왔습니다. 하지 말라고 하는 것에 대한 공포가 생겼습니다. 어떤 일이 일어나든지 저의 제1 반응은 "조용히 따라가기"로 일관되었습니다. 그리고 수백, 수천 번 진행된 저의 행적에 대한 부모님의 검사 (그리고 그 검사 후에 거의 항상 있던 실망의 표현/훈계)가 누적되어서 저는 만성적으로 부모님 앞에서 떳떳하지 못하고, 부모님과 같이 있는 게 혼자 (혹은 다른 사람들과) 있는 것보다 훨씬 불편하게 느껴졌습니다. 지금도 그런 느낌이 있습니다.

이상하게도, 제게 부모님은 "힘들 때 위로 받을 수 있는 안식처"이기 보다는 "스트레스의 공급원"에 가까웠습니다. 지금 당장 제 기억을 떠올려 보려 해도 제가 혼자 힘들거나 괴로워하고 있을 때 부모님이 오셔서 저를 토닥여주고 위로해 주시는 기억은 나지 않고, 오로지 부모님께서 제게 실망하셨던 기억, 왜 이렇게 하지 않느냐고 혼내셨던 기억, 저의 행동이 잘못된 것이고 그것이 부모님을 얼마나 아프게 했는지 말해 주신 기억밖에 떠오르지 않습니다.

저는 (겉으로 드러내지는 않지만) 다른 사람보다 특히 격려와 칭찬에 기분 좋아하고, 또 저와 공감해 주거나 저를 이해해 주는 사람에게 대단히 깊은 애착을 느낍니다. 하지만 저는 (이것이 절대 부모님 탓이라고 하고 싶지 않지만) 이런 긍정적인 격려와 칭찬, 그리고 마음이 편해지고 애착이 가게 되는 안식처를 부모님이나 가족에게서 찾지 못했습니다. 그런 안식처를 찾다 보니 제 관심은 음악과 수학, 인터넷, 친구들과의 채팅 등등에 쏠리게 된 것이고, 특히 음악과 인터넷에 깊은 애착을 가지게 된 것 같습니다.

지금도 저는 부모님과 수천 킬로미터 떨어진 이 곳이 누구보다도 행복하고 자유롭게 느껴집니다. 사춘기 말기가 지나고 청년기가 찾아올 무렵 누구나 그렇겠지만, 저는 특히 이런 행복이 강하게 느껴집니다. 다른 아이들은 이런 청년기의 자유를 느끼면서도 한편으로는 집을 아직도 반갑게 생각하는데, 저는 이 곳에 있으면서 되도록이면 집을 생각하고 싶지 않았습니다. 죄송한 얘기지만 제가 이 곳에 있으면서 가장 불편하고 불안했을 때는 아버지께서 전화하셨다는 게 핸드폰에 떴을 때, 그리고 그 후 이어진 아버지와의 통화였습니다. 특히 아버지께서 제게 "너의 생활이 우리의 기대에 미치지 못할 경우에는 우리는 그 누구보다 실망할 것이고 너는 실패한 대학생이 될 것이며 너에 대한 돈의 공급을 끊고 너를 다시 돌아오게 하겠다." (정확하지는 않지만 제가 받은 느낌)는 소리를 들었을 때는 가슴이 철렁 내려앉았습니다. "정말 부모님의 기대에 내가 부응하지 못하면 나는 내 날개를 한 번도 독립적으로 완전히 펼쳐 보지도 못하고 다시 내려앉아야 하는 것인가?" 하는 생각에 말 못

할 공포가 엄습했습니다. 그 통화가 끝나고 친구들과 함께 점심을 먹는 내내 제 마음속에, 그리고 얼굴에는 상당히 불길한 구름이 껴 있었습니다.

저는 이제 혼자 날아보고 싶습니다. (돈도 자급자족하지 않는 주제에 가소롭게 느껴질지도 모르지만) 가족으로부터 거의 완전히 독립된 저만의 삶을 살아보고 싶습니다. 이것은 제가 가족을 소홀히 하거나 연락을 끊어버리고 홀로서기를 하겠다거나 하는 것이 아닙니다. 지금까지 어머니 아버지께 받은 금전적, 사회적, 학문적, 그리고 기타 등등의 모든 도움을 깡그리 무시한다는 것도 절대 아닙니다. 저는 단지 더 이상 저의 가족이 저의 행동을 인정하느냐 마느냐에 속박되지 않는 것을 바라고 있는 것입니다. 아직 저의 능력이 닿지 않는 분야에 관한 도움과 조언은 (정말 감사하게) 받되, 그 외의 저의 인생에서는 부모님의 인정을 구하거나 제재를 두려워할 필요 없이 제 나름대로, 제 일에 제가 책임을 지면서, 진정으로 "생각하는 대로 살아가"면서, 때로는 저의 판단 미스로 엄청난 실패와 고생을 경험하고 거기서 배워 가면서, 또 부모님을 포함한 모든 가족과 친구와의 소통을 원만하게 유지해 가면서 살아보고 싶습니다. 아직은 불완전한 독립이지만, 그래도 있는 대로 한 번 해 보고 싶습니다.

그것과 아주 깊은 관계를 맺고 있는 것이 저의 영적인/종교적인 생활입니다. 부모님께 이렇게 털어놓는 것이 정말로 두렵고 떨리지만, 제가 태어날 때부터 가지고 있던 신앙에 대해 저는 이미 고등학교 즈음부터 의문을 가지기 시작했습니다. 여기에는 여러 가지 이유가 있습니다. 저는 크리스찬으로서의 "확신"을 가지게 된 경험이 아직 없습니다. 아버지께서는 대학 시절 하나님과의 대면이 있은 후로 확신을 가지고 그 후 줄곧 신앙생활을 해 오신 걸로 압니다. 저는 지금까지 수많은 교회 예배/수련회/성경캠프 등등을 다녀오면서 확신이 생기는 경험에 대한 간절한 기도를 수없이 많이 했습니다. 성령체험을 하게 해 주세요, 방언으로 기도할 수 있게 해 주세요, 자신있게 신앙생활할 수 있도록 구원에 대한 확신을 주세요, 등등 제 나름대로는 최선의 열심과 간절함으로 기도했지만, 제가 수확한 것은 얄팍한 자기최면과 분위기에 의한 임시적 확신과 다른 사람의 경험담, 그리고 늘어나는 의문 뿐이었습니다. 또 "크리스찬이라면 당연히 사실로 알아야 할" 창조론과 진화론 사이의 토론과 다툼을 지켜보면서도 의문이 생겼습니다. 진화론이 주장하는 것이 자연에서 일어나기에는 너무 복잡하다고 반박하면서 동시에 자신들의 이론에는 무한히 복잡하신 하나님의 존재를 아무런 근거 없이 버젓이 포함시키는 창조론자들의 위선과 비과학성에 놀랐습니다. 또 그 외에 수많은 자칭 "기독교인"들이 저지르는 만행들, 그리고 아무리 "한낱 인간"이라지만 _현실을 초월하는 절대적 존재와 진리에 대한 믿음_의 흔적은 눈꼽만큼도 찾아볼 수 없는 여러 기독교인들의 행동들, 그리고 절대적인 진리에 대한 신앙에 파묻혀 현대적인 학문과 논리를 단지 무시해 버리는 어떤 근본주의자들의 무식 등도 저에게 의문에 의문을 쌓아갔습니다.

제가 의문만 가진 것은 아닙니다. “이왕 이런 환경에서 태어나 믿음으로 굳센 배경에서 자라난 만큼 한 번 확신을 가져보자”하는 마음으로 몇 년을 계속 기도했습니다. 예배 중에 묵상이나 통성기도 같은 걸 할 때마다 저의 기도제목은 “신앙에 대한 확신” 그 하나뿐이었습니다. 하지만 저의 (나름대로 열렸다고 생각한) 닫힌 마음 때문인지, 혹은 아직 때가 아닌 모양인지 저에게는 아직도 확신이 없습니다.

그래서 다시 시작하고 싶습니다. 아무것도 모르는 상태에서 세상을 알아보고 싶습니다. 있는 대로 알고, 아는 대로 믿고, 믿는 대로 말하고, 말하는 대로 행동하는 사람이 되고 싶습니다. 절대적 진리, 세상의 원리, 인간의 성질 등 결코 쉽지 않은 문제들에 대한 해답을 그저 주어진 대로 확신이 안 가는데도 가는 척 살아가고 싶지 않습니다. 그렇다고 기독교를 그냥 저버린 후 무신론자가 되고 싶다는 뜻도 아닙니다. 그저 한 발짝 뒤로 가서 여러가지 생각과 사상을 알아보고, 제 자아에 의한 결정을 하고 싶다는 것뿐입니다.

만약 교회를 다시 가게 된다면, 여기 Claremont 5개 대학교 한국인 모임(대략 10명 정도)에서 Pitzer대학 다니는 선배가 매주 근처의 한인 교회에 다닌다고 하니까 따라가 볼 수 있을 것 같습니다.

이런 생각을 가진 지 몇 달째 되어가지만, 도저히 부모님께 직접 말씀드리거나 다른 매체로 전해드린 뒤 며칠 만에 바로 부모님을 대면할 용기가 없었습니다. 그래서 이렇게 수천 킬로미터 떨어진 뒤에 비겁하게 이메일로 제 생각으로 보내드립니다. 용서해주세요.

그리고 기도해주세요. 제게 필요한 건 저 만의 기도가 아닌, 이런 (처음으로 열어보는) 제 마음을 아시는 신앙심 깊은 분들의 저를 위한 기도였는지도 모릅니다. 제 결정을 존중해주시고 도와주셨으면 좋겠습니다. 저를 사랑하시는 부모님 마음이 저의 개인적 믿음이 어떻냐에 따라 영향을 너무 많이 받지는 않았으면 좋겠습니다.

이게 제가 지금 생각나는 부모님께 꼭 드려야 할 말 전부입니다. 더 생각나면 또 말씀드리도록 하겠습니다.

제게 간절한 부탁이 하나 있는데, 제가 여기서 말한 모든 내용을 저와 전화통화로 얘기하려고 하지 말아주세요. 제가 아직은 그렇게까지 제 마음을 열 준비가 되어 있지 않습니다. 쉽게 말해 아직은 그렇게 직접적으로 대면하기 두렵고 떨립니다. 되도록이면 이것에 관한 이야기는 이메일이나 편지 같은, 간접적으로 전달되는 글 형태로 했으면 합니다.

저의 이런 바람들과 결정들에 관하여 해 주실 수 있는 조언이나 충고가 있으시다면 모두 감사히 받아서 생각하겠습니다. 제가 아무리 머리가 크고 날고뛴다고 해도, 저보다 훨씬 인생의 선배이신 부모님의 지혜는 제게 어떤 식으로든지 아주 값진 도움이 될 것이라고 믿습니다.

이제부터는 일주일에 최소 한 번씩 꼭 안부/소식 이메일을 전해드리겠습니다. 제 마음의 짐을 거의 다 이 이메일에 실어 보냄으로, 앞으로는 나름대로 편하고 부담 없이 연락하는 습관을 길러 보려고 합니다.

마지막으로 부모님이나 제게 무슨 일이 있든지, 어떤 삶을 살게 되든지, 순간적으로 어떤 나쁜 감정을 느끼게 되든지, 저의 부모님을 향한 감정의 핵심은 존경, 감사, 그리고 사랑임을 알아주셨으면 합니다. 존경합니다. 감사합니다. 그리고 사랑합니다.

부모님께서 19년간 제게 주신 사랑, 정성, 그리고 수많은 투자를 결코 부도나게 하지 않겠습니다. 멋진 인간으로 거듭나겠습니다.

조심스럽게 날아오르려 하지만 아직은 약간 어색하고 서툴고 사람들의 반응이 두려운,

아들 최정혁 올림

023

영원한 불만족

독일로 돌아와서도 습관이란 것이 얼마나 무서운지 아들에 대한 집착이 유독 강한 그 아버지는 먼 거리에서도 지속적으로 아들을 컨트롤했다. 독일에서 미국으로 틈틈이 이메일을 보내어 아들의 학교생활을 모니터링하며 아들을 응원했다. 아들은 방학이면 독일로 잠시 들어와 쉬었다가 다시 미국으로 돌아가는 반복적인 생활을 했다.

아들이 다니던 대학은 정말 수학과 과학 분야에 있어서는 천재들의 집단인 모양이었다. 겉으로 보기에 아들은 학교생활을 잘 적응하는 것처럼 보였다. 일단 학교 성적이 도착되었는데 첫 학기시작부터 우수한 성적을 받았다.

그리고 그렇게 4년이 흘렀다. 우리 가족은 아들이 이 대학을 마치고, 세계적 명문 수학 관련 대학원으로 장학금을 받고 진학하여 자신이 좋아하는 수학을 심층적으로 공부할 것으로 알고 있었고, 또 그렇게 기대하고 있었다. 아들도 그렇게 자신의 포부를 이야기 하곤 했다.

앞만 보고 열심히 그리고 치열하게 달려온 나의 회사생활은 2012년 회사에서 임원으로 승진하면서 직장생활의 마지막 화려한 꽃을 피웠다. 임원 승진 이후에도 승승장구의 삶이 이어졌다. 회사는 연속 적자의 경영 악화로 회사대표가 또 다시 바뀌었다. 새로 부임된 신임 대표로부터 그동안의 능력을 인정받은 나는 기대하지 않았던 중요한 보직을 맡게 되었다.

조직관리에서 가장 중요한 핵심요소는 사람이다. 그리고 사람을 살리는 것이 조직을 살리는 유일한 길임을 알게 되었다. 이것을 오랜 직장생활을 통해 입증해 보이면서, 이 명제는 나의 경영철학으로 자리매김하게 되었다. 이후에도 끊임없이 리더의 역량과 역할에 대하여 공부하기 시작했고, 그것을 접목하고 실천하는 과정을 통해 나의 확고한 리더십 유형을 구축해 나갔다. 국내든 해외든 〈사람 중심의 리더십〉은 효과가 있었고, 그 영향력과 효력이 대단했음을 현장에서 몸소 실천하면서 체득하게 되었다.

가족들의 건강은 물론 우수한 자질과 능력을 가진 아들과 딸, 열심히 내조하며 동반자로 함께 살아온 아내 그리고 좋은 친구들이 나의 주변에 즐비했다. 비록 물질적으로 가진 것 없이 시작했지만, 사회생활 30년을 통해 내가 갖게 된 최고의 자산은 그 무엇보다 사람이었다. 사람이라는 자산을 통해 나는 더 없이 행복하다.

그런 행복감에 젖어 있던 2012년 어느 늦은 봄날, 나는 늘 소통하던 아들로부터 놀라운 한 통의 이메일을 받게 된다. 아들은 원래 대학을 졸업하고 이어서 대학원을 진학하기로 되어 있었다. 그래서 마지막 4학년 학기 동안, 어느 대학원에 입학 할 것인지와 그 대학원의 장학금 혜택은 어떤 것이 있는지를 알아보았다는 내용의 메일을 받은 지 한 달 후에 날아든 뜬금없는 메일이었다.

> 대학원 결과에 상관없이, 공부를 계속하기 전에 제게 어떤 근본적인 쇄신이 필요함을 느꼈습니다. 원래의 제 약한 집중력도 있지만, 4년간 학업의 압박을 받아오면서 더 지친 것 같습니다. 이대로는 대학원 수준의 학업을 만족스럽게 완수하지 못할 것 같다는 생각이 강하게 듭니다.

그래서 대학원 어딘가에 합격하더라도(불합격되면 물론이고), 조금 휴식기를 가져야 할 것 같습니다. 물론 그 휴식기는 군대를 의미합니다. 이제는 갈수록 허술하게 사는 자신을 지켜볼 바에야 차라리 군대에서 숨을 고르는 게 더 나은 선택으로 느껴집니다.

집중/흥미의 문제도 그렇지만, 사교/사회성에 관련해서도 요즘 고민입니다. 사람과 대화(특히 1대1, 혹은 전화통화)하는 중에 떠올린 말을 소리 내서 말하지 못하는 증상이 심해졌습니다. 어떤 상황에서 누구에게 무슨 말을 할지는 정확하게 생각하고 아는데, 그게 마음대로 입 밖으로 나오지 못하는 이상한 현상입니다. 말을 할 줄 모르는 것도 아니면서 어떤 순간에는 제 의지와 상관없이 벙어리처럼 되는, 굉장히 스트레스 받는 증상입니다. 그렇다고 제가 사람을 피하거나 하는 건 아닌데, 오히려 지난 학기들보다 조금은 더 사교적이 됐다고 생각하는데, 말 한마디 한마디를 하는 게 제 자신과 싸워서 이겨야 하는 이상한 고역이 된 느낌입니다. 비용 걱정은 되지만 이 정도 되니 무슨 상담이라도 받아 보는 게 좋을 것 같기도 하다고 혼자 생각했습니다.

내용을 읽어보니 아들이 갑자기 대학원 진학을 포기하고, 대학 졸업 후 군대에 입대하고 싶다는 것이었다. 지난 4년간의 학업으로 에너지를 모두 소진하였고, 의욕도 많이 떨어져서 군대생활을 통해 숨 고르기를 한 연후, 다시 대학원에 진학하여야 공부를 지속할 수 있을 것이라는 아들의 입장이었다. 평소 군 입대를 죽기보다 싫어했던 아들이 군 입대하겠다고 먼저 이야기 한 것은 놀라운 일이었다. 불과 한 달 전까지만 해도 대학원 진학을 운운하던 아들이었다. 나는 아들이 대학원을 진학하지 않는 것이 내심 못마땅했으나 일단 아들의 의견을 존중해 주기로 했다.

024

눈물의 졸업식

아들은 대학을 진학하면서 이미 성인이었다. 어린 시절에 아버지의 말에 순종하던 그런 착하고 순종적인 아이가 더 이상 아니라는 것을 대학에 진학하면서 알게 되었다. 그리고 그런 아들을 존중하면서도 꾸준히 아버지의 생각을 아들에게 접목시키려고 끊임없는 조언을 하곤 했다.

그동안 아들이 4년 동안 다닌 대학에 대해서도 아는 것이 없었다. 인터넷 검색을 해보니, 미국 내에서 수학 과학 분야에선 최고의 권위를 자랑하는 그런 초소형 공과대학이었다. 이 학교 출신의 학생들의 평균 연봉이 미국에서 최고를 자랑한다는 기사도 눈에 띄었다. 그런 명성이 있는 대학에서 4년간의 학업과정이 결코 순탄치는 않았으리라 생각했다.

그런데 아들은 1학년을 마치고 받은 학과 학점이 4.0 만점에 4점 만점 가까운 성적으로 순조로운 출발을 했다. 그리고 음악도 복수 전공을 병행하는 듯했다. 그런데 시간이 지나고 학년이 올라 갈수록 아들의 학점 평균이 매년 조금씩 하향곡선을 그렸다. 조급한 마음에 아들을 독려하기 시작했다. 독려라기보다는 채근에 가까웠다. 아들의 성적은 여전히 높은 점수를 유지했지만, 성적 하향은 용납될 수 없었다. 시험에서 늘 만점을 받던 아들이었기에 그 기대는 하늘을 찌르고 있었다. 그런데 아들의 성적이 서서히 추락하고 있었고, 자신이 좋아하는 수학마저 기존의 성적을 유지하지 못하고 있어서 나의 머릿속이 복잡해졌다.

학기 중에는 메일을 통해 끊임없이 아들의 일거수일투족을 점검하였고, 방학을 맞아 독일에 오면 나는 늘 바쁜 직장생활을 쪼개어 아들을 붙들고 미래를 위해 많은 대화를 나눴다. 아들의 성공을 바라는 마음으로 인생 매니저의 역할을 게을리 할 수 없었다.

그런데 그런 아들이 대학원 진학을 연기하고 군대를 간다고 하니, 나에게는 용납이 되지 않았다. 아빠인 내가 이렇게 열심히 도와주고, 시간을 내서 대화를 했는데, 어떻게 이렇게 기대를 저버릴 수가 있는가? 그런 아들이 마음에 들지 않았다. 내심 억울하고 화도 났다. 그동안 열심히 아들과 함께 해온 인생 매니저로서의 섭섭한 회한이기도 했다.

바쁜 아내는 일부러 시간을 내어 자랑스러운 아들의 졸업식에 참석하겠다고 미국으로 날아갔다. 아들은 우수한 성적으로 우등상을 받았다. 매년 성적이 하향했지만, 그래도 평균성적은 매우 높은 편이었다. 그런데 아들은 음악과목의 복수 전공은 실패했다. 후에 알게 된 사실이지만, 그 대학의 수학전공 과정이 무척 어렵다는 것이었다. 그리고 아들은 천성적으로 게으른 습성을 지녔으며 자기관리가 부족하였다. 따라서 그 부분을 매니저인 내가 늘 보강해주었기 때문에 홀로서기를 해야 하는 미국 대학에서 아들의 독립적인 생활이 가능하였을 것이다. 이것이 아들의 입장에서 무척 어렵고 힘든 생활이었을 것이다.

졸업식을 마치고 한국으로 돌아온 아들의 모습을 보았다. 순간 경악하였다. 이미 미국에서 아들의 모습을 보고 놀란 아내의 귀띔으로 짐작은 했지만, 눈앞에 보이는 아들의 모습은 예상보다 더 심각한 상태를 보이고 있었다.

일단 자랑스럽게 돌아왔어야 할 아들의 모습은 너무나 안쓰럽게 변해있었다. 아들은 말을 더듬고 있었다. 자신의 표현을 제대로 하지 못했으며, 말을 하면서도 말을 더듬어서 많은 애를 먹고 있었다. 그리고 사람을 바라보는 눈빛이 풀려 있었다. 앞에 있는 사람의 눈을 똑바로 마주치지 못했다.

아들이 애처롭기보다는 순간 화가 치밀어 올랐다. 너무나 억울하고 분했다. 내가 어떻게 공들인 선수인데 이렇게 폐기처분해야 할 정도로 망가져서 내 앞에 나타났단 말인가? 얼마나 많은 시간과 돈을 투자를 했는데…. 이럴 수는 없는 일이었다. 눈물이 났다. 당장 눈앞에 보이는 아들의 상태보다 그동안 나의 애씀과 노력의 결과가 한 순간에 물거품이 된 듯하여….

나는 그 순간 한 아들의 아버지가 아니었다. 냉혹한 프로세계의 조련사가 느끼는 패배의 처절함이 나를 장악했다. 내가 공들인 그 시간과 투자한 돈과 수없이 아들을 위해 뱉어냈던 주옥같은 인생의 조언들은 다 사라지고 없었다. 다만 내 앞에서 어눌하게 말을 더듬으며 눈도 제대로 못 마주치는 고장 난 아들만이 눈을 끔뻑거리고 있을 뿐이었다.

아들은 아버지의 실망감을 아는 지 눈치를 살폈다. 그런 모습마저 대하기 싫었다. 아들을 사육하는 동물처럼 방으로 몰아넣었다. 나는 심한 슬픔과 회한에 빠졌다. 하늘이 무너졌다. 내가 신앙처럼 믿어 왔던 기대가 한 순간에 무너져 내렸다.

아들은 내 인생에 있어 하늘이었고 믿음이었다. 아무 것도 없이 시작한 황량한 사막 같은 내 인생의 오아시스였고, 칠흑같이 어두웠던 내 인생을 희망으로 인도하는 하나의 등대 같은 존재였다. 그런데 이제 그 모든 희망이 무너져 내렸다. 한 순간에 무너졌다. 하염없이 눈물이 났다.

'아~~ 이제 어떻게 해야 하는가?'

막막했다. 저 상태로는 군대도 갈 형편이 못 된다고 판단했다. 너무나 슬픈 아들의 대학 졸업식이었다.

025

정면충돌

도대체 어디서부터 잘못되었던 것일까?

25년 세월의 인생이란 바둑의 대국에서 중요한 일전을 펼쳐오면서 막판에 보기 좋게 불계패를 당한 느낌이었다. 삶이라는 전쟁터에서 철저히 승부사로 변신한 내가 이처럼 중요하고 큰 게임에서 대패를 한다는 것은 승부사로서 용납이 되지 않았다.

바둑의 대국이 끝나고 패배를 맛 본 프로기사가 분을 삼키며 한 점 한 점 복기하듯이, 나와 아들의 25년 동행을 반추해보기 시작했다.

생각해보면, 맨 처음 아들의 탄생 자체가 나에게 큰 기쁨이었다. 귀한 장손 집안에서 아들로 태어나 준 것도 기쁜데, 아들은 영특하기까지 했다. 우리처럼 가진 것이 없는 집안에 태어나서 뒷바라지 제대로 해주지 못한 것이 안타까웠지만, 세상 그 어떤 것도 부럽지 않게 해준 것은 아들의 존재였다. 그런 아들이었다. 그래서 나는 자연스럽게 아들에게 나의 많은 것을 걸기 시작했다. 누가 시키지 않아도, 내가 좋아서 그렇게 했다. 아들은 그럴 만한 가치가 있다고 생각했다.

나는 그런 아들을 위해 내 인생의 귀중한 세월, 25년을 바쳤다. 풍족하진 않았지만, 내가 가진 모든 것을 바쳐 아들을 사랑했고 그리고 그 가운데서 행복을 느꼈다. 아들과 나눈 수많은 대화와 함께 한 시간 속에서, 우린 좋은 삶의 파트너로 함께 웃고 울었으며, 감동과 아픔을 같이하며 살아온 아름다운 동행이었다.

생각해보니 그것은 한 아버지의 사랑이었다. 부모님을 일찍 여의고 준비되지 않은 채 어쩌다 어른이 되면서 어눌했지만, 그토록 베풀고 싶었던 아버지의 사랑! 그런 아버지에게 아들은 그의 힘든 삶을 지탱하게 하는 힘이었고, 살아가는 한줄기 희망의 빛이었다.

그런데 그렇게 잘났던 아들이 그런 부모의 기대를 무너뜨리며, 졸업 후 무기력하게 돌아왔다. 말은 어눌했으며, 눈빛은 초점을 잃었고 뜨거웠던 열정은 이미 차갑게 식어 버렸다. 그런 모습으로 한동안 자신의 방에서 무기력하게 칩거하는 아들의 모습을 지켜보아야 했다. 방문을 닫고 들어 앉아 무엇을 하는지 몰랐다.

늦은 시간까지 방에 불이 켜져 있는 모습에 아내가 걱정이 되어 들여다보면, 컴퓨터를 하고 있었다. 한동안 낮과 밤이 바뀐 삶을 살고 있었다. 미국에서도 저렇게 살았을 것을 생각하니 울화가 치밀었다. 그러나 참았다. 식사도 불규칙했다. 가족이 출근을 하고 아무도 없는 시간에 동굴에서 나오듯 슬그머니 나와서 음식을 가지고 자기 방으로 들어가서 먹곤 했다. 그 모습을 보지 않은 것이 차라리 다행이었다.

매주 일요일이면 우리 식구는 아침 일찍 함께 교회에 간다. 그런데 아들은 교회도 안가고 집에서 늦잠을 잔다. 일주일 그리고 또다시 일주일이 지나면서 서서히 화가 나기 시작했다. 그렇게 잘 다니던 교회도 출석하지 않게 되자, 나는 이러한 게으른 광경을 참을 수 없어서 결국 폭발해 버렸다.

침대에서 잠자던 아들에게 손찌검을 했다. 폭력에 가까웠다. 그 참을 수 없는 폭발은 그동안 20년 이상을 쌓아 온 공든 탑이 일순간에 허무하게 무너져 버린 설움과 아픔에 대한 분풀이 같은 것이었다. 그런데 아들은 바보같이 맞고만 있었고, 아무런 저항도 대항도 하지 않았다. 차라리 저항이라도 했으면 했다. 속 시원하게 무슨 말이라도 뱉어내길 바랐다. 그런데 아들은 맞고만 있는 것이다. 그가 측은했고 걱정이 들었다. 하루 종일 갑갑하고 불안하기까지 했다. 그날 저녁 정혁이에게 이메일을 보냈다.

어제 아침에 엄마는 너에게 45분간 쉬지 않고 이야기(잔소리) 했다. 잠자리에 있는 너는 무척 귀찮았겠지...

언제부턴가 너는 엄청 고집이 센 반항아로 변해 있었다. 전혀 미동도 않고, 반응이 없는 너를 보는 순간 아빠는 화가 치밀어 올랐다. 정말 이성적으로 그동안 잘 참고 있었는데 전혀 반응이 없는 너를 바라보는 것은 정말 보기 역겨웠다고 하는 것이 솔직한 표현일 게다.

그래서 아빠는 너의 이름을 불렀고 그래도 꿈쩍도 않는 너를 보고 아빠는 순간 이성을 잃었다.

아빠가 이젠 너에게 손을 대지 않을 것이라 결심했는데... 아빠가 아빠 자신에게 졌다. ㅠㅠ

정혁아 미안하구나... 이젠 너도 다 큰 성인이고 생각이 있는 청년인데...

아빠를 용서해라. 정말 미안하구나.

며칠 동안 아무런 반응이 없었다. 아들은 저항하는 말 대신 자신의 생각을 고스란히 담은 장문의 이메일을 보내왔다. 그 글을 읽는 내내 나의 마음은 찢어지는 듯이 아팠다.

<아들의 편지>

사람이 법적으로 성인인 이십대 초반이 되면 그 사람이 대강 어떤 유형의 사람인지 정해진다고 느꼈습니다. 그 후로는 극단적인 요법이 아니면 잘 바뀌지 않을 정도로 견고하게 정해지는 것 같습니다. 물론 주변 환경에 의해 조금씩 영향 받고 방향이 바뀌는 일은 있지만, 기본적인 유형의 틀은 그대로 남아있는 것 같습니다.

제가 되어버린 인간의 유형이, 부모님께서 이상적으로 생각하시는 인간형과는 제법 거리가 먼 것으로 된 것처럼 느꼈습니다. 가족관계란 걸 다 차치하고서라면 제 친구 대진이가 훨씬 부모님을 더 행복하게 해드릴 아들이었을 것입니다. 대진이는 저와 같은 나이에 건강하게 몸도 좋고, 성격도 밝고, 책임감도 강하고, 기독교적 신앙과 그에 대한 나름의 철학을 굳게 갖고 있고 또 물리를 성실히 공부하여 저와 같은 나이에 나름 독립하고 자급자족하는 박사과정의 대학원생의 삶을 살고 있습니다.

현재 저는 그와 많이 다른 유형의 인간입니다. 많이 느슨하고, 허술하고 또 나름 창의적이면서도 성실하지는 못하고, 순간순간 생각의 깊이가 얕고 그래서 필요 이상으로 신중합니다. 동시에 별로 쿨하지 못하고 상처나 간섭에 예민합니다. 발칙한 얘기겠지만, 제 유형에 맞는 다른 부모가 이 세상 어딘가에 존재할 거라는 생각을 하며 우리의 짝을 지어준 하나님, 신 혹은 확률의 운명을 원망한 적도 있습니다.

하지만 어쨌든 이렇게 짝지어진 가족이니, 이 가족의 무사한 운영에 어떻게 기여할 수 있을까 생각했었습니다. 제 그릇을 볼 때, 시간이 지날수록 부모님이 저에게 품는 기대의 방향을 충족하거나 절충하며 사는 것이 점점 힘들어질 것이라고 생각했습니다. 그렇다면, 그에 대한 대안은 제게 주어진 대학에서의 자유로운 4년을 이용하여 제가 원하는 것을 찾고 그 분야에서 멋진 발전을 이루어서 제 방향을 독립적으로 잡고 부모님이 저에 대해 가지신 여러 가지 기대를 접으면서도 안심하시게끔 하는 것이라고 생각했습니다.

그런데 대학에서 4년동안의 생활은 제 뜻대로 되지 않았습니다. 사람 사귀는 것부터 문제였습니다. 10년 전에 미국에서 한국으로 돌아와 적응할 때 또래 아이들과 가까워지는 데 애를 먹은 경험 때문인지는 모르겠지만, 현지의 동급생, 선배, 후배, 교수님들에게도 마음을 열기가 쉽지 않았습니다. 또 중·고등학교 때처럼 특별히 공부 잘하는 이미지로 인한 인지도/친숙함도 없었기 때문에 친구나 교수님과 소통하고 사귀는 일들이 스트레스를 받고 어려웠습니다. 자유롭게 친구를 만나고 사귀는 그곳 분위기에 비해 저는 많이 소극적이었고 때문에 친구관계가 굳어지는 3·4학년 무렵이 되어서는 거의 친구 두세 명 정도하고만 연락하고 지냈습니다.

제가 기본적인 주의집중력이나 학업의욕이 엄청 대단한 것도 아니라서 주변 친구와의 상호자극 혹은 격려, 소통 등에서 동기를 얻어서 공부를 하는 편인데, 그런 공부를 사실상 혼자서 하려니 체력 소모가 상당했습니다. 3, 4학년이 되니 예전에는 벼락쳐서라도 끝내던 숙제를 전날에 싸매고 하다 포기하는 일도 잦아졌고 그러다 보니 성적도 떨어졌습니다. 제 강한 취미 혹은 제2전공이라 할 수 있는 음악분야에서도, 현지에서의 적극성과 자신감, 사교력 부족 그리고 앞서 말한 의욕 부족으로 학과에서나 과외활동에서나 그다지 대단한 성과를 내지는 못한 채 대학의 4년이 어영부영 끝났습니다. (물론 그동안 아무것도 하지 않은 것은 아닙니다. 전에 보여드린 것처럼 각종 인디펜던트 스터디, 프로젝트 등에 참여한 바 있습니다.)

제가 생각하거나 시도하고 싶을 앞으로의 제 삶의 진로가 부모님이 기대하시는 것과는 많이 다르다고 생각했습니다. 하지만 그렇더라도, 미국에서 제게 주어진 4년이란 시간동안 저만의 확연하고 멋진 무엇을 딱 하고 보여드려서 저만의 길을 갈 수 있음을 자랑스럽게 보여드리고 싶었습니다. 그렇게 하면 경제적, 철학적 등 모든 면에서 총체적인 독립을 상처럼 타낼 수 있을 거라고 생각했습니다. 수학과 대학원에 멋드러지게 붙어서 장학금을 받으며 알아서 살림을 꾸리고 살아간다든지, 아니면 정말 작곡이나 프로듀싱 공부를 독학하여 차곡차곡 이력도 쌓고 commission도 받는, 의외의 멋진 젊은 가능성 있는 작곡가의 삶을 내딛어 본다든지 하는 꿈을 꾸었습니다.

하지만 앞서 말한 내외적인 여러 가지 문제로 이도저도 아니게 허무한 졸업을 하고 집으로 돌아온 제 위치는 애매함 그 자체였습니다. 다시 발칙한 얘기일지도 모르지만 제게 부모님을 대하는 자세는 이제 순종과 반항이란 스펙트럼이 아닌 단순 동의와 이의의 개념으로 바뀌었다고 생각했습니다. 서구적인 관점일지도, 부모의 권위에 대한 천인공노할 도전일지도 모르겠습니다. 그런데 웃긴 일이지요. 그렇게 오래게 주어진 그 시간 동안 자기 혼자서 이룬 것이 없는 애가, 여전히 부모님 집에 얹혀서 먹여지고 재워지며 용돈마저 타 쓰는 마당에 무슨 개짖을 생활의 독립이고 동의 이의를 씨부려재낀단 말입니까. 그런 지점에서 보면 부모님의 저에 대한 여러 가지 요구는 매우 타당한 것이며 지금 위치에서는 제가 부모님의 여러 가지 요구에 순종하고 따르고, 우울해도 웃고 말씀대로 교회도 다녀보고 일자리 인턴쉽도 빨리 구하고 매일매일 계획을 세워서 앞으로 험난한 미래를 대비한 성실한 삶을 살아가고 매일매일 죽어라 뛰어 살도 빼고 입대도 하고 좀 굴러다녀 보면서 제 생활습관을 뜯어고치고 또 언어적 문제를 최단기간에 치료하기 위해 사력을 다해야 지극히 마땅합니다. 그런데 제 몸은 너무 뻔뻔하네요. 따라주지 않네요. 스물넷의 나이에 부모님에 얹혀사는 어른애 주제에 지가 독립된 인간이라도 된 줄 알고 지 생각만 하고 교회와 종교는 자율적으로 알아보고 공부하겠다는 똥 같은 생각으로만 가득 차서 주일 아침 잠결엔 침대를 지키다 쳐 맞고 끌에 폭력당했다고 억울해하네요. (아버지 심정은 감히 말하지만 이해합니다. 사과하실 필요 없습니다.)

현재 집에서의 제 삶은 기본적으로 모순인 것 같습니다. 그 모순에 대한 축소의 방편으로라도 그 요상한, 항상 죄송한 마음을 가지고 산 것 같습니다.

부모님은 아무 잘못 없습니다. 이 꼬임은 제 쪽에서 해결할 문제입니다. 제가 제 이기적인 소망대로, 살고 싶은 대로 살고 멋지게 살려면 제가 저만의 결과를 이루어내서 보여드리는 법 밖에 없습니다.

완전히 독립해야만 합니다. 그러면 부모님께도 당당할 수 있고 온유할 수 있을 것 같습니다. 최대한 빠른 시일 내에 임시 일자리와 자취할 집을 찾고, 제 삶을 바닥부터 고쳐나가고 싶습니다. 염치없기 짝이 없지만 보증금만 빌려주시면 나머지는 제가 다 해나가 보고 싶습니다. 제가 최근에 해본 생각입니다.

마지막으로 저는 무신론자는 절대로 아닙니다. 하지만 교회나 종교 활동에 대한 무작정 압박이나 권유도 제겐 많이 불편합니다. 그에 대한 고민이나 생각이 없는 것도 아닙니다. 페이스를 맞추고 싶을 뿐이며 주위 압박 없이 제 의지대로 알아보고 싶을 뿐입니다. 저란 인형의 팔에 달린 실이 그만 당겨졌으면, 하는 바람입니다. 제 팔이 찢어질 것만 같습니다. 대신 기도해 주세요. 십 수 년 간 기도하고 좌절했던 저도 다시 기도하겠습니다. 타인의 권유가 아닌 제 의지로. 혹은 제 의지로 대변되는 성령의 갈망으로? 그건 모르겠습니다. 아무튼 앞으로 할 일이 많습니다. 풀 문제도 많습니다. 집에선 웃는 낯으로 뵈려 노력할게요. 죄송합니다. 그리고 가장 기본적이지만, 사랑합니다.

노트북 가져 오는걸 깜박해서 폰으로 이걸 다 쓴 정혁 올림

P.S. 조금 덜 감정이입하고 덜 드라마틱한 우리 가족을 꿈꿉니다. 물론 많은 게 저 때문이겠지만…. 갈등이 생기면 좀 더 원만하고 평온하게 해결했으면 좋겠습니다. 삶은 어찌 보면 생각보다 별 거 아닌 게 아닐까, 라고 말하면 철없는 사념일까요? ㅠㅠ

답장: 아빠의 편지

사람은 아픈 만큼 성숙해진다고 하는데, 과연 이 말이 맞다는 걸 실감한다.

역설적인지 모르지만 네가 아플 때마다 아빠는 너의 성숙을 꿈꾼다. 아빠도 방황하는 시절이 있었고 시련을 애써서 추구한 것은 아니었지만 아빠의 인생가운데 파노라마처럼 펼쳐진 그 역경을 겪으면서 아빠는 많이 변했고 그 가운데서 많이 강해졌었다.

정혁이는 아빠와 다른 유형의 시련이라면 시련을 겪고 있는 것으로 생각된다. 그래서 아빠는 그것을 너에게 주신 주님께 오히려 감사한다.

단지 정혁이가 이 문제를 정혁이 나름대로 잘 풀어 가기를 바라는 마음이다. 다만 무기력하게 시간이 가기를 바라는 소극적인 태도나 세상과 담을 쌓고 살아가는 듯한 모습은 어떤 형태로든지 이해할 수가 없다. 방관할 수 없다. 왜냐하면 엄마 아빠는 너를 사랑하기 때문이다.
그래서 아빠는 너의 진정성이 담기 장문의 글을 보면서 많이 놀라기도 했고 많이 대견하기도 했다. 그리고 다음과 같이 아빠의 생각을 정리했다.

첫째, 너의 기본적인 유형의 틀은 변할 수 있다. 단지 네가 어떤 갈급함으로 너의 변화에 대하여 절실하냐에 달려 있다. 너를 이루고 있는 유형의 틀이 세상을 살아가는데 큰 문제가 없다년 그대로 유지하되 혹시 세상을 살면서 세상이 너의 틀을 원하지 않거나 불편하게 생각하면 과감히 바꾸어라. 반드시 바꾸어야 한다. 네가 무엇을 하든지….
둘째, 네가 되어 버린 지금의 네가 부모인 엄마 아빠가 생각하는 유형과 거리가 멀다고 너에 대한 애정이 없을 것이란 실망스런 단어는 앞으로 절대로 사용하지 말아라. 다시 한 번 그런 말을 듣게 될 때는 너와 우리의 가족이란 관계는 정말 끝이 될 것이다. 부모가 보기에 자식이 아무리 못나 보여도 자식은 하나님께서 주신 선물이며 끊을 수 없는 관계다. 너는 우리에게 소중한 아들이란 것을 항상 명심해라. 네가 동의하든 이의를 갖든 너의 자유겠지만 이것만은 부모로서 절대 양보할 수 없다. 그리고 유감스럽게도 네 유형에 맞는 부모는 이 세상 어디에도 존재하지 않는다. 왜냐하면 너는 엄마 아빠의 형질을 이어 받은 핏줄이기 때문이다. 다만 네가 생각하는 인생과 부모로서 엄마 아빠가 너에게 바라는 것이 차이가 있기 때문이며 그것은 대화로서 충분히 풀어갈 수 있는 문제다. 네가 부모를 어려워하면 세상 어디에서도 적응하기가 어렵다. 먼저 엄마 아빠를 설득시켜라. 지금처럼…. 그리고 엄마 아빠는 앞으로도 지금까지처럼 네가 잘못하면 꾸짖을 것이다. 너를 사랑하는 만큼. 그러나 가능한 너의 생각과 결정을 존중하고 따를 것이다. 네가 진정성을 갖고 너를 오픈하기를 바란다. 지금처럼. 대화로 풀어가자!

셋째, 지금까지의 너의 살아온 과정에 대하여는 더 이상 이야기 하지 말자. 세상에는 흩어지는 에너지는 절대로 없다. 네가 고민하고 실패하고 때론 성취한 모든 것들이 쌓여서 오늘의 너를 이루고 있으며 이제는 성장하여 너의 생각도 서구식으로 이야기 하는 정혁이로 자라났음을 오히려 대견하게 생각한다. 다만 아빠가 얘기하고 싶은 진짜 이야기는 지금부터가 중요하다는 것이다. 지금까지 너의 생각대로 살아왔다. 너의 진로에 대하여 어느 것 하나 부모가 결정한 것 없다. 앞으로도 너의 생각을 존중할 것이니 너의 생각대로 살아가라. 네 방식대로 살아가되…. 정말 간절하고 처절하게 살아가라. 인생 살아보면 네 말대로 별거 아니지만 그렇다고 그렇게 녹록치 만도 않다!!!

옛말에 자식 이기는 부모가 없다고 했는데 딱 맞는 말이다. 그러나 너도 부모가 되면 지금의 엄마 아빠의 심정을 이해할 날이 있을 것이다. 그 옛날 아빠가 가졌던 너와 같은 생각을 아빠도 한 때 가지고 있었으니까…. 그러나 때론 엄마 아빠의 심정을 역지사지하는 마음으로 헤아리며 살아가는 정혁이가 되었으면 좋겠다. 우리도 그렇게 할테니..

넷째, 너의 독립적인 삶의 프로젝트에 대하여 존중한다. 하여 한 때 너를 독립시키려 집을 내보내려고도 했다. 한 푼도 없이…. 네가 혼자서 살아보도록…. 그런데 우린 함께 살아야 할 것 같구나. 왜냐하면 네가 이제 잠시 후면 우리의 곁을 떠나 정말로 독립적인 생활을 할 것이고 이것이 우리가 마지막으로 가족의 의미를 찾으며 살아가야 할 기회가 될 테니까. 네가 집에 있는 동안 철저하게 너의 사생활을 보호할 것이다. 네가 잠을 자든 공부를 하든 운동을 하든 아르바이트를 하든 여행을 하든…. 자유롭게 너의 생활을 펼쳐나가라. 필요하면 가족에게 도움도 청하고…. 너의 자유의지를 믿기로 했다.

마지막으로 너의 신앙에 대하여 이야기 하고 싶다. 아빠와 엄마는 너에 대한 기도를 쉬지 않을 것이다. 그러나 네가 만나고 싶은 하나님에 대하여 압박이나 권유를 하지 않을 것이다. 다만 네가 다시

기도하겠다는 너의 결심을 존중하며 진정으로 너에게 하나님의 역사가 일어 나기를 바란다.

우린 가족이다. 사랑하는 가족이다. 정혁이 네가 진정으로 웃는 모습을 찾아주고 싶다. 부족하지만 우린 그렇게 노력할 것이고 너도 그렇게 노력하기 바란다.

평안하고 행복한 가정을 꿈꾸며….

너를 사랑하는 아빠

026

문제는
'육식동물 아빠'

군대를 가기 위해서는 일단 입대신청을 해야 하는데, 아들에게는 우선 정신적인 상태와 몸의 상태를 진단하는 것이 급선무였다. 아내는 아들을 위하여 가까운 지인으로부터 믿을만한 신경정신과 병원을 소개받아서 아들의 상태를 진단받았고, 종합적인 검진을 받기로 하였다.

진단 결과, 놀랍게도 아들은 우울증이었다. 의사는 우울증에 따른 언어 장애의 일종인 틱 현상이 발생했으며, 전반적으로 자신감이 떨어진 무기력증 상태에서 사람들과의 눈도 마주치지 못하는 대인기피 현상까지 생겼다고 말했다.

의사의 소견에 따르면, 아들의 지능은 잠재지능지수는 150+

의 높은 수치를 보였다. 반면 사회 적응지수를 알 수 있는 정신적인 맺집은 거의 '0'에 가까웠다. 이 두 가지 수치의 극단적인 상충이 내적으로 많은 갈등과 대인기피 현상을 유발하게 된다는 진단이었다. 그리고 당시의 정신 상태로는 군에 입대하는 것은 불가능하다고 판정했다. 꾸준한 정신과 치료와 상담을 요하고 약물치료를 병행해야 한다는 것이었다.

다시 한 번 하늘이 무너지는 느낌이었다. 그제야 그런 판정을 받은 아들이 조금씩 눈에 들어 왔다. 아들의 아픔이 고스란히 나의 아픔으로 전해져 왔다. 아버지의 마음과 아들의 인생 매니저를 자처했던 지난날에 대한 책임감이 절실하게 느껴지기 시작한 것이다. 아들의 입장에서 바라보니, 가슴이 먹먹해지고 마음 한 구석이 심하게 저려왔다.

도대체 아들이 이렇게까지 된 원인은 어디에 있었을까? 나는 모든 것을 아들의 나약한 의지와 소극적인 태도 때문이라고 단정 지었다. 아들의 성장과정에서 내가 가장 염려했던 것은 아들의 소심한 성격이었다. 그 성격을 고쳐주려고 강하게 집착했지만, 결과적으로 뜻대로 되지 않았다. 나 또한 아들 인생 매니저로서 한계에 부딪혔다.

아빠의 그 진심 어린 조언을 따르지 않았던 아들에게 다시 한 번 섭섭함이 일었으나, 평정심을 되찾고 아들의 치료과정을 지켜봐야 했다. 새로 소개받은 병원에서 아들의 치료는 꾸준히 진행되어 갔다. 약물치료와 함께 상담을 병행했다.

그러던 어느 날, 아들이 치료를 받고 있는 신경 정신과 병원에서 우리 가족이 함께 만나 상담하는 시간을 의뢰하니, 시간을 내 달라는 것이었다. 그 때 회사가 오랜 적자경영으로 긴박한 상황이었지만, 아들의 치료를 위해 필요하면 시간을 내야 한다고 생각했다. 우리 가족이 모두 병원에서 만나 가족 전체의 상담을 시작했다. 그림도 그리고 좋아하는 사진과 인형들도 고르고 정해진 설문에 답하기도 하고, 그리고 최종적으로 담당전문의와 개별 상담도 했다.

그리고 상담 결과는 그 상담을 받은 사실을 바쁜 회사일로 잠시 잊고 있을 때쯤인 2주 후에 나왔다. 우리 온 가족은 다시 병원에 모였다. 신경정신과 담당 의사는 함께 모인 우리 가족을 바라보며 이렇게 말했다.

"상담 결과 가족은 전체적으로 단란한 분위기를 형성하고 있습니다. 가족 구성원 각자가 다른 성격과 기질을 갖고 있으며, 그것이 잘 조화롭게 어우러지는 행복한 가족의 모습입니다. 그런데 이번 정혁 군의 병 증세와 관련하여 심층적으로 들여다보면, 환자가 결정적으로 우울증세와 말을 더듬는 틱 현상 등을 갖고 있습니다. 대인기피증을 갖게 된 원인은 조심스러운 판단이

긴 하지만, 분명히 아버지의 영향이라고 말씀드릴 수 있습니다. 환자와의 수차례에 걸친 상담 결과와 가족 성향을 조사 분석한 결과, 아드님 우울증 발병의 근본적인 원인이 아버님과 아드님과의 관계성에 있음을 발견할 수 있었기 때문입니다.

아버님은 밀림이나 정글과 같은 치열한 경쟁구도의 사회경쟁 속에서 살아남은 강인한 육식동물의 성향을 갖고 계십니다. 반면, 아드님은 푸른 초원에서 아무런 스트레스 없이 평화롭게 살아가는 온순한 초식동물의 기질과 성향을 가지고 있는 것으로 나타났습니다. 그런데 이 두 극단적인 성향의 두 동물이 만나 오랜 시간을 같이 생활해오면서, 초식동물의 성향을 가진 아드님이 아버님의 성향에 눌려 정신적으로 위축되어 있는 상태입니다.

그리고 결정적으로 아드님이 홀로서기를 자처하며, 미국 유학 생활을 떠난 것도 자신만의 조용한 안식처를 찾아 떠난 것이었는데, 아버님은 아들을 너무나도 끔찍이 사랑하고 보호해줘야 한다는 부모로서의 사명감과 우수한 형질을 가진 아들을 완벽하게 만들어 보겠다는 욕심으로, 미국에 있는 아들을 끊임없이 정신적으로 억누르며 관리하신 것으로 판단됩니다.

아드님은 처음 미국에서 자유롭게 공부를 하고 싶었으나, 홀로 서는데 어려움이 있었고 시행착오를 겪을 때마다 스스로 일어날 수 있었음에도 불구하고, 아버님으로부터 원격적인 컨트롤을 당하면서 미국에서조차 아버님의 그림자에 아들이 눌려 지낼 수밖에 없었다는 것이 전문적인 분석결과입니다.

아드님은 성적이 떨어지거나 늦게 일어나 학교 수업을 빠지게 되는 경우가 발생할 때마다 아버님의 얼굴이 떠올랐으며, 그 아버님의 모습이 정신적인 부담으로 자리 잡아 점차 대외 활동이 위축되며, 급기야는 대인기피증세가 생겼고, 우울증으로 이어진 것으로 판단이 됩니다.

따라서 앞으로 아드님의 치료기간 동안 아버님께서는 아들에게 가능한 부담이 되는 대화를 자제해주시고, 아드님이 원하는 대로 후원해주고, 응원해주는 모습을 보여주시기 바랍니다.'

나는 그 진단 결과를 수용할 수 없었다. 믿을 수 없었기에 고개를 가로저었다. 누가 뭐래도 나는 아들을 사랑했고, 아들의 진정한 성공과 미래의 행복을 위해 많은 시간을 들이며, 아들과 동행했기 때문이었다.

아버지로서 내가 해 준 말은 아들에게 피와 살이 되는 좋은 감동의 이야기들이었으며, 그동안 주고받은 수많은 편지와 이메일들은 우리 부자가 살아 온 흔적을 고스란히 대변해 주는 것이었다. 그것은 이 세상에 홀로 남겨져 치열하게 살아오면서, 그간에 겪은 수많은 경험을 통해 우려낸 삶의 진수와 같은 귀한 조언들이었다. 그러나 그 조언들이 아들에게 보이지 않게 정신적인 부담이 되었다는 의사의 말을 일순간 인정하고 싶지 않았다.

절대적인 판결문 같은 그 상담 결과가 나에게는 엄청난 정신적인 충격이었다. 옆에 있던 아내도 마찬가지였다. 옆에서 미안한 듯 물끄러미 바라보는 아들은 눈을 끔뻑거리고 숨죽이듯이 침묵을 지켰다. 아들의 모습을 바라보니, 그제야 아들의 입장에서 그럴 수도 있었겠지 라는 생각이 들었다.

'아들아, 그동안 왜 발버둥치지 않았니? 못하겠다고, 왜 몸부림 한 번 치지 않았어?'

참았던 눈물이 왈칵 쏟아졌다.

027

홍대 앞 인디 밴드

일단 아들의 군 입대를 연기하는 것이 급선무였다. 그 상태로는 도저히 입대를 할 수 없을 뿐 아니라 입대하더라도 제대로 훈련을 받고 정상적인 군 생활을 할 수가 없었기 때문이었다. 그나마 다행스러운 것은 아들이 군 입대를 포기 하지 않고 정상적인 회복 판정을 받은 다음 당당하게 군 입대를 하겠다는 강한 의지를 보였다는 사실이다.

나는 그런 아들이 대견스러웠다. 사실 아들이 개인적인 질병의 이유로 병역을 면제받거나 공익 근무요원의 판정을 받길 원치 않았다. 군 면제를 받게 되면 평생 병역 기피로 인한 핸디캡을 안고 살아야 하는 것이 걱정되었기 때문이다. 아들이 먼저 정상적인 회복을 위하여 치료를 받겠다는 적극적인 의지를 보여준 것이 감사했다.

그 때부터 일주일에 두 번씩 정기적으로 병원을 방문하여 치료를 시작했다. 담당 의사와 상담 치료를 받으며 약물 치료도 병행해 나갔다. 담당 주치의는 아들에게 병원에서의 진료 이외에 환자 스스로 치유할 수 있는 프로그램을 권유했다. 아들에게 치료기간 동안 마음껏 하고 싶은 것이 무엇인지 질문했다. 역시나 음악활동을 첫 손가락으로 꼽았다.

아들이 대학에서 자유롭게 공부하고 싶었던 분야는 단연코 음악이었다. 수학을 전공한 아들은 복수전공으로 음악을 선택했다. 그런데 사실 전공인 수학 분야만으로도 빡빡한 수업일정과 엄청난 학습량 때문에 정작 본인이 함께 공부하고 싶었던 음악은 거의 손도 대지 못하고 학업을 마친 실정이었다.

담당의사는 지체할 것도 없이 바로 마음껏 음악활동을 펼칠 것을 처방했다. 아들이 연주하고 싶은 악기는 드럼이었다. 어려서 음악에 조예를 보였지만, 그동안 학과의 전공과정에 치여 제대로 음악에 몰입할 기회가 없었다. 그러나 담당의사의 적극적인 권유로 드럼 스틱을 다시 잡았다. 이와 함께 아들은 새로운 곡을 구상하고 함께 연주할 밴드를 결성하여 음악활동에 대한 계획을 세우게 된다.

아들은 먼저 함께 할 친구들을 온라인상에서 만났고, 뜻이 맞는 이들과 인디 밴드를 결성하였다. 자신이 작곡한 음악을 가지고 홍대 앞의 연습실을 빌려 틈틈이 연주활동에 들어갔다. 육식동물 아빠의 품속에서 벗어나 진정으로 좋아하는 음악의 세계에 진입한 것이다.

갓 출범한 인디밴드. 아들에겐 한 푼의 밴드 운영비조차도 없는 상황이었다. 아들은 경비 마련을 위하여 뛰었다. 다행스럽게도 100점 아들의 진가가 나타났다. 강남의 학원가를 찾아가 대학 졸업증명서와 자신의 옛날 화려한 시험 성적과 수상 기록들을 제시한 것이다. 아들의 실력을 알아본 학원가에선 그 즉시 파트타임 강사로 채용했다. 음악활동과 병행하여 영어 SAT과목을 비롯한 수학과 과학 등 유학생 대상의 강의를 하면서 밴드활동을 이어나갔다. 학원가에서 벌어들인 수입을 종자돈으로 하여 홍대 앞 연습실을 빌렸다. 그곳에서 팀원들과 합숙도 하면서 음악에 심취하게 된다.

자신이 그토록 좋아하고 자신이 몰입하며 즐겨 하기를 원했던 음악을, 마음껏 발산하였다. 점차 아들은 얼굴에 생기를 되찾아 가는 듯 했다. 나는 이제 더 이상 아들의 매니저 역할을 할 수가 없었다. 담당 주치의가 나에게 아들을 자유롭게 놓아주라고 경고성 권면을 했던 터라, 나 또한 아들이 하는 것을 지켜만 볼 뿐 이전처럼 그 어떤 것도 할 수가 없었다. 아들은 자유의 날개를 단 듯했다. 자신이 원하는 것을 마음 놓고 할 수 있는 것 이상으로 기쁘고 행복한 일은 없는 모양이었다.

아들이 병원 치료와 음악 치료를 병행하는 동안 여기저기서 아들의 근황에 대하여 많은 질문을 받게 되었다. 그도 그럴 것이 한 때 세상을 깜짝 놀라게 할 만한 많은 일들을 만들어낸 주인공이라 우리 부부는 어딜 가나 늘 아들에 대한 소식을 묻는 질문을 많이 받곤 했다. 그때마다 우리 부부는 늘 자랑스럽게 아들의 근황에 대하여 이야기를 하곤 했었다. 그런데 막상 아들이 그런 아픔과 언제 끝날지 모를 치료 과정을 밟게 되면서 그런 아들의 상태를 이야기 하는 것을 한동안 전적으로 삼갔고, 따라서 아들에 관한 이야기가 나오면 자연스럽게 다른 이야기로 전환하여 그 상황을 피해 가곤 했다. 잘나가던 아들에 대하여 현실적인 상황을 이야기 하는 것이 마음속에서 용납이 되지 않았다. 그리고 그때마다 다시 한 번 현실적인 처지가 슬퍼지곤 했었다. 그건 아내도 마찬가지였으리라.

아픈 가운데 있는 아들이 음악과 병원 치료를 통해 하루빨리 치료되고, 다시 보란 듯이 재기하기를 바라는 마음이 아직도 간절하게 남아 있다. 그 때까지도 아버지인 나는 그런 아들의 잠재력과 무서운 폭발력을 누구보다도 믿고 확신하고 있었다.

그러던 중, 2013년 말에 회사에서 갑작스러운 인사명령을 받았다. 한국의 영업 총괄을 담당하며 어려운 가운데 좋은 성과를 낸데 대한 능력을 인정받아서 그 해 말에 싱가포르로 전출 명령을 받은 것이다. 싱가포르는 우리 회사의 동서남아지역의 본부가 있는 곳으로 영업적인 면에서나 물류의 흐름 측면에서 매우 중요한 곳이다. 그 곳에서 영업을 더욱 확장하고 비용을 절감할 수 있는 부문들을 모색해보라는 대표이사의 특별한 미션을 받고 한국을 떠나게 된다.

당시의 상황은 워낙 회사가 어려운 상황이었고 4년 연속으로 적자를 보이고 있던 터라, 회사의 명령에 무조건 따라야 했다. 그리고 그 길은 이제는 그 끝이 보이는 나의 회사에서의 마지막 불꽃같은 성공을 향한 길이기도 했다. 더군다나 새로운 부임지에서 내가 맡은 보직은 지역 총괄 본부장으로 관할 국가만 해도 무려 25개 국가에 해당하는 실로 방대한 지역이었다.

나에게는 새로운 도전이었다. 늘 그렇듯이 나는 그러한 새로운 도전을 즐기며 살아왔다. 그것이 나의 길이었고, 나는 그런 미션을 성공적으로 잘 수행해왔다. 그리고 그런 도전 정신을 아들에게도 심어주고 싶었다. 남다르게 뛰어난 재능을 가지고 태어난 아들에게 아쉬운 점이 있다면, 그것은 도전정신이었다. 삶의 리더로서, 아버지의 순수한 열정으로 아들에게 부족한 도전

정신을 보완해주어 명실상부하게 완전한 인격체로 완성해주려고 했던 나의 노력이 헛수고였음이 증명됐다. 나는 이제 심한 자책감과 뒤늦은 후회로 아들을 멀리서 지켜보며 사는 신세로 전락했다.

동서남아 본부인 싱가포르에는 가족들 없이 혼자의 몸으로 부임했다. 아내는 전문가로서 역할이 있었고, 딸은 대학생이었으며, 아들은 이제 군 입대를 위한 치료를 진행하고 있어서 혼자 부임지에 가는 것은 당연한 결정이었다. 독일에서 1년 동안 혼자서 살림을 하며 지내온 터라 몇 년이 될지는 모르지만 혼자 지내는 것은 어려운 일이 아니었다. 혼자 싱가포르로 떠나던 날 아들을 안아주며 이야기 했다. 하루빨리 좋아져서 정상적으로 군에 입대를 하는 모습을 위해 기도하겠노라고….

그렇게 싱가포르에서의 바쁜 일정이 다시 시작되었고, 한국에서 지내는 가족들과 소식도 주고받았다. 이제는 광속도의 인터넷 세상이 펼쳐지면서 불과 몇 년 전만 해도 생각지도 못했던 SNS를 이용한 소통이 가능해졌다. 실시간의 대화는 당연하고 사진도 전송이 되었다. 바쁜 회사 생활 중에도 가족의 상황을 묻는 시간이 자연히 많아졌다.

아들은 다행히도 왕성한 음악활동과 순조로운 병원 치료를 통해 나날이 좋아지고 있다는 소식을 접하게 되면서 나는 현지에서 나의 본업에 열심히 집중할 수 있게 되었다. 아들에게 음악은 정말 중요하고 귀한 치유의 치료제였다.

028

남 몰래 흘린 눈물

싱가포르는 정말 깨끗한 도시였다. 더위를 유독 견디지 못하는 핸디캡을 제외하고는 적응할 수 있을 것 같았다. 무엇보다 중요한 것은 잦은 출장으로 인한 건강관리였다. 처음 부임하고 나서 일주일이 멀다 하고 관할지역을 돌아보기 위해 출장을 다니기 시작했다. 말이 25개국이지 정말 바쁜 일정을 소화해야 했다. 시간이 빠르게 지나갔다. 그동안 영국, 미국, 독일에 이어 어쩌면 마지막이 될 싱가포르와 동서남아 지역을 담당하게 된 것이다.

그동안 해외를 돌면서 익숙해진 탓도 있지만 천성적으로 친화력이 무기였던 나는 동서남아 지역을 돌면서 더욱 빨리 현지 직원들과 친해질 수 있었다. 무엇보다 동서남아 지역 내의 현지인들은 한국인에 대해 무척이나 호의적이고 관심이 많다. 국민들의 지역 정서도 같은 아시아권 사람들로 다른 서구나 미주지역보다 훨씬 빨리 적응할 수 있었다. 더군다나 보스라고 온 사람이 친화적인데다가 권위적이지도 않게 친구처럼 대하니 너무나 신기하고 편안해하는 듯 했다. 우린 금세 친구가 될 수 있었다.

다년간의 해외 생활과 해외 주재 기간 동안 내가 터득한 노하우는 전적으로 현지인들과 친한 친구나 가족이 되는 것과 문화적인 이질감을 극복하는 일이었다. 나의 큰 장점인 친화력은 해외에서의 미션을 성공적으로 수행할 수 있었던 절대적인 요인이었다. 내가 가는 곳은 어디나 하나의 특별한 공동체가 형성이 되었으며, 그 가운데 친밀한 가족과 같은 분위기가 만들어졌다. 그래서 나는 내가 속한 조직을 늘 가족, Family라고 불렀다.

정신없이 시간이 흘러 여름이 되었다. 꿀 같은 일주일간의 여름휴가가 주어져 가족을 이 곳 싱가포르로 초청하였다. 아들도 이제 거의 완쾌되었다는 반가운 소식이 들려왔고, 딸도 여름방학이고 아내에게도 3주 정도 휴가를 내고, 이곳 싱가포르에서 함께 지내기를 제안했다.

이렇게 가족이 헤어진 지 8개월 만에 해후를 하고, 여름휴가를 같이 보내게 되었다. 싱가포르에 있는 3주 가운데 1주일간을 함께 떠날 휴가 계획을 세웠다. 가보고 싶은 곳이 너무나 많은 가운데 우린 우선적으로 인도네시아 발리로 떠날 계획을 세웠다.

인도네시아의 발리는 정말 아름다운 지상의 낙원 같은 곳이었다. 시간이 어떻게 지나갔는지 모를 정도로 빠른 발리에서의 생활을 마치고 다시 싱가포르로 돌아왔다. 그리고 가족들은 싱가포르 인근 지역을 다니며 볼거리들을 맘껏 즐겼다.

그렇게 3주간의 시간을 보내고 떠나기 하루 전 날인 금요일 오후, 회사에서 일을 하고 있던 나는 문자 한 통을 받게 된다. 아내에게서 온 문자였다. 문자의 내용은 놀라웠다. 짧은 문자의 내용은 이러했다.

'정혁이에게 여자가 생겼어요. ^^'

'우와!! 정말이야?'

기쁨으로 깜짝 놀랐다. 그도 그럴 것이 여기 싱가포르에 함께 와 있는 3주 동안 매일같이 얼굴을 마주 보고 있었건만, 전혀 이야기 하지 않다가 갑자기 싱가포르를 떠나기 하루 전날에 커밍 아웃을 한 것이다. 우린 아들이 연애를 할 줄 모른다고 생각했다. 아프기 전에도 아들의 성격상 자신이 먼저 여자에게 다가가서 자신의 감정을 이야기 하는 것은 상상도 할 수 없는 일이었다. 게다가 미국에서 돌아와서 병원으로부터 증세에 대한 판정으로 받고 나서는 더욱이 여자를 사귄다는 것은 상상할 수도 없는 전혀 뜻밖의 일이었다. 따라서 아들이 연애를 하여 여자를 만나는 것이 우리의 기도 제목이기도 했다.

그런데 그런 우리의 기도가 이루어진 순간이었다. 그것도 한국도 아닌 싱가포르에서 여름휴가 와서 폭탄처럼 터뜨린 아들의 놀라운 선언이었다. 한국에서 살면서 조차 이야기하지 않다가 온 가족이 있는 곳에서 드디어 공개하는 순간이었다. 그러나 그 놀라움은 단지 서막에 불과 했다. 이어지는 아내의 문자가 더 놀라웠다. 아내의 문자는 이렇게 찍어대고 있었다.

'그런데 여자가 연상 이래요!'

나는 대수롭지 않게 화답을 했다.

'하하! 연상이 뭐가 문제야? 요즘은 연상이 대세야!'

그런데 이내 이어지는 아내의 답 문자!

"한두 살 많은 게 아니에요!"

약간의 긴장감이 감돈다.

'그럼 몇 살 많은데?'

로또 복권에서 마지막 당첨 번호 기다리는 것 같은 묘한 떨림이 순간 일었다.

'놀라지 마세요. 일곱 살….'

놀라지 않을 수 없었다. 일곱 살 연상이라니….

미국에서 돌아 온 아들이 우울증을 앓는 다는 것은 믿을 수 없을 만큼 충격적이었다. 그리고 그 원인이 아버지의 혹독한 교육법 때문이었다는 의사의 진단은 내게 커다란 슬픔을 안겨줬다. 이제 겨우 그 충격과 슬픔이 가시려고 하는 찰나에 아들은 내키지 않은 선물 꾸러미를 내민 것이다.

'충격을 받으면 이렇게 쓰러지는 거구나.'

나는 잠시 생각에 잠겼지만 정신을 차리고 담담하게 답했다.

'괜찮아!! 그 놈이 자신을 연예인이라고 생각하는 모양이지? 일단 축하해 줍시다! 오늘밤 집에서 축하파티를 준비합시다!!'

아들에게 여자가 생겼다는 것은 정말 축하해 줄 일이었다. 아들이 아프면서 정말 평생 짝도 없이 연애도 하지 못하고 살면 어떡하나 하는 두려움도 있었다. 한 때 아들이 하늘을 찌를 듯이 승승장구 할 때는 아빠로서 은근히 세속적인 잣대의 결혼 상대자를 상상하기도 했었다. 아들은 키도 크고 잘 생기고 게다가 머리까지 뛰어나니, 정말 세상이 말하는 엄친아의 조건 이상을 가진 우수한 놈이었다. 그런데 어느 순간 아들 이상으로 자신감이 상실해 있던 나에게 들려오던 아들의 여자 소식은 마른하늘에 단비와 같은 소식이었다. 단 하나! 일곱 살 연상이라는 경악스러운 조건만 아니었다면….

그런데 내심 하나의 희망을 걸어본다. 일단 아들에게 찾아 온 첫사랑이라는 것과 아들의 치료가 이제 거의 완치 단계에 들어

갔으니 곧 입대를 할 것이라는 것이다. 남자가 군대를 가면 첫사랑과는 십중팔구 헤어지게 되어 있다는 연애사의 통설을 믿고 싶었다. 아들이 어떻게 여자 친구를 만났는지 궁금해지기 시작했다. 그 날 우리 가족은 함께 모여서 아들의 생애 최초의 여자, 첫사랑을 위해 건배를 들었다. 그리고 궁금증을 풀기 위한 짓궂은 청문회를 계획했다.

'어디서 어떻게 만났는지, 처음 느낌은 어땠는지, 처음 일곱 살 연상이라는 사실을 알고 놀라지 않았는지, 어떻게 일곱 살의 나이 차이를 극복하고 서로 사귈 생각을 하였는지, 아들이 생각하는 여자 친구의 매력이 무엇인지, 장차 이 여자와 결혼을 할 생각인지… 등'

이렇게 수많은 청문회의 질문 거리들이 머리에 맴돌았지만 꾹 참았다. 아들은 오랜 시간 힘들게 투병생활을 하고 이제 막 회복하여 정상의 모습으로 돌아온 상황이었다. 그리고 그런 질문들을 한다 해도 일일이 자상하게 청문회 질문에 답할 아들이 아니었음을 우리 너무나도 잘 알기에 몹시도 궁금했지만 질문하기를 그만두었다. 다만 아들이 처음 어떻게 여자를 만났는지에 대한 질문을 어렵게 던졌고, 우리의 갈증을 해소할 만큼 길지 않지만 아들의 대답을 건져 낸 것이 그나마 수확이라면 수확이었다.

아들은 우울증 판단을 받고 약물 치료와 상담치료를 병행하면서 의사의 권고에 따라 자신이 제일 하고 싶었던 음악에 심취하게 되는데 일종의 음악 힐링 테라피였다. 처음 밴드를 조성하여 홍대에서 연주를 하며 지내던 이듬해인 2013년 2월 14일 발렌타인데이 때 두 사람은 우연히 만났다고 했다. 그날은 공연이 끝나고 공연에 참석한 사람들이 만나 미팅이 있었는데, 그 때 아들의 앞자리에 같이 앉게 된 여자가 바로 운명의 여자 친구가 된 것이다. 서로가 첫 눈에 끌리게 된 두 사람은 급속도로 가까워졌다고 한다. 나중에 서로의 나이를 알게 된 모양인데 사차원의 생각을 가진 아들에게는 여자 친구의 나이가 그리 문제가 될 리 만무하였을 것이다. 사람이 만나서 서로 생각하는 방향이나 철학이 같으면 되었지 나이가 무슨 대수겠는가? 전적으로 아들의 생각이었고 나중에 확인한 사실이지만 여자 친구도 같은 입장이었던 모양이었다. 사람과 사람의 만남은 어떤 일정한 방정식의 이론으로 명확하게 설명할 수 있는 일이 아니고, 어떤 공식으로 증명해 낼 수 있는 일이 아니기에 그대로를 인정하기로 했다.

당시 내가 품고 있던 대전제는 '첫사랑은 반드시 깨지게 되어 있다'라는 것이었다. 그러나 아들이 음악치료를 통해 인생에서 자신의 생각과 마음을 이해해주는 운명과 같은 여자를 만났고, 자신감과 자존감을 회복했다. 심리적으로 안정되고 행복한 가운데 만난 여자 친구가 어찌 아름답지 않겠는가? 또한 정상적인 생활을 할 수 있는 보석과 같은 귀중한 삶의 에너지를 여자 친구로부터 얻었으니 오히려 감사할 일이었다. 그 때부터 아들의 여자 친구가 어떤 사람인지 몹시도 궁금했지만, 아들이 자상하게 이야기 할 그럴 위인이 아니어서 가끔씩 대전제를 상기하며, 그대로 지켜보기로 했다.

그렇게 시간이 흘렀고, 아들은 군 입대를 앞두고 있었다. 여전히 시험에는 강한 면모를 보이는 아들은 육군과 공군의 통역병 시험을 치러 두 군데 모두 합격을 하게 되는데, 최종적으로 공군 통역병의 길을 선택했다. 아들이 대학을 졸업하고 2년 5개월이 지난 후의 일이었다.

그동안 아들은 음악활동과 상담치료를 통해 자신을 되찾아가고 있었고, 한 사람을 만나 사랑에 물들었다. 어쩌면 그 사랑의 힘으로 힘든 상황을 극복했는지도 모르겠다. 그리고 다소 늦은 나이에 군대를 갔다. 이제는 한 걸음 비껴난 자리에서 아들의 강하고 담대한 군대생활을 응원하기로 했다. 그렇게 아들은 신병 훈련장이 있는 진주로 홀로 떠났다. 본격적인 군대생활을 통해 서서히 아들은 대한민국의 건강한 군인으로 단단해졌으며, 제법 군인정신이 충만한 모습을 보여 바라보는 아버지의 마음을 안도하게 만들었다.

아들이 군대생활을 안정적으로 해 나가는 데에는 여자 친구의 역할이 제법 크다고 느껴지는 것은 두 사람은 군대생활 가운데도 흔들림이 없이 아름다운 교제를 이어가는 모습 때문이었다. 그런 모습을 보면서 주체할 수 없는 상상력이 발동하며, 구체적인 상상을 하기에 이르렀다. 아들이 일곱 살 연상인 여자와 행복한 결혼식을 올리는 모습이 하루하루 구체적으로 떠올랐다. 개인적으로는 용납할 수 없었다. 아무리 그녀가 아들의 회복에 결정적인 역할을 했다 해도 내가 생각해왔던 아들의 여자와 그리고 아들의 결혼 생활은 이런 기이한 조합이 아니었기 때문이었다.

아버지로서 아들에 대한 꿈은 원대했다. 비록 아들이 한때 아픔으로 힘든 과정을 겪었어도 일시적인 것이라 아들이 극복할 수 있는 문제였고, 능히 이겨낼 것이라 생각했다. 아들의 첫 사랑은 그저 아름다운 첫사랑의 추억으로 끝나야 하는 것이라 생각했다. 그런데 아들은 아무 사고도 없이 군대생활을 잘 영위해 갔다. 아름다운 첫사랑과 함께….

나의 확고한 생각에 지원군을 확보하기 위해 내가 가장 믿고 사랑하는 아내에게 넌지시 물었다. 아들의 결혼상대로 지금의 여자 친구를 아들이 고집을 하면 어떻게 할지를…. 아내는 물어본 사람 민망하게 단 일 초의 머뭇거림도 없이 놀라운 대답을 한다.

“당연히 결혼시켜야죠, 아들이 원한다면….”

게다가 눈물이 핑 돌게 하는 한 마디를 덧붙인다.

“정혁이를 저렇게 자신감 있는 사람으로 만들어 주었는데 얼마나 고마워요? 생명의 은인이잖아요!!”

사실 아내의 말이 맞는 것 같기도 했다. 그러나 내심 아직 시간이 있으니 좀 더 두고 볼 일이라고 생각했다.

그러던 중, 나는 어느 날 아들의 방을 정리하다가 우연히 아들이 신병훈련소에서 받은 편지를 발견했다. 아들의 책꽂이에 눈에 띄게 꽂혀 있는 손 편지 꾸러미였다. 친구들과 우리 가족으로부터 받은 편지였다. 그런데 그 중에서도 유독이 눈에 띄는 편지 묶음이 있었는데, 그것은 아들의 여자 친구로부터 받은 것들이었다.

한참을 고민하다가 그 편지들을 하나씩 열어 보았다. 목석같은 아들이 만나는 여자가 궁금하기도 했고, 만에 하나 결혼하게 될 지도 모르는데, 그렇다면 적극적으로 아들의 여자에 대하여 알아볼 요량이었다. 사실 아들에게서 여자 친구에 대하여 소소하게 이야기를 듣는다는 것은 꿈도 꿀 수 없는 일이었다. 조심스럽게 한 통 한 통씩을 읽어 내려가기 시작했다.

너의 편지를 읽으며 입가에 미소가 떠나지 않았어. 재밌기도 했고…. 자기 농구도 잘하고 킬리만자로 정상도 밟았고 골프도 배웠잖아. 함께 훈련을 받는 동생들에게 뒤쳐지는 일은 없을 거야. 그리고 그들보다 더 잘 할 필요는 없어. 그냥 그 무리에 잘 섞이기만 하면 돼. 자기 말대로 군대가 거의 처음이자 마지막으로 다양한 계층과 분야의 사람들과 만나는 기회이니까. 공부 잘 해서 비슷한 또래 집단하고만 어울리던 사람들에겐 더욱 유일한 기회고, 사람구경하기 괜찮을 거야. 사람이 얼마나 다양한지, 결국 얼마나 다 똑같은지, 얼마나 추한지, 얼마나 곱고 예쁜지 관찰하고 깨닫는 시간이 되길 바래. 자기에겐 그게 필요할 거야.

자기가 예상보다 잘 적응하고 있으니까 걱정치 말라고 했지만, 아직 초반이니까 자기도 적응하기 바빠서 눈에 담지 못하거나 파악 못한 것들이 많을 거야. 차츰 자세한 사정이 눈에 들어오기 시작하면 실망하거나 진절머리 나는 기분이 들기도 할 걸. 동시에 자기가 할 수 있는 게 없다는 사실에 참 무력해지고. 군대란 체념, 포기, 회피, 합리화…. 이런 걸 체질화시켜 조직사회에 순응하는 사람을 만드는 곳 아닌가 싶어. 그곳에서 자기가 그런 것들을 목도하고 자신도 조금씩 물들어 간다는 걸 깨닫게 되어도, 그래도 의식만은 깨어 있길 바래.

깨알 같은 글씨들로 가지런히 정리된 편지를 보는 순간 감동이 몰려왔다. 정성스러운 손 편지였다. 아들을 사랑하는 마음이 편지에 고스란히 녹아 있었다. 편지의 한 글자 한 글자가 아들의 등을 토닥이고, 마음을 어루만지며, 눈을 들여다보고 있었다. 한 번도 본 적이 없는 아들의 여자 친구의 모습이 그대로 편지 위에 그려지는 것이었다. 연재소설 읽듯이 두고두고 편지를 읽어가면서 나는 아들의 여자 친구의 매력에 푹 빠지게 되었다. 이 소설 속의 주인공들이 끝내 아름다운 사랑을 놓치지 않기를 간절히 바라는 묘한 감정이 일기도 했다. 오래 전에 받아 둔 풀어 보기 싫은 선물 꾸러미를 어느 날, 무심코 풀어 보고는 저절로 감탄을 자아내는 꼴이 됐다. 내 마음의 무게추가 중심에서 벗어나고 있었다.

029

최고의 선택

대한민국 공군에서 24개월의 군복무를 마치고 전역한 아들은 평소 대한민국의 군대 체제에 대해 부정적인 시각을 가지고 있었지만, 군 생활을 통하여 세상을 바라보는 시각이 많이 바뀌었다고 웃으며 말했다. 똑같은 상황이라도 어떻게 그 상황에 대처하느냐에 따라 그 상황에서 배우는 것이 다를 수가 있다는 것을 아들은 군대생활을 통하여 알게 되었다.

군대를 마친 아들은 대학원에 진학하여 공부를 지속하려던 당초의 계획을 접고, 사회 진출로 방향을 바꿨다. 군 생활 동안 곁을 지켜주고 삶의 의미를 새롭게 깨닫게 해준 여자 친구와 화목한 가정을 이루고 싶은 생각을 우선하고 있었다.

활기를 찾은 아들은 군에 있는 동안 제대를 하면 무엇을 할 것인지 계획을 세웠고, 입대 전에 아르바이트로 일하던 강남의 미국 대학 유학 전문학원에 본격적인 강사로 입사하였다. 아들은 영어를 완벽하게 하는데다 수학을 전공하였고 웬만한 이과 과목을 두루 다 가르칠 수 있는 실력을 갖추고 있었기에 학원입장에서는 매우 유능한 강사로 평가받고 있었다. 강남 유학 학원가에서는 강사의 스펙에 따라서 수입도 천차만별이었다. 아들은 강사로 2~3년 정도 강의하면 필요한 자금을 충분히 마련할 수 있다는 자신감을 보였다.

이제는 더 이상 나의 생각을 강요할 수 있는 상황도 아니었다. 또 그렇게 강요할 생각도 없었다. 언제부턴가 나는 아들의 생각을 전적으로 수용하고 응원해주는 응원자의 역할을 감당하고 있었다. 이제부터는 아들의 인생이기 때문에 나는 아들이 하고자 하는 것을 전적으로 응원하기로 했다.

아들이 학원 강사 생활을 순조롭게 이어나가던 어느 날, 나는 오랜만에 아들과 대화를 나눴다. 아들의 결혼에 대한 의향이 궁금했었다. 아들은 아직 젊은 나이였지만 여자 친구는 결혼 적령기를 넘기고 있었기 때문에 아들의 결혼 의향을 부모로서 알아야 하는 것은 당연한 도리라고 생각했다.

다행이 아들은 결혼할 생각이 있었고, 결혼을 한다면 4년 이상 교제해 온 현재의 여자 친구와 결혼을 하겠다는 의사를 분명히 말했다. 군대를 다녀와서인지 더욱 씩씩하고 의젓한 모습으로 자신의 의사를 밝히는 아들이 밉지가 않았다. 오히려 당당한 모습에 이제는 더 믿음이 가는 것이었다. 쇠뿔도 단김에 빼라지 않았던가. 나는 여자 친구를 만나보고 싶은 마음에 시간을 내보라고 건네자 아들은 기다렸다는 듯이 양가 상견례를 추진했다. 그렇게 아들의 결혼식은 급속도로 진전이 되었다.

곧바로 상견례 일정이 잡혔고, 서울의 한 음식점에서 만났다. 시간이 무르익자 나는 한 가지 제안을 했다. 이제 성인이 된 자녀들이 자신의 결혼식을 스스로 준비하게 하자는 것이었다. 사돈 될 분들도 흔쾌히 동의를 했고, 아이들도 기꺼이 받아들였다. 요즘 젊은이들은 자신의 결혼식을 부모의 도움 없이 준비하는 것이 대세라며 예비 며느리는 시아버지의 센스를 높이 사기도 했다.

결혼식 준비에 여념이 없던 아들이 어느 날, 학원 강사 자리를 그만 두었다. 학원 강사는 당장의 고수익을 보장하지만, 이제 가정을 꾸리게 되면 보다 안정적인 직장이 필요하다는 판단을 하였다고 전해왔다. 아들은 모아 놓은 자금을 투자하여 제 4차 산업혁명 시대의 도래를 준비하는 인공지능 분야의 일을 하는 것으로 목표를 세우고 준비하기 시작했다.

머느리는 참으로 지혜로웠다. 내가 움직이지 못했던 아들의 생각을 움직였고, 절대 강요하지 않으면서도 자연스럽게 아들의 자존감을 세워주었다. 게다가 아들의 잠재력을 끌어 올리는 비상한 능력이 있는 것 같았다. 절대적인 사랑의 힘이라고 생각한다. 참으로 아름다운 인연이다.

요즘 아들은 자신의 생애에서 가장 행복하다는 말을 한다는 것을 딸아이를 통하여 듣게 되었다. 놀라웠다. 아들은 보는 시험마다 만점을 받았던 그 화려했던 학창시절도 아니고 지금이 가장 행복하다는 아들의 고백을 들으면서 사람의 행복이 과연 어디에 있는가에 대한 깨달음을 뒤늦게 갖게 되는 시간이다. 아들은 자신의 인생을 멋지게 설계해 나간다. 자신의 인생에서 주인공이 되어 가고 있다.

"아들아! 너의 새로운 꿈을 응원한다."

030

Drummer Math-boy

참으로 놀라운 일이었다. 한때 의기소침하여 두문불출하던 아들은 완전히 달라진 모습이었다. 홍대 인디밴드들이 연주하는 한 음악실에서 내가 본 아들은 박력 넘치는 록 뮤지션으로 변신해있었다.

2018년 2월 24일 토요일 밤 8시

결혼 준비에 열심이던 아들이 어느 날, 홍대 앞에서 공연을 하기로 했다는 말을 했다. 지난 몇 년간 아들의 음악 활동을 알고 있었지만 단 한 번도 아들의 공연을 보지 못했었다. 물론 아들이 나를 공연장으로 부르지 않았고, 나 역시도 아들의 공연에 방해가 될까 봐 그곳으로 가지 않았었다. 그렇다고 아들의 음악

세계에 관심이 없었던 건 아니었다. 간간이 딸 제인을 통해 변해 있는 아들의 마음상태를 확인하곤 했었다.

"오빠는 태어난 이래 지금 최고의 행복을 누리고 있대요. 자신이 좋아하는 음악을 맘껏 즐기고 사랑하는 인생의 반려자를 만났으니까"

아들이 그런 행복한 기분으로 준비한 공연 이야기를 먼저 꺼내는 것은 공연장에 초대한다는 것과 같아 기쁜 마음으로 공연장을 찾았다. 공연장 〈모던록 라이브 클럽빵〉은 홍대 앞 인디밴드 음악 공연장들이 즐비한 거리에 위치해 있었다. 당일에는 저녁 7시 30분부터 30분씩 4팀의 공연이 예정되어 있었는데, 그 중에서 두 번째 공연이었다.

아들의 음악 공연을 본다는 것은 여러 가지 의미가 있는 일이었다. 그동안 연주가 얼마나 향상되었는지도 궁금했고, 아들의 음악세계가 어떤 것인지도 궁금했으며, 아들 심리상태를 치유한 음악에 빠져보는 것도 좋은 경험이라는 생각으로 발걸음을 향했다. 공연장에는 딸 제인도 모처럼 오빠의 공연을 보러 왔고 이제 곧 며느리가 될 아들의 영원한 팬도 함께 자리했다.

생각보다 좁은 공연장에는 많지 않은 관객과 당일 음악을 발표하게 될 뮤지션들만이 모여 있었고, 공연자들은 작은 무대에서 절규하듯이 자신들만의 음악세계를 표출하고 있었다.

두 번째로 나온 아들의 팀명은 〈알레르기 대행진〉이란 다소 코믹한 이름이었다. 드디어 〈알레르기 대행진〉팀의 연주가 시작되고, 적막가운데 분출하듯이 터져 나오는 소리가 작은 공간을 뒤흔들듯이 가득 메운다. 마치 작은 공간을 폭발시키려는 듯한 기개세氣蓋世 같은 느낌이었다.

드럼과 클래식 메인 기타와 베이스 그리고 이색적인 바이올린의 앙상블이었다. 음악은 나의 상식을 뛰어 넘는 것이라 평하기는 어려워도 그날 내가 분명히 들을 수 있었던 소리는 바로 아들의 드럼 소리였다. 특별히 그 드럼 소리에 담긴 아들의 마음이 선명하게 드러나며 읽혀지기 시작했다. 그날 내 눈에 비친 아들의 드럼 연주는 그동안 쌓였던 감정을 폭포수처럼 뿜어내는 듯했다. 그 웅장함이 내 가슴을 파고들어 외치고 있었다.

"아버지 잘못이 아니에요. 단지 제가 부족했을 뿐인걸요."

아들은 자유로움을 연주하고 있었다. 그동안 억눌려 있었던 자신의 끼와 묻어 두었던 언어들을 음악을 통해 마음껏 분출하고 있었다. 그 속에는 어린아이 같은 순진함 뿐만 아니라 이 세상을 향해 새로운 도전장을 내미는 것 같은 담대함도 담겨 있었다. 아들은 음악을 통하여 완전히 새로 태어났음을 나는 그날 분명히 들을 수 있었다.

〈알레르기 대행진〉의 공연은 무사히 마무리 되었다. 그리고 결혼과 함께 자신이 평생을 즐기며 몰입할 일을 찾아 나섰다. 곧 도래하게 될 4차 산업혁명시대를 준비하는 미래 산업분야의 일에 열정을 펼쳐지게 될 아들의 인생 2막을 나는 다시 뜨겁게 응원할 것이다.

031

100점 아들로부터의 자유

이제 아들은 행복을 찾았다. 평생을 함께 걸어가며 서로에게 의지가 될 사랑하는 사람의 손을 잡은 것이다. 한때 어둡고 힘들었던 시기를 잘 이겨내고 인생을 즐기며 몰입할 수 있는 하고 싶은 일도 찾았다. 그 일과 함께 아들을 다시 일어날 수 있게 해준 귀한 힐링의 케렌시아, 음악을 찾았다. 이제 그 음악은 아들에게 삶의 활력이고 리듬이 될 것이라 믿는다.

그리고 이제 내가 바라봐야 할 대상은 바로 나 자신이었다.

전혀 예상치도 못한 청천벽력 같은 아들의 일을 겪으면서 늘 그래왔던 것처럼 한동안 모든 일의 초점이 아들에게 맞춰져 있었다. 나를 돌아보고 챙길 겨를이 없었다. 아들이 회복되고 평안을 찾아가는 시간은 나를 반성하는 시간이었을 뿐이었다. 이제 내가 어떻게 현실을 극복하고, 삶의 비전을 찾느냐 하는 것은 또 다른 문제였다. 그만큼 나의 많은 시간과 관심이 아들에게 비중이 놓여있었다는 반증이기도 하다.

먼저 너무나 오랜 시간을 바라보며 집착했던 아들로부터 벗어나 자유로워지는 연습이 필요했다. 설상가상으로 열심히 앞만 보고 달려왔던 회사와의 동행에 갑작스럽게 종지부를 찍으면서 미처 마음의 준비를 하지 못한 나는 잠시 당황하기도 하였다.

내 인생에서 이제 아들을 놓아주는 일과 인생 2막의 삶을 접고 새롭게 내 인생 3막을 준비해야 하는 기로에 서게 된 것이다. 내가 올라타서 달리고 있는 인생이라는 열차는 아직 종착역에 도착한 것이 아니라 여전히 달려야 할 시점이며, 남은 여정을 어떻게 살 것인가 고민에 빠지게 되었다.

그런 내가 제일 먼저 한 일이 있다. 그것은 글을 쓰는 일이었다. 그러기 위해서는 일단 멈추어 서서 먼저 나를 돌아보는 일이었다. 그동안 앞만 보고 달리며 살아온 나의 이야기들과 그 가운데 내가 자칫 놓치고 듣지 못했던 삶의 소리들과 그 의미를 다시 꺼내어 짚어보고 싶은 마음이 들었다.

그 때부터 나의 일상의 생각을 담은 아침편지를 써서 우선 나를 돌아보고 또 지인들과 함께 나누는 일을 시작하였다. 하루에 하나씩의 이야기 거리를 정해 놓고 그와 관련된 나의 삶에 숨어 있는 에피소드를 꺼내보는 일이 일상이 되었다. 그런 이야기들이 매일 아침 하나씩 쌓여가면서 나의 삶이 정리가 되어가는 신기한 경험을 했다. 그리고 나의 삶 가운데 내가 진정으로 기뻐하고 내 안의 감춰진 끼와 흥을 발견하며 행복해 했던 일들을 찾아보았다. 그것은 바로 사람들과 어울리며 함께 하는 일이었다.

나는 사람을 살리고 조직을 살리며 흥을 돋우는 일들을 좋아했고, 잘할 수 있다는 것을 발견하게 되었다. 그리고 자연스럽게 그 일을 남은 삶의 도전과제로 삼기로 하고, 그것을 통해 무엇을 하면 좋을 지를 생각하게 되었다.

나의 삶 가운데 아들이란 커다란 존재의 자리를 비우게 되니 새롭게 채워지는 것이 생겼는데, 그것은 바로 나를 위한 삶이었다.

"그렇다! 이제부터는 나를 위한 삶을 살아보자!"

지금까지의 삶과는 달리 서두르지 않고, 제2의 길을 찾아갈 것이다. 내 삶을 즐기면서 남에게도 도움을 주는 새로운 일을 준비하기로 했다. 이렇게 다짐하며 내가 찾은 곳이 코칭 전문기관이었다. 코칭이 무엇인지도 모르고 무작정 찾아가서 그 세계를 들여다보기로 했다.

회사 다닐 때 한두 번 들어본 것이 전부였는데, 나는 사람을 키우는 일에 자신이 있고 특화되어 있으니 자신이 있다고 생각했다. 나의 장점은 선택과 집중에 있다. 내가 옳다고 생각하면 몰입이 되고, 그 가운데 무한한 열정이 샘솟는다. 그것은 내가 혼자 이 세상을 헤쳐 살아오면서 터득한 나의 삶의 생존법이다. 그런 내가 코칭에 입문하여 이 길이 나의 길이 될 수 있다는 가능성과 포부를 갖게 되면서, 나의 새로운 삶의 이정표를 세웠다.

코칭을 배우면서 깨닫게 되었다. 내가 조금만 일찍 이 평범한 원리를 알고 훈련했더라면 나와 아들의 동행이 좀 더 나은 길이 되었을 것이란 것을…

이제 내 삶의 초점이 나에게 집중이 되면서 아들로부터 자유로워지는 나를 발견하였다. 오히려 나의 그런 태도로 인해 아들과의 관계가 훨씬 더 편해지고 자연스러워졌다. 그리고 이제 우리부자는 친구처럼 편한 대화를 나누며 동행할 수 있을 것 같았으며, 남은 인생 아들과 나는 좋은 친구처럼 부자지간의 정을 나누며 지낼 수 있을 것 같았다.

2부

육식동물 아빠의 분투기

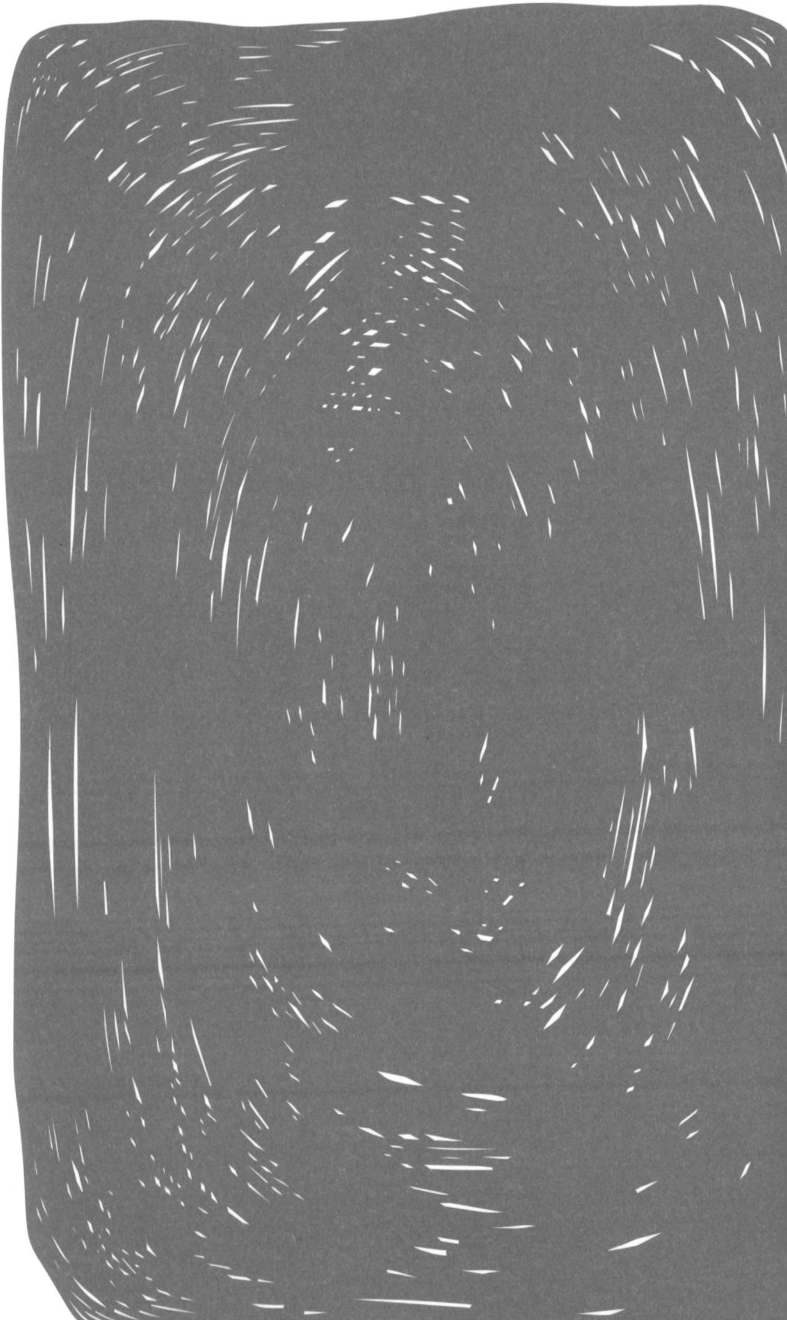

032

사랑스러운 딸, 자랑스런 이유

나에겐 아들과 네 살 터울의 사랑스러운 딸이 하나 있다. 사실 난 딸아이에게 미안함을 갖고 있다. 나의 관심과 정성은 온통 100점 아들에게만 집중하였던 터라, 상대적으로 딸에게 소홀했기 때문이다.

우리 가족이 영국에서 1년 2개월을 함께 사는 동안 당시 4살이던 딸과 8살이던 아들에게 영어 닉네임을 만들어 주었다. 아들과 딸의 이름을 한국 이름의 소리를 본 따서 아들은 존John, 딸의 이름은 제인Jane이라고 이름 붙여 주었다.

존과 제인은 영어의 본 고장인 영국과 미국에서 영어를 배운 덕에 발음이 좋았고, 서로 영어로 대화를 할 때는 내가 만들어

준 영어 닉네임을 사용하곤 하였다.

존은 외증조할머니가 키웠지만, 둘째 제인을 낳았을 땐 아내가 다니던 직장을 그만두고 육아에 전념했다. 존은 어려서 워낙 두드러지게 영재성을 보인 반면 제인은 보통의 다른 아이처럼 평범하게 성장했다. 나는 당연히 존에게 많은 관심과 시간을 보인 반면 제인은 그렇게 하지 못했다.

같은 엄마의 배 속에서 태어났지만 두 아이의 성격은 판이하게 달랐다. 존이 새로운 세계에 대한 도전의식이 없었다면 제인은 오히려 정반대였다. 미국에 도착해서도 존은 영어를 매우 잘 구사할 능력이 있으면서도 사람들 앞에 나서서 말 하는 것을 불편해 하는 반면, 딸 제인은 미국 생활 초창기에 안 되는 짧은 영어를 가지고도 처음 보는 미국사람들에게 말을 걸면서 이야기를 하는 것이 신기하고 인상적이었다. 어쩌다 낯선 미국 사람들과 엘리베이터를 타게 되면, 그 어색한 분위기를 깨며 제인이 먼저 그 생면부지의 미국사람에게 '헬로우' 하면서 말을 건넸다.

아들과 함께 수영강습을 보냈다. 딸 제인은 수영코치에게 무엇인가 끊임없이 재잘거리며 이야기 했다. 아내가 궁금하기도 하여 다가가 보면 서툰 영어로 열심히 이야기하는 것을 보게 되었고, 그로부터 얼마 지나지 않아서 제인은 유창하게 영어를 구사하는 아이로 변모해있었다.

어려서 오빠가 책을 읽는 것을 보면서, 옆에서 글도 모르는 아이가 책을 읽는 흉내를 내기 시작했다. 바람직하게도 그것이 좋은 습관이 되어 글을 깨우치게 되면서 본격적으로 독서하는 습관이 생겨 엄청난 독서광이 된다. 그 독서하는 습관은 제인이 지금도 가지고 있는 매우 좋은 습관 중의 하나다.

영재성을 보인 존에게 돈과 시간을 많이 투자하였다. 가령 어려서 일찍 한글을 깨우치고 숫자에 대한 개념에 천재적인 감각과 음악에 재능을 보인 아들에게 다양한 학원들을 보내는데 전혀 인색하지 않았다. 반면 제인은 고작 미술학원에 보낸 게 전부였다. 그럼에도 불평 없이 쾌활하고 밝게 자라났던 제인은 자신이 배우고 싶은 것은 먼저 이야기를 하는 적극성을 보여서 우리를 놀라게 하였다. 어느 날, 아들 존에게 태권도를 가르치기 위해 태권도장을 찾았다. 그런데 존은 태권도 배우기를 싫어한 반면, 그냥 따라 온 제인은 자기가 태권도를 배우겠다고 하여 아내가 그것을 말리느라 한동안 힘든 적도 있었다.

존보다 영재성 면에서 비교되어 늦은 출발을 하였지만 제인은 지극히 정상적이었고, 오히려 남들보다 빠르게 한글도 깨우치고 자연스럽게 독서하는 습관이 들어서 독서량이 방대해졌다. 방대한 독서량과 함께 제인은 말하기를 좋아하였고 어학에 뛰어난 재주를 보였다.

미국에서 돌아오면서 영어에 특별히 관심을 보이던 딸 제인은 자신이 남보다 잘하는 영어의 장점을 잘 부각시키며 자라났다. 각종 영어 관련 경시대회에 나가서 상을 받으면서 오빠의 발군의 성적에 보이지 않게 경쟁하는 모습을 보이곤 했다. 그러나 중학교까지의 성적은 그렇게 우수하지 못했다. 그럼에도 전혀 기가 죽지 않는 당당함이 너무나 보기 좋았기에 제인의 학교 성적을 올리기 위하여 별도의 과외나 보충학습을 시키지 않고 그대로 두었다. 그 시기는 존에게 많은 시간과 노력을 다하는 기간이었기 때문이었다.

중학교에 들어가면서 사춘기를 맞게 된 제인의 성적은 더 떨어졌다. 다행히 학교생활에 흥미를 잃고 방황 하던 시기에 내가 독일 주재원으로 있던 때에 제인을 독일로 먼저 데려왔다. 독일의 국제학교Hamburg International School 에 입학을 하면서 제인은 점차 학교생활에 잘 적응해 가는 모습을 보였다. 학교 수업 방식을 맘에 들어 했다.

독일에서 나와 제인의 독립적인 생활은 제인에게 좋은 영향을 주었다. 내가 식사 당번을 하면, 제인이 설거지를 했다. 주말이면 함께 쇼핑도 가고 교회도 가면서 자연스럽게 많은 대화를 나누었다. 제인을 대하는 나의 태도는 아들과는 전혀 다른 모습이었고 친구 같은 대화를 많이 했다. 제인은 그런 아빠와의 대화가 너무나 좋았던 모양이었다.

어쩌다 다른 지역으로 출장을 가게 되면, 제인을 이웃에 살고 있는 한국 주재원의 집에 맡기게 되는 경우가 있다. 그러면 제인은 아무런 거리낌 없이 그 가족들과 자연스럽게 어울리며 자신이 읽은 이야기책에서 얻은 풍부한 화제 거리를 재미있게 풀어놓으며 이웃식구들의 인기를 독차지했다. 출장을 다녀와 제인을 데리러 가면, 딸의 친화력에 감탄을 아끼지 않았다.

내가 준비해주는 식사가 처음에는 신기했겠지만, 오래 지속이 되면서 식단의 메뉴도 한계를 드러냈다. 제인에게 미안하기도 하여 가끔씩 외식도 시켜주곤 했다. 어떤 때에는 자주 혼자 식사를 해야 하는 불편함에도 아무런 불평이 없이 스스로 잘 적응하며 생활해주는 제인이 너무나 고맙고 대견했다. 그런 제인을 곁에 두고도 나는 그 먼 독일에서 한국에 있는 존에게 메일로 지시사항을 보내는 등 원격으로 컨트롤을 하는 집착이 강한 아버지였다.

어릴 적부터 책 읽기를 좋아하고 습관이 되었던 제인의 독서능력은 한국과 다른 수업방식의 독일 국제학교에서 진가를 발했다. 암기한 것을 다시 확인하는 한국적인 시험 방식이 아니라 토론하고 에세이도 쓰고 책을 읽고 정보를 조사하여 리포트를 내서 평가 받는 식의 사고능력을 평가 받는 수업 방식이 제인의 적성에 맞는 것처럼 보였다. 성적 또한 독일 학교에서 우수한 성적을 받아 내면서 제인은 그동안 성적으로 위축된 자신의 자존감을 회복했다.

제인이 학교생활을 스스로 해주는 덕분에 신경을 쓰지 않아도 나의 회사 생활에 편하게 몰입할 수 있었다. 제인도 독립적인 생활로 모든 것을 스스로 알아서 하는 자립적이고 생활력이 강한 아이로 성장해 나갔다. 집에 와서 식사를 하면서 나누는 대화는 정말 편하고 재미있었다. 우린 좋은 친구 같은 사이가 되어갔다.

그렇게 평화로운 독일 생활을 마치고 한국으로 돌아 올 무렵, 제인은 고등학교 3학년 이었다. 내가 2월에 한국으로 발령을 받게 되자 제인은 영국이나 독일에서 대학을 가고자 하는 뜻을 내비쳤다. 그런데 우린 존에게 많은 투자를 하여 제인까지 외국에서 유학을 시킬 여력이 없었다. 우리는 제인을 설득해야 했다. 집안의 상황을 간파한 제인은 미련 없이 한국으로 가겠다는 결심을 해 주었다.

8월 졸업 예정된 고등학교 수업을 겨울학기 학점에서 미리 이수하고 3학년 1학기에 좀 더 많은 학점을 선先 이수하여 학교에서 유일하게 조기 졸업을 했다. 한국에서 대학진학을 준비하기 위해서다. 이 결정은 우리 부부가 권한 것도 아니었고 스스로 알아보고 정한 것이라 우린 놀랄 수밖에 없었다. 자율적으로 판단하고 결정하여 행동하는 참으로 기특한 딸 제인이다. 아들이 가지고 있지 못하는 그런 기질을 딸 제인은 가지고 있었다.

한국에 와서도 대학을 진학하기 위해 학원을 알아보고 등록을 해야 하니 도와달라고 당당하게 말하면, 우리 부부는 마치 마법에 걸린 사람들처럼 제인의 뜻에 따랐다. 그도 그럴 것이 제인의 그런 결정에는 추호의 의심과 하자가 없어 보였기 때문이다. 정말 당당하고 지혜로운 아이였다.

한국에서나 외국에서나 제인의 발목을 잡고 있는 결정적인 아킬레스 과목은 존이 그토록 자신 있어 하고 재미있어 하는 수학 과목이었다. 제인은 수학을 몹시도 싫어했고, 누가 수학을 만들었는지 원망스럽다고까지 이야기 하면서 우리를 웃기곤 했다. 따라서 수시입학 전형으로 대학을 선택할 때 당연히 수학과목을 입학전형과목으로 선택한 대학은 과감하게 지우며, 자신이 갈 수 있고 또 갈만한 대학을 물망에 올렸다. 그런 당당함의 결과는 긍정적이었다. 자신이 입학원서를 제출한 대학에서 거의 합격을 했고, 그 중에서 자신이 가고 싶은 대학을 일찌감치 선택하고 남은 기간 동안에는 돈을 벌겠다고 아르바이트를 찾아 나섰다.

제인은 영어를 우수하게 잘하는 아이였기에 수입이 좋은 영어 과외를 하도록 권했다. 그러나 제인은 땀의 대가로 돈을 버는 것이 진정한 보람이라고 피력하면서, 그 힘든 음식점 아르바이트를 자처하고 나섰다. 아무도 가르쳐 주지 않았는데 어디서 저런 당당함과 자존감이 형성되었을까? 또한 어떻게 노동의 진정한 가치를 아는 아이로 성장했을까? 궁금하기도 하고 한편 대견하기도 하였다.

대학교는 집에서 1시간 30분이나 떨어진 곳에 위치했다. 그래서 제인은 자취를 선택했지만, 우리 부부가 강하게 반대를 하자 교통비를 인상해달라는 협상카드를 내밀었고, 타결이 되면서 그렇게 3년 반을 아무 불평 없이 통학을 했다.

대학생활을 하면서도 아르바이트를 끊임없이 하였다. 학교 동아리 활동도 열심히 하면서 매일 늦은 시간이 되어서야 집에 돌아오는 제인을 보면서 입학하고부터는 공부하고 멀어졌구나 하고 내심 걱정을 했다. 그러나 그런 우려와는 달리 첫 학기의 성적이 4.5 만점에 4.3점으로 장학생이 된 것이다. 언제 공부를 했는지 궁금할 따름이었다. 그렇게 7학기를 내리 우수한 성적을 받아 내면서 줄곧 장학생의 자리를 지키며 졸업을 했다. 휴학도 없이 7학기 만에 조기 졸업으로 학교를 마쳤다. 이해할 수 없는 당당한 인생을 걸어가고 있다.

드디어 제인의 대학 졸업식 날이 되었다. 제인은 뜬금없이 우리 부부에게 자신의 대학 졸업식에 와 줄 것인지 묻는다. 우린 당연한 사실을 재차 확인하는 이유를 뒤늦게 알게 되었다.

제인은 우리 부부가 자신의 졸업식에 지금까지 한 번도 참석을 하지 않았다는 사실을 상기시켜주었다. 우린 깜짝 놀라 그럴 리가 없다고 이야기 했으나, 우리의 기억에 오류가 있었다. 중학교는 독일에서 마쳤으니 중·고등학교 과정이 그렇다 치더라고 초등학교와 고등학교는 한 번도 참석을 하지 못했었다. 초등학교 졸업식에는 아들의 수상 행사로 인해 참석하지 못했고, 고등학교는 4월에 조기 졸업식을 하였으며, 당시 우리 부부가 한국에 있어서 홀로 독일에서 졸업식을 하고 왔기 때문이었다. 제인은 우리가 아들 때문에 신경을 쓸 때 스스로 혼자 살아가는 법을 터득하고 있었다. 부모로서 너무나 미안했다. 그리고 그렇게 잘 자라 준 딸 제인이 너무나 고마웠다.

당당하고 자신감 있게 살아가며 자랑스럽게 잘 성장해준 내 딸 제인!!

"사랑한다. 미안하다. 그리고 너무나 잘 자라주어 고맙다.

그리고 네가 너무나 자랑스럽구나!!"

033

대를 잇는 결혼식

사람이 이 세상에 태어나 살아가면서 경험하게 되는 수많은 일들 중에서 가장 중요한 하나를 꼽으라면 주저 없이 그것은 결혼이라는 의식과 함께 시작되는 새로운 삶의 패러다임의 변화일 것이다.

한 집안의 기둥이시던 부친께서 세상을 떠나시면서 평탄하게 살아오던 우리 집안은 심하게 흔들리게 되었다. 경제적으로 타격을 받았고, 어머니께서 생계를 위해 장사를 하셨지만 오랜 세월을 집안 살림만 하시던 분에게 사회는 정말로 냉정했고 잔인했다. 몇 번의 장사를 통하여 오히려 빚을 지고 어려움을 겪다가 결국 얻게 되는 병으로 더욱 가계의 상황은 악화일로를 걸어 왔다.

대학에 입학하던 1980년 여름, 아버지께서 돌아가시게 되면서 나는 공부를 이어 나가기 위해 돈을 벌 수 있는 일은 무슨 일이든 찾아서 했다. 온실 속에서 자란 화초같이 세상의 생리와 어려움을 알지 못한 채 자라왔던 나에게 처음 겪게 되는 힘든 사회 경험이었다.

1남 2녀 중에서 막내였던 나는 이미 출가하여 가정을 이루고 있던 큰 누님이 한 분 있었고, 어머니 대신하여 나의 경제적인 면을 도와주던 작은 누님 한 분이 있었다. 작은 누님은 어머니가 병원에서 1년간을 식물인간으로 투병 중 일 때, 나와 함께 어머니의 병수발을 들며 그렇게 동고동락을 하며 살아갔다.

한편 나는 대학입학 때부터 우연한 기회에 접하게 된 야학에서 선생으로 봉사를 하게 되었다. 당시에는 집안이 어렵거나 결손 가정의 아이들이 정규 중학교 과정에 진학하지 못하고 곧바로 직업 전선에 뛰어들어 일을 하던 때라 서울에는 이들을 위한 많은 검정고시 야학들이 있었다. 대학교 1년 때부터 대학을 졸업하고 직장생활을 하기까지 약 10년이란 기간을 나는 줄곧 야학 생활을 하였다. 그리고 이 야학 봉사 활동을 통해 지금의 아내를 운명처럼 만나게 된 것이다.

4년 정도의 교제를 하면서 결혼이라는 인생의 제일 중요한 의식 중에 하나를 준비하면서 심정이 복잡해졌다. 나는 결혼을 위하여 준비해 놓은 것이 아무것도 없었다. 부모님께서 물려주신 재산도 없었다. 춘천에서 서울로 이사를 오면서 있던 집도 친척의 사기로 날려버리고, 그나마 있던 재산도 부모님께서 투병을 하시면서 모두 없어지고 남은 것이라고는 작은 누님과 내가 함께 살고 있는 전세 집에 묶여 있는 돈이 전부였다. 부모님께서 돌아가시자 어머니를 대신하며 나를 돌봐 주던 작은 누님은 나를 위하여 결혼까지 미루며 희생을 마다하지 않았다. 지금 생각하면 나는 그 누님의 은혜를 평생 잊지 못하고 살고 있다.

대학원을 졸업하고 내가 지금의 아내와 결혼을 하게 되면서 누님은 나에게 분가를 제안했다. 이제 부모님 역할을 다했다고 생각한 누님은 전세보증금과 만기가 도래한 누님의 적금을 얹어서 1,200만원을 만들어 당시 경기도 고양의 행신 지구에 분양을 하던 무주택자 영세 임대 아파트를 분양 받는 딱지를 두 장 사서 각자 입주하여 살기로 했다.

600만원에 11평짜리 임대아파트 하나 구입해 놓고 시작한 것이 나의 결혼생활의 시작이다.

결혼 당시 나는 실업자의 신세였다. 대학원 졸업 후 취직하여 다니던 소규모의 무역회사를 그만두고 대기업 입사 준비를 하였다. 1차 필기시험에 합격 후, 2차 면접을 기다리고 있었는데 그 면접날짜가 공교롭게도 결혼식 이틀 전인 11월 24일이었다. 따라서 나의 결혼식은 면접을 치른 이틀 후에 치러진다. 분명히 그때의 내 신분은 무직자였다. 결혼식 하객도 적었다. 대개 결혼식 하객은 신랑 신부의 하객이기 보다는 신랑과 신부의 부모들인 혼주의 하객이 많은 법인데, 부모님께서 두 분 다 돌아가신 상태라 부모님의 하객은 거의 없었다.

나의 하객들은 비교적 많은 편이었다. 그렇지만 그 하객들은 거의 경제적 여유가 없는 손님들이었다. 야학 졸업생들과 재학생들, 야학 교사들, 대학교 서클 선후배들과 친척과 몇몇 친구들이 전부였다. 하객 수는 많아서 그날 식대비 역시도 꽤 큰 금액이 정산되었다. 축의금을 계산해보니 당시 돈으로 187만원이었다. 결혼식 비용은 줄이고 줄였음에도 수입을 훨씬 초과했다. 빈털터리 인생의 새로운 출발은 심각한 적자로 시작한 것이다.

그래도 신혼생활은 행복했다. 내가 이제 한 가정의 가장이 된다는 생각을 하니 가슴이 설 다. 갑자기 하늘나라로 가신 부모님의 얼굴이 생각이 났다.

'어머니, 아버지!! 하늘나라에서 지켜보시며 많이 도와주세요.

이제부터 열심히 살아보겠습니다!'

부자는 닮는 경우가 많은 것 같다. 결혼 당시 난 거의 무일푼이었다. 공교롭게도 정혁이 역시도 직장 없이 결혼생활을 시작하게 되었다. 그렇지만 걱정하지 않는다. 앞으로 어떤 일이든지 스스로 개척하고 해결할 수 있다는 자신감이 들어서이다. 지혜로운 아내를 얻은 건 큰 행운이라고 생각한다. 나의 아내는 남편을 먼저 생각하고 양보한다. 며느리도 그러한 성품을 갖추었다.

034

자녀교육, 꼭 하고 싶은 말

흔히들 교육은 백년지대계百年之大計라고 한다.

옛 성현들께서 이미 말씀하신 명언이다. 배움의 길이란 평생을 두고 끊임없이 달려가야 하는 길이라고 가르치고 있다. 우리가 숨을 쉬고 활동하고 무엇인가 습득할 수 있는 능력과 의지가 남아 있는 한 우리는 죽을 때까지 배우다 가는 게 인생이라고 생각한다. 그것이 내가 삶 가운데서 귀하게 터득한 배움에 관한 철학이다.

문제는 무엇을What 어떻게How 왜Why 배울 것인가에 대한 확실한 명분을 세우는 일이 중요한 것 같다. 교육에 관한 전문가는 아니지만, 이 세상에 태어나 교육이라는 배움의 길을 걸어가는 우리들이 분명한 명분을 갖게 되면 교육의 중요한 기초인 첫걸음이 시작되었다고 이야기 할 수 있을 것이다. 어려서 우리는 부모의 선택에 의하여 운명처럼 세상에 태어났고, 한동안은 우리의 의지가 아닌 부모의 의지와 선택에 의해 살아야 한다. 자아와 의식이 정립되기 전까지 우리는 부모 또는 보호자가 선택한 삶을 살아가게 된다.

처음 학교라는 제도 속으로 들어가는 일도 철저히 나의 선택이 아니라, 이 사회가 만들어 놓은 시스템 속으로 남들이 다 하니까 따라가야 하는 것이다. 마치 사회적인 제도와 규범을 지키는 것과 같은 이치다. 그리고 잘 짜인 교육 시스템에서 잘 적응하여 따라가고, 우수한 결과를 보이는 학생들을 우리는 특별히 우등생이란 이름으로 장려하게 된다.

대한민국은 전통적인 유교영향에 입각한 독특한 한국적 선비문화를 추구해왔고, 이러한 시대적인 교육문화의 결과물로 생긴 대한민국의 교육에 대한 열정과 관심은 세계적으로 경쟁 상대가 없는 당당한 금메달감이다. 이 분야에서만큼은 감히 타의 추종을 불허한다.

대단한 대한민국이다. 그런데 그러한 대단한 대한민국에서 교육 분야의 최고 절정의 꽃이라고 칭송하는 노벨상분야에서 어떻게 단 한 사람도 배출되지 못한 것일까? 한때는 그 노벨상에서의 노메달 이유에 대하여 대한민국의 낮은 위상과 국력을 운운했었다. 그런데 지금 대한민국의 위상과 국력과 경제력은 어떠한가? 올림픽에서의 메달 수는 또 어떠한가? 이제 그 알량한 구실은 더 이상 적절한 핑계거리가 될 수 없다.

이젠 정말 자성하는 마음으로 한국의 교육현실을 들여다봐야 할 때다. 한때의 나와 같은 대한민국의 부모들의 지극정성과 열정과 과감한 투자로 자랑스럽게 키워낸 그 자식들이 이제 외국의 유수한 명문대학에서 유학을 하고 돌아와 한국 미래의 교육을 책임지는 중요한 자리에 앉아 고민하고 있으니, 대한민국 미래의 교육은 밝다고 과연 자신 있게 이야기 할 사람이 누가 있겠는가?

이제는 마치 암 환자를 죽음에 이르게 하는 결정적인 암세포를 도려내는 심정으로 우리의 구습을 도려내는 아픔을 감내해야 한다. 금과옥조같이 신봉하던 구습의 교육제도가 여전히 우리의 발목을 잡고 있다면 이제는 과감히 청산하는 결단이 필요하다.

대한민국은 가능성이 있다. 대한민국의 교육은 아직 희망이 있다. 왜냐하면 온 국민의 교육에 대한 열정만큼은 아직도 세계에서 금메달감이기 때문이다. 그리고 그 저력도 무궁무진하다. 나는 그 가능성을 이번 제 23회 평창 동계올림픽의 개막식과 폐막식에서 찾았다.

온 국민은 물론 전 세계인의 이목과 관심을 한 몸에 받았던 이번 동계올림픽은 시작 전부터 세계인의 우려의 시선을 피할 수 없었다. 개최를 앞둔 2017년 한 해는 쉼 없이 이슈가 되었던 북핵 문제로 촉발된 한반도를 중심으로 한 국제정세의 위협과 불안 요소들 때문이었다. 그런데 이런 우려와 긴장감을 보기 좋게 불식시키며, 지금까지의 올림픽 역사상 가장 훌륭한 대회를 치러냈다는 감동과 찬사의 평가를 받고 있다. 작은 나라에서 획득한 메달의 수와 각종 경기종목에서 각본 없이 연출된 수많은 감동의 드라마도 빼놓을 수 없는 자랑거리지만, 교육과 관련하여 이번 동계올림픽을 바라보는 나의 시각의 초점은 올림픽의 개막식과 폐막식이었다.

이번 올림픽의 개·폐막식을 지켜본 사람들이라면 공통적으로 느낄 수 있었을 것이다. 대한민국의 우수한 재능이 총 집결된 하나의 종합예술이었다. 내가 이 분야에 전문가가 아니어서 그 디테일을 다 꺼내어 이야기 할 수는 없지만, 세계인들의 눈에 비친 평창올림픽 현장의 화려한 축제는 말 그대로 감동과 찬사와 웃음과 눈물이 융합된 한편의 거대한 종합예술작품이었다.

이 거대한 작품을 구성하는 분야들을 들여다보면, 가장 밑바탕에 IT기술이 기저를 이루고 있고, 그 바탕 위에 미술, 음악, 체능 등 문화계의 다양한 장르가 다양한 모양의 콘텐츠로 둔갑하여 각자의 역할을 충실히 했음을 간과할 수 없다. 음향과 조명과 무대구성 심지어는 화려한 올림픽 스타디움의 건축공사를 담당했던 일꾼들의 숨은 땀방울까지 생각하니, 여기에 대한민국 교육의 비전과 방향에 대한 분명한 해답이 숨어 있었다.

내가 찾은 그 해답은 바로 〈다양성〉이다.

사람은 누구나 이 세상에 태어나면서 저마다 한 가지 이상의 소질을 가지고 태어난다. 우리는 그것을 그 사람만의 천부적인 재능, 탤런트라고 말한다. 그런데 그 재능은 숨어있기 때문에 쉽게 발견되지 않는다. 어떤 사람은 태어나면서 발견되어 일찌감치 개발되는 행운도 가질 수 있지만, 대개의 경우 제도권 교육 안으로 들어가 전문가의 눈에 의해 발견되고 개발되는 경우가 허다하다.

학교와 가정에서는 교육을 통하여 아이들에게 미래의 꿈을 심어주는 역할을 담당해야 한다. 아이들의 장점과 특기를 찾아내는 일이 중요하다고 본다. 그 특기와 장점이 발견되면 아이들이 그 특성을 잘 살릴 수 있도록 자신감을 고취시키는데 고민해야 하고 많은 시간을 쏟아야 한다. 아이들의 재능이 무엇인지 아이들 스스로 찾아낼 수 있는 것이 중요한데 부모들은 아이들이 스스로 그것을 찾아낼 수 있도록 하고, 찾아낸 재능을 통해 자발적인 열정과 동기부여가 일어날 수 있도록 돕는 인생의 코치역할을 담당해야 한다.

그런데 불행히도 오늘날 우리나라 교육의 경우는 이와 반대로 꽤 거리가 있다. 앞서 이야기 한 바와 같이 대한민국 교육의 배경은 유교문화에 입각한 선비문화를 중히 여긴 탓에 학교의 제도권 교육에 집중되어 있다.

학교 교과과정은 공부의 결과인 성적 위주로 평가되고, 그 성적이 학생의 가치까지도 대변하는 교육환경 속에서 자라나다 보니, 자연히 학교 공부를 잘하는 아이들은 소위 '엄친아'요 우등생이고, 그렇지 못한 아이들은 제도권 교육의 열등생이요 심지어 그로 인해 자존감마저 상실되어 인생의 낙오자처럼 업신여김을 받아오기도 했다.

사회의 이런 심한 부작용일 수 있는 환경이 대다수의 교육현실 옹호자들에 의해 교묘하게 이어져왔다. 많이 개선은 되었지만 아직도 이런 현상을 주위에서 많이 볼 수 있다는 것이 불행히도 우리의 현실이다.

나 역시 이런 한국적 교육문화의 현실 속에서 빚어지고 양산된 사람들 중 한 사람이다. 그런 내가 영재성을 가지고 태어난 아들을 보고, 어느 날 내 인생의 중요한 시기를 아들에게 헌신하기로 작정했다. 그 후 아들과 동행하며 그 가운데 아들이 만들어내는 작은 결과물들에 행복해 했고 그런 아들이 너무나 자랑스러웠기에 내 인생에 멋진 작품을 하나 만들어 보겠다고 남다르게 분주해하며 한 세대를 보냈다.

그리고 이제 막 꿈에서 깨어났다. 한동안의 아픔을 통해 지금은 회복하고 평안을 찾았다.

끝으로 내 평생에 커다란 감동과 교훈으로 남은 영화 〈죽은 시인의 사회〉의 수많은 감동의 장면 중 교육과 관련하여 큰 울림이 있었던 장면을 꺼내 공유하므로 대한민국의 교육이 나가야 할 방향성에 대한 나의 작은 의견을 제시해본다.

영화 〈죽은 시인의 사회〉를 보게 되면, 주인공 중 한 명인 닐 페리가 등장한다. 참고로 〈죽은 시인의 사회〉의 배경은 1959년 미국 동북부의 명문 사립 고등학교이며, 이 학교의 교육 정책은 소위 미국의 상위 1%에 속하는 지도자들을 양성한다는 목표아래 엄격한 규율과 전통이 불문율처럼 지켜지고, 이 학교 출신들은 대부분 미국 아이비리그 대학에 진학하여 정치계, 법조계, 금융경제계, 그리고 학계로 진출하여 소위 사회의 리더들로 성장하게 된다.

그런 학교에 어느 날, 이 학교 출신인 존 키딩 선생이 부임하면서 학생들에게 그들의 일률적인 삶에 새로운 가치와 비전을 심어주고, 이제는 사라진 〈죽은 시인의 사회〉라는 시를 쓰는 모임을 소개하게 된다. 이 모임에 심취한 닐 페리는 자신의 적성이 연극에 있음을 발견한다. 닐은 법조계에 진출하여 성공적인 삶을 살기를 원했던 아버지의 기대를 저버리고 셰익스피어의 연극을 준비한다. 그 사실을 알게 된 아버지는 연극을 제지하고 나선다. 닐은 결국 아버지와의 심한 다툼 끝에 자살이라는 극단적인 선택을 함으로 그의 죽음이 이 영화의 클라이맥스로 치닫게 된다. 결국 이 모든 사건에 대한 책임은 학생을 선동했다는 이유로 키딩 선생에게 전가되고, 키딩 선생은 학교를 떠나게 된다. 마지막 장면에서 학생들은 '세상을 바라보는 또 다른 시선'을 가르쳐 주시던 선생님의 가르침을 따르겠다는 의미로 책상 위에 올라서며 "캡틴! 오 마이 캡틴!"을 외친다. 이 장면이 우리의 교육 현실을 향해 의미 있는 메시지와 함께 큰 울림을 던져 준다고 생각한다.

035

큰 울림으로 다가온 영화

영화 〈죽은 시인의 사회〉의 이야기가 나온 김에 나의 인생 2막의 시작에서 만난 이 영화가 나의 삶의 철학에 끼친 결정적인 영향에 대하여 잠시 나누고 싶다.

앞만 보고 치열하게 열심히 달려왔던 삶을 반추해보면 많은 의미를 찾을 수가 있는데, 그 많은 의미 중에서 만남이란 단어를 우선 꼽을 수가 있다. 우리는 이 세상에 태어나고 살아오면서 수많은 만남을 경험하게 된다. 그 만남이 어떤 경우에는 삶의 기회라는 선물이 될 수도 있고, 어떤 때는 삶을 위기로 몰고 가는 경우도 있다.

그리고 그 만남의 형태도 다양한데 사람과의 만남도 있고, 사물과의 만남도 있으며, 자연과의 만남과 그리고 마음을 울리고 삶의 교훈을 제시하는 책과의 만남도 우린 살면서 귀하게 경험하고 영향을 받게 된다. 그러한 수많은 만남은 우리에게 특별한 의미와 메시지를 이야기하고 있는데, 그것을 어떻게 받아들이고 해석하느냐는 그 만남을 해석하는 개개인의 능력이고 그 사람의 몫이다.

돌이켜보면 나에게도 기억에 남는 많은 만남이 있었다. 그 수많은 만남을 일일이 다 기억하여 열거할 수는 없지만, 기억 속에 깊이 남아있는 만남이 있으니, 그것이 나의 삶을 상당부분 지배한 것임에 틀림이 없다고 자신할 수 있다. 그 많은 만남 중에 기억할 만한 것은 내가 30세란 인생의 중요한 시기에 경험한 귀한 영화와의 만남을 꼽을 수 있다.

회사에서 생기발랄하고 의욕에 넘치게 살아가던 1991년, 입사한지 3년차 되던 해에 두 달간 그룹에서 운영하는 인재개발원 연수원에서 영어 연수를 받게 되는 좋은 기회가 있었다. 회사생활이라는 일상에서 벗어나 두 달간을 공기 좋고 경치 좋은 조용한 연수원에 들어가 한국말 사용을 철저히 통제 당하고 영어만 구사하는 룰에 따라 생활하며, 원어민 영어 강사와 함께 영어구사능력을 향상시켜가는 과정이 매력 있던 연수 프로그램 중의 하나였다.

사원시절 명사회자로 회사에 좋은 이미지를 남겼던 나에게 두 달간의 영어연수라는 특급혜택의 기회가 우선 주어졌다. 나는 억수로 직장 운이 좋은 편이었다. 경기도 용인 마북리 한적한 곳에 자리하는 연수원에서 영어에 몰입하며 공부할 때였다.

두 달의 연수가 끝나갈 무렵, 어느 정도 영어구사가 편해지기 시작함을 느끼는 시기에, 저녁 시간의 특별 프로그램으로 해외의 명화를 감상하는 시간이 제공되었다.

그날 우리들에게 방영된 영화는 바로 '카르페디엠 (현재를 즐겨라)'의 명대사로 유명해진 명화 〈죽은 시인의 사회〉였다. 단언컨대 나의 삶에 가장 큰 울림을 준 영화라고 자부한다. 이 영화를 보고 세상을 바라보는 나의 시각과 사고의 관점과 판단력의 기준이 크게 바뀌었음을 아직도 이야기하고 있으니, 한 편의 영화가 주는 엄청난 영향력과 파괴력이다.

이 영화는 당시 입시에 매몰된 고등학교에서 파격적인 교육방법으로 삶에 대해 새로운 눈을 뜨게 해 주는 키딩 선생님과 학생들 간에 펼쳐지는 감동적인 이야기다. 현대 교육제도의 맹점을 꼬집으며 1989년 피터 위어 감독이 메가폰을 잡고, 몇 년 전에 작고하여 고인이 된 로빈 윌리암스가 주인공 키딩 선생의 역할을 맡아 열연하여 관객들의 마음에 깊은 울림을 주었다.

영화의 대강의 줄거리를 소개하면

1959년 미국 뉴잉글랜드에 자리한 사립 명문 고등학교 웰튼 스쿨은 '전통, 명예, 규율, 최고'를 학교 이념으로 내세우며, 소위 아이비리그 진학률 70% 이상을 유지하는 것을 긍지로 삼고 있는 입시사관학교로서의 명성을 갖고 있었다. 이미 이 학교 출신의 부모들이 사회에서 성공한 지도층의 자리에 있었고, 당연히 그 자녀들도 그 부모들의 길을 따라 이 학교를 통해 일류대학의 꿈을 이루고 사회로 진출하여 의료계, 법조계, 금융계에서 명사의 길을 걸어가도록 철저히 세뇌 당하며 그렇게 성장하는 목표를 가지고 있다.

이런 학교에 새 학기가 되면서 신임 영어교사로 이 학교 출신인 존 키딩이라는 선생이 부임하게 된다. 키딩 선생은 전통과 규율이 생명인 학교방침을 거스르며, 첫 수업부터 명문대 입학을 위한 지식보다 스스로의 인생 설계를 위한 준비를 하라는 파격적인 부임 연설로 학생들의 가슴에 파문을 일으키기 시작한다.

'시가 흐르는 교실을 만들자'며 자신이 학창시절 시를 읽고 인생을 토론했던 '죽은 시인의 사회'라는 문학 서클을 소개하고, 자신이 이 모임의 창립멤버임을 밝힌다. 학생들은 서서히 키딩 선생을 자신들의 삶의 멘토로 삼고 '캡틴'이라고 부르며 따르기 시작한다.

'죽은 시인의 사회'라는 비밀 서클 조직을 부활시켜, 밤이면 기숙사를 몰래 빠져나가 숲 속에서 위대한 작가들의 시를 읽으며, 입시로 일그러진 자신들의 청춘을 발산하며 진정한 삶의 의미를 찾아가기 시작한다. 그러던 중 키딩 선생의 교육관에 위기가 찾아오는데, 학생공연에 참여하게 된 주인공 닐은 평생 연극을 하겠다는 각오로 무대에 오르지만, 그는 여전히 부모의 반대에 부딪히게 된다. 부모의 강압에 못 이긴 닐은 결국 자살을 택하고 키딩 선생은 그를 부추겼다는 책임을 물어 학교를 떠나게 된다는 내용이다.

처음 이 영화를 접한 것은 영어 연수 기간 중에 원어로 된 영화였다. 당시 영어가 완전히 들리지 않았지만 전체의 흐름을 통해 나에게 전해진 감흥은 일종의 충격이었다. 영화의 시작에서부터 끝까지 영화 전체에 흐르는 내용이 모두 감동과 깊은 울림을 주었지만, 특히 영화의 몇 장면은 내 삶의 철학에 큰 영향을 끼치게 된다.

나는 이 영화를 지금까지 10번 이상 보았다. 이 영화의 여러 장면 중에 나에게 가장 큰 울림을 준 부분 중 두 장면을 발췌하여, 한 때 해외를 돌아다니며 해외 영업 조직을 대상으로 코칭 교육을 할 때 사용하기도 했다.

첫 번째 장면은 키딩 선생의 두 번째 수업시간인 〈시의 이해〉를 가르치는 시간이었다. 키딩 선생은 당시 시 문학계의 바이블로 평가 받던 〈에반스 프리차드〉의 〈시의 이해〉라는 책의 서문을 읽게 한다. 학생이 책의 서문을 읽는 동안 키딩 선생은 칠판에 그래프를 그린다. 가로축과 세로축에 대상의 예술적 표현의 완성도와 대상의 중요도를 써 놓고는 본격적인 시의 이론을 설명하는가 싶더니, 갑자기 정색을 하며 열심히 필기를 하던 학생들에게 그 책의 서문을 찢어버리라는 청천벽력 같은 이야기를 하는 것이다.

그것도 당시 그 어느 누구도 반론을 펼치지 못하던 문학계의 〈전가의 보도〉같은 책의 서문을 향해 '쓰레기'란 일성을 던지며 그 표현이 J. 에반스 프릿차드에 대한 자신의 견해라고 밝히자 당시 학생들은 놀라고 교실은 정적이 흐르게 된다. 그리고 이어서 던져지는 말들이 인상적이었다.

"서문은 오늘로 끝이니 완전히 찢어 내 버려라. 프릿차드 박사님을 없애거라."

이 외침은 당시 전통과 규율을 절대적인 규범으로 생각하고 지배하고 있던 학교에 던진 엄청난 도전장이기도 했다. 이 장면과의 만남은 나의 삶에 변화와 혁신이란 생각에 큰 모티브를 제공하는 계기가 되었다. 그 당시 나의 생각을 지배하던 모든 고질적인 생각과 사고방식을 다시 한 번 돌아보는 계기가 되고, 모든 일을 진행함에 있어 항상 새로움과 다른 방법들이 있을 가능성에 대한 생각의 여백을 여는 습관을 갖게 되었다.

나에게 커다란 울림을 준 장면이 또 하나 있는데, 그 장면은 아마도 이 영화의 가장 큰 의미를 담은 장면이기도 하다.

〈시의 이해〉의 수업시간을 통해 학생들에게 첫 번째 공감을 끌어낸 키딩 선생은 다음 수업시간에 무엇인가 기대의 눈빛으로 바라보는 학생들을 바라보더니 갑자기 교탁 위에 신발을 신은 채로 올라서는 장면이다. 학생들에게 이제까지 경험해보지 못한 전혀 새로운 시각을 갖도록 유도하기 위함이었다. 교탁 위에 올라서는 학생들을 향하여 질문을 던진다.

"내가 왜 이 교탁 위에 올라와 있는지 이유를 말해보아라!"

학생들은 영문을 몰라 어리둥절해할 때 키딩 선생은 말한다.

"이 곳에 올라서면 세상을 바라보는 시각이 달라진다. 그런 시각을 통해 세상을 바라보라"

키딩 선생은 학생들에게 책상 위로 올라 설 것을 주문한다. 당시 전통과 규율에 얽매인 수업방식을 받아 온 학생들은 교탁 위에 올라가기를 주저한다. 그러나 이내 서서히 올라가는 장면에서는 묘한 카타르시스를 느끼게 한다. 이 장면 또한 나의 삶과 나의 직장 생활에서 관리자로 커가면서 리더가 되는 과정에서 나의 사고방식에 큰 지침을 주게 된다.

이 장면을 통해 나는 무엇인가 결정을 할 때 항상 상대방의 입장과 시각에서 생각하는 방식과 생각의 패러다임을 전환하고 생각의 유연성을 훈련하고 향상시키는데 큰 밑거름이 되었다. 지금도 이 장면을 인용하여 강의나 교육 자료로 사용하고 있다. 그러나 안타깝게도 아들을 교육하는 가운데 이 영화가 주는 결정적인 메시지를 분명히 잊고 있었음이 나에겐 통한으로 남아있기도 하다.

036

운명을 바꾼 유행가

'십오야 밝은 둥근 달이
둥실 둥실 둥실 떠오면
설레는 마음 아가씨 마음
울렁울렁 울렁거리네….'

1980년대 국내 가요계를 풍미했던 와일드 캐츠란 보컬그룹이 불렀던 〈십오야〉란 곡이다. 단언하건대 이 노래가 내가 성공가도를 달릴 수 있게 한 인생 유행가라고 해도 과언이 아니다.

회사에 입사한 첫 해인 1989년 3월에 직원들의 친목을 도모하고 사기를 진작한다는 취지 아래 제1회 현상가요제가 열렸다.

그 후 매년 3월 25일 창립기념일에 즈음하여 회사의 정기적인 문화 행사 개최되었고, 나는 사회자로 활약한 적이 있었다.

신입사원 시절인 1989년 나는 제1회 대회에 신입사원의 자격으로 출전을 하여 혼성 4중창을 결성하여 트윈 폴리오가 부른 〈웨딩케익〉이란 곡을 나의 기타 연주에 맞춰 불러 영광의 대상을 거머쥐게 되는 기쁨을 안게 된다. 아주 뜻밖의 일이었다. 내가 학창시절 기타를 배운다고 한때 공부를 멀리 하여 원하던 대학으로부터 고배를 마신 이후, 기타를 배운 소중한 경험에 대한 작은 보람을 갖게 되는 순간이기도 했다. 이듬해부터 제2회 현상가요제의 사회를 맡은 나는 대학시절 틈틈이 갈고 닦은 숨은 실력을 총동원하여 가요제를 깔끔하게 진행함으로 회사행사에 성공적인 데뷔를 하게 된다.

제3회 현상가요제에는 당시 회장님에서부터 사장님 및 고위임원들이 전원 참석을 했다. 더욱 홍미진진하고 규모가 커진 사내 행사였다. 그 해 나는 기존의 가요제 프로그램에 내가 갖고 있는 장기인 레크리에이션을 접목시키는 아주 이색적인 가요제 프로그램을 준비하였다.

실패하면 쪽박이겠지만 잘 되면 대박일 수도 있다는 확신을 가지고, 내가 가진 모든 끼와 열정으로 재미있게 꾸며보기로 했다.

가요제가 시작되었고, 처음 무대에 등장하여 분위기를 유도하는 손유희 박수게임을 진행하며 준비한 유머를 던졌더니, 반응이 아주 좋았다. 자신감을 얻은 나는 일사천리로 진행을 했다. 1부와 2부로 나뉘는 틈새 시간에 다함께 부르기 코너를 곁들여 회장님을 비롯한 임원들과 직원들을 참여시켰다. 여흥이 식을 틈을 주지 않는 작전이었다.

그 곡이 바로 이 〈십오야〉란 노래다.

대학교 때 우연히 접하게 된 이 곡과 함께 붙여진 율동을 다시 나의 것으로 재구성하여 새롭게 탄생된 〈십오야〉를 선보였는데 그것이 소위 대박을 터뜨린 것이다.

이해를 위해 잠깐 보충 설명을 곁들이면…

십오야 노래 중에 '떡방아 찧는 소리….'라는 노래 가사가 나온다. 다른 율동도 재미있었지만 바로 이 부분이 하이라이트다. 임원들의 팔을 걷어붙이게 하고 나서 바로 이 부분에서 서로를 마주보면서 떡방아를 찧는 동작을 하는 것이다. 떡방아를 찧는 율동은 어렸을 때 우리가 남을 향해 던지던 불경스런 팔뚝질을 코믹하게 바꾼 것인데, 내가 이 불경스러운 율동을 회장님과 사장님 그리고 다른 임원들 앞에서 율동을 빙자하여 행하던 것을 보고 직원들은 대리만족을 느꼈는지 몰라도 기분이 좋아 포복절도를 하게 된다.

자칫 회장님께서 기분 나빠 하시면 나는 완전히 조직에서 아웃 당할 수도 있는 소위 '러시안 룰렛'같은 게임이었다. 그런데 어른들은 웃고 계셨고 무척이나 즐거워하신다는 것을 동물적인 감각으로 느끼면서 나는 두 번 다시 확신을 가지고 반복할 수 있었다.

가요제의 순서가 끝나고, 심사평이 이어지는 자리에서 당시 심사위원장이시던 회장님께서 마이크를 잡고 심사평을 시작하셨다. 그런데 심사평은 하시지 않고, 대뜸 이렇게 말씀하시는 것이었다.

"오늘 사회를 보던 친구 무대로 다시 나와 봐!"

이어서 "자네 어느 부서 누군가?" 엄중한 목소리로 묻는다.

"네, 저는 구주영업부 사원 최준영입니다!"

나는 다소 긴장된 목소리로 답을 했다. 지은 죄를 자수하기 일보직전까지 가는 위기일발의 상황에서 대뜸 하시는 말씀이 좌중을 더욱 놀라게 했다.

"총무부장, 저런 친구가 아직 사원이야? 대리로 진급시켜줘!! 오늘 가요제 너무나 재미있었어! 저 친구 때문에. 특히 십오야 떡방아 율동이 아주 좋았어." 하시는 것이었다.

그 다음날 해당 부서에서는 난리가 났다. 회사의 오너가 농담처럼 던진 사회자 특진시키란 말을 어떻게 해석하고 진행을 해야 하는 지 그 진의를 파악하느라 진땀을 빼고 있었다.

그 때 당시 사장님께서 (그 후 H그룹의 실세가 되신 P 회장님) 명확하게 정리를 하였다.

나를 진급시킬 수 있는 인사상의 명분을 만들고 방법을 찾아보라는 특별 지시가 내려 온 것이다. 당시 인사과는 나의 인사기록을 살펴보다가 극적인 묘안을 하나 만들게 되는데, 그것은 바로 내가 당시 H그룹을 입사할 때 대학원 석사학위 소지자였다는 것을 발견하고, 나를 특진시키기 위하여 대학원 석사 학위를 1년 인정해주는 인사규정을 만드는 것이었다. 당시 회사 내에 근무하던 석사학위를 가진 다른 모든 직원들이 나로 하여금 새롭게 생긴 인사 규정으로 동시에 모두 혜택을 입게 되는 경사스런 일이 벌어지게 된 것이다.

그 이후 펼쳐지는 나의 직장생활 여정에서의 〈십오야〉 효과는 이것으로 끝나지 않는다.

회사에서 미래 우수 인재 육성이란 차원에서 실시한 제1회 해외연수프로그램을 공개 공모하여 많은 직원들이 응모를 하였다. 응모를 하게 되는데 결과적으로 결선에 오른 최종 후보자들 중에서 나만 혼자 발탁되는 영광을 안게 되어, 영국 유학의 길에 오르게 되었으며, 직장에서의 소위 성공의 길을 걷게 되는 초석을 마련하게 된다.

회사에서 가요제 전문 사회자로 입지를 굳히고, 특진까지 하게 되면서 감사함으로 더욱 회사에 충성을 하는 마음이 생겼다. 매년 3월이면 열리는 현상가요제에 나의 자리를 대신할 후계자를 키우겠다고 한 번은 다른 직원을 무대에 세우게 되는데, 내가 남긴 인상이 너무나 컸는지 그 이듬해인 1993년에 다시 한 번 가요제 사회를 보게 되었다. 회사에서는 나에게 개런티 대신에 당일 진행하는 장면 전체를 녹화하여 대형 기념 타월과 함께 기념 선물로 선사해주었다.

그 후 내가 회사에서 보내주는 미래 핵심인재 육성 프로그램의 일환으로 실시한 해외연수의 혜택을 받아 영국으로 가던 해에 공석인 사회자의 후보가 없었다. 그때 회사에서는 내 자리를 대신해서 외부에서 걸출하고 유명한 사회자를 섭외하였다. 그 사람이 바로 당시 방송가에서 최고의 주가를 올리던 명 MC 김승현씨였다. 그 날 가요제에 참석한 직원들 사이에 회자되는 이야기가 칭찬 같은 소리로 들려 가슴이 뿌듯해졌다.

"최대리!! 외부에서 온 인기가 높은 전문사회보다 당신의 사회가 더 재미있고 인상적이었어!!

떡방아 찧는 소리 저 소리~~!!"

037

임원 승진,
'상처의 꽃'

2011년 말, 앞만 보고 치열하게 달려 온 직장생활에서, 보람이요 영광의 면류관 같은 임원이란 타이틀을 달게 된 것은 분명 가문의 영광이고 자랑이었다. 임원이란 자리는 전통적으로 한눈팔지 않고 달려 온 많은 사람들 중에서 불과 2-3%의 우수한 역량들에게 특별히 주어지는 직장에서의 꽃이었다.

그러나 임원이 되었다고 그렇게 마냥 기쁜 것만은 아니었다. 왜냐하면 당시 회사의 사정은 이전의 시대와 다르게 만년 적자가 이어져 오던 해였고, 언제 그 적자의 고리를 끊을지 모를 실로 암흑과도 같은 긴 터널을 지나고 있을 때였다. 더군다나 그런 적자 경영의 이유로 많은 임원들이 매년 러시안 룰렛 게임 하듯

대거 형장의 이슬처럼 사라져 가던 시기였기 때문이었다. 항간에는 임원이 되면 축하보다 애도의 인사를 받는 웃지 못 할 이야기도 들리고 하던 시절이었다.

이런 이유로 회사는 반드시 수익을 창출해야 직원들이 행복하다. 임원이 되던 해에 나는 회사의 암울한 환경을 애써 무시하고 그 자리까지 오른 나를 스스로 칭찬해 주었다.

'그래 여기까지 열심히 잘 달려 왔고 그동안 정말 잘 해 냈어. 지금부터 새로운 도전으로 주어진 자리에서 새로운 역사를 써 내려가는 거야.'

임원이 되던 첫 해, 나는 하던 업무를 지속하며 임원으로서의 내공을 쌓아가기 시작했다. 진정한 리더로서의 길이 무엇인지 알기 위해 책도 보고 강의도 찾아 들었다. 또한 지금까지 내가 모셔온 리더들의 리더십을 분석하면서 내가 닮고 싶고 걸어가고 싶은 리더의 모델을 그려갔다. 난 정말 이 시대에 좋은 리더가 되고 싶었다.

새로운 CEO가 부임한지 불과 2년 만에 다시 새로운 CEO가 등장하면서 조직을 재정비 하는 에너지를 낭비하게 된다. 이 전의 조직과는 다르게 새로운 분위기로 쇄신한다는 일종의 제스처인데 나는 이 부분이 에너지의 낭비라는 생각을 계속해왔다. 그런데 이번에도 또 그런 조직의 개혁을 단행한다. 그런 조직의 변화와 혁신은 구성원의 진정한 수용과 이해가 있어야 하는데 대부분 그렇지 못했다. 그것이 새로운 CEO가 경질이 되었을 때 어김없이 반복되는 비효율적인 시행착오였다.

그런데 사실 그 때는 그런 생각조차 사치였다. 회사는 생존을 위한 몸부림을 쳤고, 하시라도 빨리 적자의 고리를 끊고 흑자의 길로 들어서야 했다. 그래야 매년 연례행사처럼 치러지는 임원들의 슬픈 퇴임식을 막을 수 있는 것이다. CEO는 2년을 넘기지 못했고 임원들은 그 해의 실적에 따라 매년 옷을 벗게 되는 일을 연례행사 치러내듯이 반복했다. 역설이긴 하지만 그런 임원 퇴임이란 연례행사에 따라 나는 한국영업본부장이라는 중책을 맡게 되었다. 그 후 매년 돌아오는 1년 단위의 시간을 직장에서의 마지막이라는 생각으로 열심히 달렸다.

〈사람을 살려야 한다〉는 나만의 경영지론을 펼쳐가면서 나는 내가 맡은 조직을 살려 냈다. 그리고 그 해 역대 최고의 실적을 올렸다. 누가 봐도 인정하는 좋은 실적이었다. 그리고 그 해 말 한국 영업 총괄을 맡은 지 불과 11개월 만에 또 다시 실적 저조로 처형을 당한 빈자리로 옮기게 되었다. 또 다른 무덤이 될지도 모르는 운명 같은 자리가 내게 주어진 것이다. 회사 CEO가 내려주는 007같은 특별한 미션을 안고 부임지로 떠났다.

바로 싱가포르에서 동서남아 본부장의 역할을 맡게 된 것이다. 옛날 같으면 휘파람을 불며 4년을 즐기는 주재원의 생활일 터이지만, 이제는 어쩌면 나의 마지막 무덤이 될 지도 모르는 사지死地와 같은 전쟁터로 발을 들여 놓았다. 이제는 거부할 수도 없다. 그렇지 않으면 회사를 떠나는 길밖에 없는데 임원이 되면서 이제 그런 자유도 박탈당했다. 관성의 법칙으로 달려야 했다. 이제 마지막이라는 심정으로 결연한 마음을 다지는 글귀 하나를 마음에 새겼다.

'파부침주破釜沈舟'

솥을 깨뜨리고 배를 가라앉힌다는 뜻으로, 결사의 각오로 적과 싸우겠다는 결의를 나타낸 말이다. 2,200년 전 초나라 장수 항우가 진나라 군대를 치러 갈 당시의 일화에서 유래한 고사성어다. 당시 내가 마지막이라는 각오로 싱가포르로 떠날 때, 이 글귀를 출사표로 던졌다. 나는 고군분투하겠다는 각오로 혈혈단신 임지로 부임했다.

038

롤러코스터 드라마

동서남아 본부장으로서의 첫 해는 순조로웠다. 관할 지역 25개국의 지점을 관리하면서 일주일이 멀다 하고 여기저기 출장을 다니며 새로운 역사를 쓰자고 현지 직원들을 독려했다. 기존의 영업 패러다임을 바꾸는 변화와 혁신 프로그램을 지역 본부에 접목하기 시작했다. 다행히 동서남아 본부의 식구들이 잘 따라 주었다. 실적은 어려운 환경 가운데서 잘 만들어 냈다. 그리고 우린 주어진 목표를 달성했다.

그러나 그럼에도 불구하고 그 해에도 회사는 전체적으로 적자의 실적을 이어갔다. 그리고 이번엔 6개월 만에 대표이사가 바뀌고 해외의 모든 임원들이 그 자리에서 자기 무덤을 파고 매장 당하는 수모를 겪었다. 단 2명의 임원만이 살아남았고, 다행인지 불행인지 그 중에 한 명이 나였다. 참으로 끈질긴 생명력이었다. 싱가포르에 부임한 지 단 11개월 만에 다시 본사로 발령을 받아 복귀했다.

상식적인 시각과 객관적인 견지에서 있을 수 없는 조직 변동이었다. 상식과 객관의 논리를 갖다 놓고 따질 만한 상황이 아니었다. 회사라는 거대한 함정艦艇은 그렇게 매년 서서히 침몰해가고 있었다. 불사신처럼 살아나 본사로 복귀하면서 글로벌 영업 총괄이라는 새로운 중책을 맡게 된 첫 취임식에서 나는 이렇게 이야기한 것으로 기억한다.

"이 영업 총괄이라는 자리는 전지전능한 예수님이나 부처님이 온다 한들 상황을 역전 시킬 수가 없습니다. 우리에겐 기적이 필요합니다. 그 기적을 만들어야 합니다. 저는 그 기적의 원천과 열쇠를 사람들에게서 찾고 싶습니다. 지금 우리에게 시급한 것은 철저하게 땅에 떨어진 국내 및 해외에 포진한 전 직원들의 사기를 살리는 일이며 조직을 살리는 일입니다. 저는 저에게 주어진 기간 동안 사람을 살리는 일을 담당할 것입니다. 함께 이 일에 동참해주시기 바랍니다."

나의 절실한 메시지는 영업 현장에 있는 직원들은 물론, 함께 이 사역을 같이 해 나갈 경영층과 오너인 기업 총수에게 던진 도전과 같은 말이었다. 그로부터 나에게 주어진 시간을 사람 살리는 일에 매진했다. 국내 및 해외를 다니며 사기가 떨어진 해외의 영업 조직을 살려내려고 애썼다. 수혈이 필요한 곳에는 피를 공급했고, 수분이 필요한 곳에는 급하게 물을 공급하며 동시에 새로운 영업 영업패러다임에 입각한 Sales Excellence Program을 만들어 국내 및 해외의 영업 일선에 접목시키는 일을 계속했다.

그런데 회사를 시시때때로 감독·감시하는 그룹의 시선은 나와 전적으로 다른 입장을 취하고 있었다. 만년 적자의 원인을 조직윤리의 부패에 있음을 전제로 판단하고 진지한 경영감사를 시작한 것이다. 그리고 조직의 불균형적인 구조를 이유로 조직 내에서 시니어 급 직원 30명을 명예 퇴직시키는 작업을 시행하라는 지시가 내려왔다. 물론 나는 반기를 들었다. 물러설 때 물러나더라도 최선을 다해보고 싶은 사명감이 불타올랐기 때문이다. 지금은 사람을 살려야 하고 조직의 사기를 일으킬 때라는 것을 다시 한 번 강조했다. 그렇게 시작된 그룹과의 싸움을 1년 동안 지속했다. 나의 그런 행동이 빙벽과 같던 그들을 이길 수가 없었다. 나는 눈물이 났다. 답답했다.

조직에서의 삶에 끝이 보이기 시작했다. 나는 철저한 승부사였다. 그러나 모든 일에 전투처럼 임했고, 승승장구하던 나는, 안타깝게 물러나야만 했다. 이렇게 물러 날 수만은 없었다. 제대로 한 번 멋진 승부를 벌이지도 못하고 안타깝게 종지부를 찍는 것이 너무나 안타까웠다.

마지막 떠나오던 날, 미련은 결코 없었지만 제대로 싸워보지 못한 그 안타까운 심경을 송별사로 남기고 떠나왔다. 내 심경을 담은 그 마지막 인사 글을 아직도 간직하고 있다.

과연 어떤 기분일까?

궁금했습니다.

27년간 정든 사람들과 이별을 한다는 현실이….

익숙한 것들을 내려놓고 떠나야 한다는 심정이….

언제부턴가 정든 이 직장에서 여정의 끝이 희미하게 보이기 시작하면서 사랑하는 선배님들을 자의가 아닌 타의에 의하여 하나 둘 먼저 보내 드리면서 저 이야기가 언젠가 나의 이야기가 될 때 나의 느낌은 어떠할 것이며, 난 어떻게 의연하게 마지막을 대처할 것인가 생각하곤 했습니다.

그러한 생각도 올해 눈코들새 없는 일정으로 달려오면서 사치스런 생각이라 치부하고 잠시 잊고 살다가 갑자기 이 지경에 이르렀습니다.

그러나 생각보다는 담담했습니다. 참 놀라울 정도로.

이것을 학습효과라고 생각해야 하는 건지….

아님, 그동안 수많은 시련을 극복해 가는 가운데 옹골차게 새겨진 훈장 같은 저의 영적, 정신적 근력 때문인지.

그동안 제가 겪은 시련에 새삼 감사함을 느끼는 시간입니다.

불과 1년 전, 제가 제일 존경하는 선배님 중의 한 분께서 퇴임인사에서 딱 두 줄의 인사말을 남기셨는데 그 인사가 지금 이 순간에 생각이 납니다.

" 회사를 떠나는 것은 두렵지 않다!

다만 사랑하는 후배들을 더 이상 볼 수 없음이 두렵다"

가슴에 와 닿았습니다. 지금 이 순간에도 여전히 제 가슴을 울립니다.

돌이켜보면 저도 남들처럼 회사를 참 많이 사랑했습니다. 27년간의 사랑입니다.

단 하루를 살아도 많은 이야기가 있는데, 27년간의 새털같이 많고 긴 날에 참으로 무수한 이야기를 썼던 것 같습니다. 이제와 돌아보니….

존경하는 어른이신 창업주께서 회사에 출근할 생각만 하면 마음이 설렌다고 했는데 그 정도는 아니어도 회사는 저의 꿈의 일터였고 한 가정의 행복을 일군 근간이었으며, 현대상선에 속하였다는 사실 하나만으로도 자부심 그 자체였습니다. 그런데 언제부턴가 그 꿈의 터전이 저에겐 부담으로 다가 왔고 고통의 터전이 되기 시작했습니다. 저의 부족으로 인해….

부족한 제가 이 자리를 맡아서 부임되어 오면서 제가 던진 첫 일성이 생각납니다.

예수님도 부처님도 해낼 수 없는 일을 기적처럼 만들어야 하는 역할을 감당해야 한다고…

이건 저의 능력으로 할 수 있는 일이 아니었음을 아는 까닭에 무릎을 꿇고 기도했으며,

전 세계에 흩어진 역량들의 마음을 사는 일이라 생각하여 그들의 마음을 사는 게임을

오늘까지 해 온 것 같습니다. 역부족이었음을 깨닫고 물러납니다.

지난 짧은 1년간을 반추해보면 CCO로서 일을 하면서 정말 앞만 보고 달려 온 것 같습니다.

1년 24시간 365일 토요일 일요일까지 틈만 나면 빈 사무실에 나와서 기사회생의 극적 반전을 위한 드라마를 연출하기 위해 골몰했던 것 같습니다. 그 시간이 이제는 물거품처럼 사라진 어제의 이야기가 되었지만, 그래도 그 진정성은 남아서 저의 이야기가 됩니다.

저의 힘이 되었습니다. 회사는 더 단단해진 저를 만들어 주었습니다. 감사하게 생각하고 있습니다.

저는 떠나고 회사는 새롭게 조직을 정비하여 더 크게 나아갈 것입니다.

그러나 정비될 조직만큼 더 중요한 것은, 조직 안팎의 상실되고 여기저기 마음들을 한데 모으는 일이 무엇보다 우선되어야 한다는 생각입니다.

그렇게 해 주시기를 바랍니다. 부디….

제가 떠나는 것을 끝으로 이제 더 이상 해마다 이 때쯤이면 연례행사처럼 자행되던 러시안 룰렛 같은 이 피 말리는 게임은 그 종지부를 찍었으면 합니다.

한 사람이 떠난다고 단지 한 사람을 잃는 것이 아니라 함께 떠나가는 그를 따르던 수많은 동료들의 마음의 수를 헤아려야 할 것입니다. 왜냐하면 사람이 답이기 때문입니다.

현대상선은 사람을 소중히 생각하는 기업이었습니다. 언제부터인가 그 아름다움이 사라진 듯하여 가슴이 아팠습니다. 떠나는 사람들은 몸은 떠나지만 마음은 그대로 이 곳에 묻고 갑니다. 그래서 지금 이순간도 수구초심의 심정으로 회사를 걱정하고 변함없는 애정과 관심을 갖고 있음을 느낍니다. 저도 이제 그 대열에서 같은 마음으로 응원하겠습니다. 필요한 곳에서 열심히 지원하겠습니다. 사랑하는 현대상선의 식구들! 부디 흔들리지 마시고 끝까지 정진하셔서 먼저 떠난 선임들이 채 이루지 못한 꿈과 도전을 반드시 이뤄주시기 바랍니다.

저는 이제 27년간 정든 터전을 정리하고 새로운 삶의 도전을 위한 안식년을 갖습니다. 저에게 안식으로 주어진 기간 동안 몸과 마음을 가다듬고 책도 보고 그동안 제가 하고 싶었던 남은 삶의 버킷리스트를 하나하나 이뤄 가면서 인생의 하프타임을 즐기도록 하겠습니다.

많이 응원해주시고 귀하게 이어진 인연의 끈을 어디에 있든지 아름답게 이어나가도록 하지요. 제 앞에 다가올 새로운 삶의 여정이 벌써부터 설레기 시작합니다. 신입사원으로 이 회사에 첫 출근하면서 가졌던 그런 설렘입니다.

멋진 모습으로 다시 찾아뵐게요.

끝으로 제가 평소 좋아하며 암송했던 시 두 편을 남기며 마지막 인사를 대신하고자 합니다.

서 시 (윤동주)

죽는 날까지 하늘을 우러러
한 점 부끄럼이 없기를
잎새에 이는 바람에도
나는 괴로워했다
별을 노래하는 마음으로
모든 죽어가는 것을 사랑해야지
그리고 나한테 주어진 길을
걸어가야겠다
오늘밤에도 별이 바람에 스치운다

다 시 (박노해)

희망찬 사람은 그 자신이 희망이다
길 찾는 사람은 그 자신이 샛길이다
참 좋은 사람은 그 자신이 이미 좋은 세상이다
사람 속에 들어있다
사람에서 시작된다

다시, 사람만이 희망이다

그동안 감사했습니다. 보고 싶을 겁니다. 많이….

영업총괄 / 최준영 상무 배상

039

그 아름다웠던 인생 2막

인생 100세 시대 앞에 서 있다.

내 나이 이제 58세! 그렇다면 아직 더 살아야 할 날이 많이 남아 있다. 새삼스럽게 방황하던 20대에 멋모르고 던지던 대답 없는 공허한 질문을 꺼내어 나 스스로에게 다시 던져 본다.

"남은 인생 어떻게 살 것인가?"

반평생을 산전수전 다 겪은 삶의 전쟁터에서 훈장처럼 얻게 된 늙은 노병의 모습으로 지금 나 스스로에게 반문하는 것은 이제는 젊은 시절의 그런 형식적이고 습관적인 질문은 더 이상 아니어야겠다는 생각이 들기도 한다.

승패병가지상사勝敗兵家之常事라고 한 번 전쟁에서 진 병사는 용서가 될 수 있어도 두 번 이상 싸움에서 진다는 것은 더 이상 용납이 안 된다는 전가의 보도 같은 명언처럼 이제 새롭게 걸어가야 하는 길은 승리의 길이어야 함을 안다.

나는 100세 인생을 크게 25년 주기로 된 인생 4막으로 나누어 보기로 했다.

인생의 1막은 탄생에서부터 자신의 인생관이 정립되고 스스로 설 수 있는 나이인 25세를 전후한 시기, 인생의 계절로는 만물이 소생하는 봄의 계절이요, 삶의 태동기에 해당되는 시기다.

인생의 2막은 자신의 인생관이 정립되며 새로운 독립을 준비하며 치열하게 살아가는 시기로, 이 시기에는 자신의 가치관에 입각한 삶의 업을 선택하는 시기이고 하나의 가정을 이루어가는 시기에 해당된다. 성공을 향한 인생의 열차를 타고 쉼 없이 달려가야 하는 시기로, 인생의 절기로는 여름이며 삶의 성장기에 해당된다고 정의할 수 있다.

인생의 3막은 성숙기로서 사회적으로 열정과 애정을 가지고 달려 왔던 여정에서 잠시 쉬어갈 수 있는 간이역에 도착하여 다시 달려갈 엔진과 타이어를 갈아 끼우는 등 삶의 리모델링을 통해 새로운 삶의 이야기를 써야 하는 시기로, 인생의 계절로는 모든 것이 무르익고 수확하는 가을에 해당한다. 인생의 2막인 여름이라는 성장기를 어떻게 준비하고 달려 왔느냐에 따라서 이 시기의 삶의 질이 달라 질 수 있는 시기다. 그러나 아직까지는 끝날 때까지 결코 끝난 것이 아니므로, 이시기에 극적인 역전 홈런을 날릴 수도 있기에, 새롭게 도전하는 중년의 삶이 더욱 아름다울 수도 있는 시기다.

그리고 겨울, 인생 4막. 신체 생리적으로 신진대사의 활동이 쇠퇴하고 이제 남은 삶을 정리하는 시기다. 이 시기에는 지난 삶을 돌아보며 관조하는 늙은 노병의 지혜가 빛나는 시기일 것이다. 이 세상에 나올 때 울음을 터뜨리고 나왔으니 떠날 때는 웃음을 남기고 갈 수 있을 것인가를 생각하면서 삶을 정리하는 인생의 황혼기에 해당한다. 인생의 마지막 종착역이다.

나는 이제 인생의 2막을 막 마쳤고 새롭게 인생의 3막을 준비하는 그 막간에 서 있다. 어떻게 새로운 인생 3막을 열 것인가? 아무 생각 없이 인생의 1막과 2막을 열었던 것과는 달리 인생 3막을 준비하는 삶의 도전은 차별화를 선언하기로 했다. 청춘의 심장처럼 가슴이 뛴다. 기대와 설렘이 새로운 인생길을 준비하는 신랑의 그것과 흡사하다. 이런 특별한 감정을 지금까지 가져본 적이 없음이 오히려 감사한 시간이다.

내 인성이 성숙의 단계에 접어들었는가 보다. 신체지수로는 이미 중년의 신체리듬이 되어가고 있고 방금 들었던 것도 돌아서면 바로 잊어버리는 망각의 세포들이 기승을 부리기 시작한다. 그럼에도 아랑곳없이 전쟁 같은 삶 중에 터득한 다양한 전력이 훈장처럼 삶의 지혜가 되어 오히려 그것을 경쟁력 있는 무기 삼아 살아갈 수 있는 새로운 자신감이 생긴다. 쓸 데 없는 자존심이 아니라 치열했던 인생이 나에게 심어 준 귀한 자존감이다. 참으로 대견하고 감사한 인생이다.

온고이지신溫故而知新!!

이제 내 인생의 3막을 잘 준비하기 위해 인생의 2막을 돌아보는 시간을 가져보기로 한다. 20대 중반에서 50대 중반의 인생 2막을 정리하면서 나에게는 남은 내 인생에서 꼭 이루고 싶은 버킷 리스트 하나가 생겼는데, 그것은 책을 쓰는 일이었다. 어떤 책을 쓸 지 한참을 망설이다가 최근 인생 3막을 준비하며 치열하게 살았던 지난 인생 2막의 이야기를 쓰기로 마음을 먹었다.

내가 기막힌 나의 인생 2막 이야기를 쓰게 된 모티브가 하나 생겼는데, 그것은 바로 사랑하는 아들의 결혼이다. 그토록 사랑하고 나의 온 몸과 정성을 바쳐 헌신하며 성공을 기대했던 아들이 이제 장가를 간다. 마치 30년 전 내가 그렇게 멋모르고 가정을 이루었던 것처럼, 아들이 이제 그 길로 들어선다. 새롭게 시작하는 아들의 꿈을 응원하고 격려하고 싶은 아버지의 마음이다. 왜냐하면 아들에게 너무나 큰 죄를 지은 부족한 아버지라….
속죄하고 용서를 비는 마음으로 아들의 새로운 인생을 기도하는 마음으로 간절히 응원하는 것이다.

사랑하는 나의 아들은 내 인생 2막의 주인공이었다. 내가 아닌 아들이 내 인생 2막의 주인공이었던 것이다. 아들이 이 세상에 나올 때 내가 믿는 하나님께서 아들에게 천재성이란 귀한 선물을 주셨다. 그런 아들이 아빠와 함께 한 세월 동안에 세상이 주는 희로애락을 같이 겪으며 살아왔고, 오늘 새로움을 가지고 그의 인생 2막을 시작하는 막간에 서있다. 그런 아들을 응원한다.

나의 인생 2막의 주인공이었던 아들은 이제 일곱 살 연상의 여자와 행복한 결혼생활을 시작하며, 그의 인생 2막 이야기를 멋지게 시작하고 있고, 아들을 주인공으로 삼았던 나의 인생 2막의 안타까운 이야기를 소중한 경험으로 간직하고, 새롭게 펼쳐진 나의 3막의 이야기는 내가 주인공인 새로운 이야기를 쓰려고 한다. 내가 주인공인 나의 인생 3막이야기!

조연으로 살았지만 밀려드는 행복했던 시간들이 주마등처럼 지나치면서 환희와 기쁨으로 다시 새로워짐을 느낀다. 나의 인생 2막! 멋모르며 철부지처럼 행복했다. 그 땐 그랬었다.

너무나 생생하고 파란만장하게 펼쳐졌던 나의 인생 2막의 이야기다.

040

인생 3막!
그 새로운 삶

2015년 11월 8일.

그토록 치열하게 달려 나의 젊음을 바쳤던 회사에서의 마지막 날이자, 한편으로는 남은 인생에서 새로움을 여는 첫날이었다.

1989년 1월 23일에 운명처럼 만난 회사를 나는 사랑하기 시작했고, 영원히 함께 동행하기를 다짐했다. 나에게 회사란 한눈 한 번 팔지 않고 사랑하며 또 사랑 받으며 살아온 지난 27년의 삶이었다. 나는 이 회사를 위해 일하며 한 가정을 이루었고, 회사의 사랑을 먹으며 가족의 생계와 행복과 꿈을 키워 왔다. 감사함이 앞선다. 정말 회사에 감사했다.

그리고 회사가 나를 끝까지 지켜 줄 것이란 생각은 하지 않았지만, 그렇다고 회사로부터 버림받을 것이란 생각 또한 하지 않았다. 아니 하기 싫었다. 사랑하기에 이별이라는 것은 불경스러워 감히 입에도 올리지 않았고, 머릿속에 생각하는 것조차 회사에 누가 되고 죄가 된다는 착각을 하며 살아오기도 했다.

어느 날부터 영원히 함께 할 것 같았던 회사의 선배들이 하나 둘씩 떠나갔다. 그들은 함께 동고동락하며 사랑하고 정들었던 사람들이었다. 그런데 보금자리였던 터전을 떠나는 길이 그동안 헌신하며 수고했음에도 축복받고 보상받는 붉은 주단 길이 아니었다. 아무도 모르게 숨어서 떠나가야 하는 슬픈 뒤안길이라는 것을 보게 되면서, 나는 저렇게 떠나지 말아야겠다고 늘 생각했었다. 절대 그런 일이 일어나지 않겠지만, 그래도 만에 하나 내가 떠나야 한다면, 나는 직원들의 손을 일일이 잡아 주고 난 후에 그들의 축복 속에서 당당히 정문으로 떠날 것이라고 늘 다짐하고 다짐했었다.

그리고 막상 그런 이별의 시간이 나에게 찾아왔을 때, 나는 스스로 놀랄 정도로 무섭도록 침착함을 유지했다. 퇴임 명령을 받고 일주일간을 사무실에 머물면서 평온하게 남은 일을 정리하고 일일이 사람들의 방문을 받으며 담소를 나누었다. 때로는 아쉬움으로 눈물을 흘리는 후배들도 있었지만, 언젠가 우리 모두가 떠나야 하는 길이라면 기쁘게 헤어지고 서로의 행복을 빌고 회사에서 맺은 인연을 오래 이어가자고 덕담을 나누었다. 그리고 마지막 날, 회사를 돌면서 전 직원들과 악수를 나누고 정든 회사의 정문을 담담하게 걸어 나왔다. 비록 그 길이 붉은 주단을 깔아 놓은 길은 아니었지만, 나는 마음속으로 그 붉은 주단의 길을 밟는 마음으로 걸어 나왔다.

'그래! 너는 지금까지 너무나 잘해 왔어! 수고 했어! 네가 지금 떠나는 이 길은 너를 따르는 후배들에게 멋진 흔적을 남기며 떠나는 길일 거야. 후배들도 그렇게 생각할거야!! 너는 너를 바라보는 후배들에게 참으로 좋은 선배였어! 네가 자랑스러워.'

마음속으로 이렇게 위로하면서 그 길을 담담하게 걸었다. 그리고 그 다음날부터 나는 지금까지의 인생 2막의 길을 접고 앞으로 어떤 새로운 길을 걸을 것인가에 대한 꿈을 새롭게 꾸기 시작했다.

우선 나는 일주일간 혼자만의 여행을 떠났다. 혼자 여행을 떠나며 그동안 나는 무엇을 하고 살았는가, 앞으로 내가 잘 할 수 있는 일은 무엇이며, 또 내가 어떤 일을 하면 행복할 수 있을까에 대해 호기심과 설렘으로 골몰하기 시작했다.

일단 커다란 빈종이 위에 내가 그동안 해 온 일들과 좋았던 기억들과 잘한 일 등을 떠올리며 연대순으로 적어 나가기 시작했다. 오랜 앨범 속에 묻어 둔 낡은 사진처럼 기억의 편린들이 되살아나기 시작했고, 기억의 꼬리는 새로운 기억을 물고 나와 실타래처럼 술술 풀려 나왔다.

그리고 본격적으로 아침마다 그 기억들을 찾아 나서며 글로 기록을 남기는 일들을 지금까지 계속해오고 있다. 하던 일을 멈추고 시선과 생각을 나 자신에게 집중하기 시작하면서 수많은 이야기들이 펼쳐지기 시작했다. 그리고 그 가운데 나의 새로운 꿈도 그려지기 시작했다.

회사를 떠난 후 어느 정도 시간이 지나자 나의 삶도 안정을 찾아가기 시작하였고, 나는 새롭게 용기 있는 도전을 꿈꾸었다. 그것은 나의 삶에서 엮어낸 이야기들이 녹아 있는 강의를 하는 것이다.

그래서 찾은 곳이 코칭 연구소였다. 회사 다닐 때 몇 번 이름을 들어 보았지만 본격적으로 공부하고 싶었던 분야가 코칭이라는 분야였다. 그래서 나는 1년이란 시간을 코칭이라는 세계에 빠져보기로 했다.

대한 코치협회에서 실시하는 코칭 자격시험을 통해 코치의 자격을 취득하는 것을 우선 목표로 삼았다. 그리고 내가 회사 생활에서 국내외를 다니며 다양하게 경험한 것들과, 우리 아이들과의 동행에서 얻은 교육관련 교훈과 인사이트Insight를 바탕에 두고, 코칭이라는 이론을 접목하여 좋은 강의를 펼쳐나간다는 비전을 수립하였다.

그리고 젊은 시절부터 수많은 행사를 기획하면서, 내게 분위기를 훙겹게 만드는 재능이 잠재하고 있음을 알았다. 그것을 바탕으로 우선 작은 회사를 만들어 본격적인 인생 2모작을 경작하기로 하였다. 그리하여 지금의 〈코칭으로 아름다운 동행〉이란 회사가 탄생하게 되었다.

나는 앞으로 이 작은 공간에서 넓은 가슴과 무한한 가능성을 열고, 이 시대를 살아가며 힘들고 지쳐서 희망을 잃어버린 많은 사람들을 만날 것이다. 또한 그동안 나처럼 앞만 보고 질주하는 말처럼 달려온 또 다른 나와 같은 사람들을 만나서 그들과 진솔한 대화를 나누고 싶다. 그리고 잠시만이라도 그 진솔한 대화를 통해 인생에 작은 쉼표를 찍고, 호흡을 한 번쯤 가다듬으며 달려온 길을 돌아보게 하는 기회를 제공하고 싶다. 또 앞으로 달려갈 길을 스스로 그려볼 수 있게 하는 시간을 만들도록 지원하는 일을 하고 싶다.

이 세상을 살아가는 많은 부모 된 사람들이나 좋은 부모가 되고 싶어 하는 사람들을 만날 것이다. 열린 공간을 만들어 아이들과 함께 하는 진정 행복한 동행이 무엇인지도 허심탄회하게 이야기하고 싶다. 단 한 번뿐인 인생을 후회 없이 살아가는 최적의 길을 서로 고민하며 찾아 볼 것이다.

지금 이 순간 이 땅에서 열심히 살아가는 부모들이 두 번 다시 나와 같은 시행착오를 겪지 않기를 바라는 마음으로 많은 부모들도 만날 것이다.

내가 새롭게 가려고 하는 길은 지금까지 걸어온 물류인物流人의 길이 아니다. 그래서 나를 아는 많은 사람들이 의아해하며 묻는다. 그동안 해온 일들이 아깝지 않느냐고….

그러면 나는 이렇게 자신 있게 대답한다.

"저는 지금 다시 어떤 회사에 들어가서 일을 하게 되면 제가 일하게 될 그 회사를 반드시 살릴 수 있을 것이란 자신이 있습니다. 그러나 저는 지금 더 큰 꿈을 꾸고 있습니다. 지금 하고자 하는 이 일을 통하여 제가 앞으로 만나게 될 많은 회사를 살릴 수 있을 것이며, 또 사람을 살리는 일을 죽을 때까지 하다 갈 것입니다. 그러다 보면 대한민국도 살릴 수 있을 것이란 커다란 비전이 있습니다. 대한민국이 변화하는 것!! 참으로 멋진 일 아닙니까?"

에필로그

내 삶의 주인공

돌이켜보면, 나의 직장생활은 꿈과 끼를 마음껏 펼칠 수 있던 시절이었다. 신입사원 시절부터 퇴사하는 그 순간까지 그러했다. 학창 시절에 배워둔 기타 솜씨와 레크리에이션 기법과 모임의 행사를 기획하고 진행하며 온몸을 불태웠던 경험들이 버릴 것 하나 없이 그대로 직장생활에서 보석처럼 쓰이게 될 지 그 이전에는 전혀 몰랐었다.

우리가 살아가면서 경험하게 되는 많은 체험들이 그대로 쌓여서 언제가 귀하게 쓰이게 될 수 있다는 경험의 미학을 신입사원 시절을 통하여 알게 되었다.

대학시절에, 열정을 가지고 몰입했던 동아리 활동이 서예와 야학활동이었다. 대학교 1학년 시절, 관심을 가지고 시작한 서예는 한 때 내가 전공을 포기하고 서예인의 길로 나설까 심각하게 고민했을 정도로 집중하고 몰입한 적이 있었다. 그런데 서예를 하면 평생 먹고 살 걱정을 하게 될 것 같아, 취미생활로 아쉬움을 달랬다. 그러나 입사 후 사내 서예 동아리에 가입해 뛰어난 실력을 발휘해 한동안 동아리를 이끌기도 했다. 이 후 1990년대 초 H그룹에서는 러시아의 북방정책에 따라 블라디보스톡 개발의 청사진을 담은 사업계획을 준비하고 있었다. 나는 사업계획서를 붓글씨로 작성하여 그룹 회장에게 승인을 받아 내는 영광을 안았다. 젊은 시절의 경험이라는 것은 하나도 버릴 것이 없는 소중한 무형자산이라는 것을 새삼 깨달았다.

오늘날 청년들의 취업난은 전쟁을 방불케 하듯이 극심하다. 입사 준비를 위해서 대학 4년이란 기간을 학점 관리와 다양한 자격증 등의 소위 스펙을 쌓기에 여념이 없다. 화려하지만 천편일률적인 스펙을 보면서 과연 무엇을 위한 스펙인지 회의가 들 때가 있다. 앞으로 다가올 세상은 어떻게 변하게 될 것인지 그 누구도 상상할 수 없다. 이력서의 빈 공간을 채우기 위해 쌓아 놓은 몇 줄의 스펙으로 다가올 미래를 대비할 수는 없을 것이다.

"나는 단 한 번뿐인 내 삶의 주인공이다!"

요즘 강의를 하면서 인사말로 즐겨 쓰는 프로필 문장이다. 나는 이 표현을 찾기까지 무려 50년이란 시간이 걸렸다. 내가 세상에 태어나고 자라면서 자아의식이 형성되는 동안, 그리고 지금까지 살아 온 인생에서 나 자신이 주인공이란 생각을 해 본 적이 단 한 번도 없었다.

내가 초등학교 시절 반에서 1등을 하였을 때에도 내가 단연 주인공이란 생각을 하지 못했다. 그것은 내가 1등을 하던 꼴등을 하던 상관이 없었기 때문이라고 생각했기 때문이다. 누구도 주목하지 않았고, 칭찬하지 않았다. 나는 나의 삶에서 늘 조연의 역할만 성실하게 해왔다.

대학시절 부모님 모두 일찍 세상을 떠나셨고, 처음으로 나는 인생에서 나의 정체성을 자각했던 것 같다. 나는 누구인가? 나는 무엇을 할 수 있으며, 무엇을 위해 살 것인가?

온실 속의 화초처럼 그리고 내성적인 성격으로 자라온 나는 부모님께서 이 세상을 떠나실 때부터 나 스스로에게 달라져야 한다는 주문과 함께 채찍을 가하며 치열하게 살기 시작했던 것 같다.

나의 고질적인 소심하고 내성적인 성격을 고쳐야 한다고 생각을 했고, 내 안의 강점과 끼를 최대한 끄집어내서 이 경쟁적인 사회를 이길 수 있는 승부사의 근성을 키우기로 다짐을 하곤 했다. 정말 인생의 멋진 승부사가 되고 싶었다.

다행히 부모님으로부터 경쟁에서 이길 수 있는 좋은 성공인자를 부여받은 덕에 나는 가는 곳마다 승리할 수 있었다. 그렇다고 그렇게 교만하지도 않았다. 나는 가진 것이 없었기에 그런 생각조차도 사치라고 생각했다.

어려웠지만 행복한 결혼생활을 시작하면서 나의 인생 2막을 열었다. 정말 아무 것도 손에 쥔 것 없이 빈손으로 시작했다. 단지 '나는 할 수 있다'라는 자신감 하나 가지고 시작한 인생이었다.

그리고 그 인생 2막의 서막에서 부모님을 하늘나라로 보내드리고 난 후, 서원하며 믿기 시작한 하나님으로부터 아들과 사랑하는 딸을 선물로 얻었다. 놀랍고도 보석 같은 귀한 선물이었다. 나는 그 보물을 얻은 기쁨으로 무려 20년간을 행복하게 살았다. 20년 동안 아들은 나에게 무한한 행복을 안겨 주었다. 그런 행복을 전해주는 아들이 나에겐 분명 희망이었고 전부였으며, 그런 아들이 내 삶 속의 주인공이었다. 나는 단지 그런 아들의 부지런한 조연이었다. 행복한 조연!!

영재로 태어난 아들만큼은 정말 잘 키워 보고 싶었다. 이미 아들은 많은 것을 가지고 태어났다. 아들이 자라며 대학을 마칠 때까지 나는 공부에 관한 한 걱정을 해본 적이 한 번도 없었다. 아들은 공부에 있어서는 하늘이 내린 타고난 프로선수였다. 이미 다 갖추고 태어난 영재를 키우는 일은 그리 어려운 일이 아니었다. 내가 할 일은 잘 달리는 말에 채찍만 가하면 되는 것이었다. 채찍을 가하면 가할수록 더욱 잘 달리는 말을 보며 희열을 느꼈다. 용케도 말은 정말 잘 달렸고, 달릴 때마다 승리했으며, 그 승리의 영광을 채찍을 가한 기수의 몫으로 훔치고자 하는 욕심이 숨어 있었는지도 모르겠다.

나는 이미 다 갖추어진 아들을 나의 피땀 어린 노력을 더하여 더욱 완벽한 존재로 만들고 싶었던 것 같다. 아들에게 부족한 2%를 채워주는 조련작업을 하는데 참으로 많은 시간을 투자했으며, 사람은 변할 수 있다고 확신하였다. 왜냐하면 내가 그렇게 변화하였고, 그 열매는 너무도 달콤했기에 아들에게도 성공한 나의 방법을 그대로 전수해주면 된다고 생각했다.

지난 20년 동안 아들과의 동행은 내 삶의 진수를 물려주는 과정이었다고 자부했다. 그런데 아이러니하게도 그 열정이 오히려 부작용을 낳았고, 아들이 한 동안 아픔을 겪게 되는 예기치 못한 결과를 낳았으며, 이를 겸허하게 받아들여야 했다.

아빠는 깊은 회한과 반성의 시간을 가져야 했고, 아들로부터 격리되기 시작했다.

그리고 그 후 진정한 자유를 찾은 아들은 치료를 통해 살아나기 시작했다. 음악을 통해 힐링을 하고, 여자 친구를 만나 사랑의 힘으로 모든 것을 이겨내고 회복하였고, 자신감을 되찾았다.

아들은 지금 가장 행복한 삶을 누리고 있다. 그리고 그 행복이 지속될 수 있는 인생의 2막을 여는 결혼을 앞두고 있다.

전적으로 아들이 주인공이었던 아버지의 인생2막의 이야기는 이렇게 끝이 났고, 이제 새롭게 준비하는 인생 3막에서 나는 새롭게 태어날 것이다. 새로운 내 인생 3막의 무대에서는 아들이 새로운 무대에서 자유와 행복을 찾은 것처럼, 그 아버지도 자유를 찾을 것이다.

그리고 나는 당당히 인생 3막의 진정한 주인공이 될 것이다.